Daniel Marwecki
Absolution?
Israel und die deutsche Staatsräson

Daniel Marwecki

Absolution?

Israel und die deutsche Staatsräson

WALLSTEIN VERLAG

Eine englische Ausgabe erschien 2020 unter dem Titel »Germany and Israel: Whitewashing and Statebuilding«. Für die deutsche Neufassung wurde der Text gekürzt und mit einem neuen Schlusskapitel versehen.

Bibliografische Information der Deutschen Nationalbibliothek
Die Deutsche Nationalbibliothek verzeichnet diese Publikation in der Deutschen Nationalbibliografie; detaillierte bibliografische Daten sind im Internet über http://dnb.d-nb.de abrufbar.

3. Auflage 2025

www.wallstein-verlag.de
Vom Verlag gesetzt aus der Adobe Garamond und der Myriad Pro
Umschlaggestaltung: Marion Wiebel, Wallstein Verlag

Druck und Verarbeitung: Pustet, Regensburg
ISBN 978-3-8353-5591-0

Inhalt

Vorwort

Dieses Buch erschien vor vier Jahren zuerst auf Englisch, und zwar im März 2020, pünktlich zu Beginn der Coronapandemie. Der damalige Titel lautete: *Germany and Israel. Whitewashing and State building*. Diese Überschrift bringt die zentrale These auf den Punkt, nämlich, dass die deutsch-israelischen Beziehungen sich im Kern als Tauschgeschäft begreifen lassen, bei dem Deutschland Absolution erhielt, und Israel dafür all das, was es brauchte, um seinen Staat aufzubauen: Wirtschaftsgüter, Waffen, Finanzhilfe.

Diese an den historischen Quellen ablesbare Entmystifizierung der deutschen Israelpolitik wurde vom Fachpublikum überwiegend positiv, zumeist als längst überfällig aufgenommen. Nur wenige Stimmen, wie etwa die des Historikers Jeffrey Herf, vermuteten hinter dem Buch den Versuch, die »besonderen Beziehungen« zwischen Deutschland und Israel zu torpedieren, gar, die deutsche Verantwortung für den jüdischen Staat kleinzuschreiben.

In Wahrheit ist das Gegenteil der Fall. Indem man der politischen Rede vom »Wunder der Versöhnung« den historischen Spiegel vorhält, entlastet man Israel von dem anrüchigen Verdacht, allzu leichtfertig dem Nachfolgestaat des nationalsozialistischen Gewaltregimes die vergebende Hand gereicht zu haben. Es gab für Israel nur einen Grund, sich einem Staat und einer Gesellschaft hinzuwenden, die aufgrund der massenhaften Beteiligung an den Verbrechen nichts anderes sein konnte als zutiefst schuldig. Dieser Grund war nicht ideologischer, sondern materieller Natur.

Die israelische Staatsgründung im sich dekolonisierenden Nahen Osten war ein Experiment mit mehr als ungewissem Ausgang. 1948 war nicht gesagt, ob dieser Staat nicht schon morgen wieder von der Landkarte verschwinden würde, verschluckt von den zahlenmäßig weit überlegenen arabischen Nachbarn. Es ist eine hierzulande überraschend unbekannte Einsicht, aber: Ohne die deutsche Hilfe wäre die noch kurze Geschichte des modernen Israels wohlmöglich eine andere geworden.

Die Bundesrepublik verkörpert eine Gesellschaft, die sich mit dem Begriff des »nationalen Interesses« schwertut. Sie redet – im Gefolge des russischen Angriffs auf die Ukraine ist das gut zu beobachten – lieber von Moral und von Werten. Hauptsache, es fühlt sich gut an. Die deutsch-israelischen Beziehungen, die für das deutsche Wohlgefühl so wichtig sind, sind hingegen ein Lehrstück darüber, dass in der internationalen Politik Gefühle wenig zählen. Wäre es nach der israelischen Gefühlslage gegangen, so hätte man Westdeutschland gemieden wie den Teufel.

Dazu eine kleine Anekdote:

Vor mittlerweile über 15 Jahren bin ich nach meinem Bachelorstudium per Anhalter durch Israel, das Westjordanland und den ägyptischen Sinai gereist. Damals hatte ich noch nicht erwägen können, irgendwann eine Promotion an einer renommierten Londoner Universität über die deutsche Israelpolitik zu schreiben. Ein Grundstein für diese Promotion – und damit auch zu diesem Buch – wurde aber schon damals gelegt. Der israelische Fahrer, der mich zum Toten Meer mitnahm, redete über die deutsch- israelischen Beziehungen. »We didn't want your money or your weapons«, sagte er, »but we were shitting bricks«. Dieser Satz, den man nicht übersetzen muss, blieb mir im Kopf hängen, weil er die Problematik auf den Punkt brachte. Selbstverständlich wollte dieser Staat, der zu einem guten Teil von Überlebenden der deutschen Barbarei gegründet worden war, mit den Deutschen nichts zu tun haben. Aber was tut man, wenn nur die Bundesrepublik bereit dazu war, die israelische Wirtschaft aufzubauen und die israelische Armee mit Waffen zu versorgen? Man wählt das staatliche Überleben. Das Interesse war wichtiger als die Moral.

Auch in Deutschland kam die Moral später. Das, was wir nach 1968 als »Aufarbeitung der Vergangenheit« oder ähnliches bezeichnen, spielte in der Nachkriegszeit, als Israel die Bundesrepublik so dringend brauchte, bekanntlich keine große Rolle. Und eben weil es keine große Rolle spielte, brauchte Deutschland Israel. *Whitewashing and Statebuilding*.

Der Soziologe Norbert Elias beschrieb seinen Beruf einmal als »Mythenjäger«. Das versucht dieses Buch: auf historischer Basis den mythischen Schleier zu lüften, der deutscherseits auf die Beziehungen mit Israel gelegt wird.

Ein Krieg um die Existenz

Dieses Stück Aufklärungsarbeit findet zu einem Zeitpunkt statt, da der Konflikt zweier Nationen um ein Land in eine existenzielle Phase getreten ist. Am 7. Oktober 2023 beging die Hamas, die den Gazastreifen von innen kontrolliert, ein Massaker an der Bevölkerung in Südisrael. In einer von langer Hand geplanten Aktion überwanden Kämpfer die Grenzanlagen und griffen per Luft, Wasser und Land an. Die Opfer waren großteils Zivilisten, und die Taten von einer Grausamkeit, die auch in Deutschland nicht bei allen, jedoch bei vielen Erschütterung hervorrief. Etwa 1.200 Opfer stehen auf der Todesliste der Hamas, mehrere hunderte Geiseln wurden in den Gazastreifen verschleppt.

Auch für die Kräfte links der in Israel nach rechts gerückten Mitte gilt, dass es mit der Hamas keinen Frieden geben kann. Doch eine Idee kann man schwer töten. Als gesichert darf gelten, dass die im Israel-Palästinakonflikt bisher noch nicht dagewesene Anzahl an zivilen Opfern und das Ausmaß der Zerstörung einen unerschöpflichen Rekrutierungspool für die Hamas bilden – oder was immer auch an ihre Stelle treten mag.

Die deutschen Waffenlieferungen an Israel verzehnfachten sich nach dem 7. Oktober. Bereits in den Jahren zuvor kamen etwa 30% der israelischen Waffenimporte aus Deutschland und beinahe 70% aus den USA. Kurz nach dem 7. Oktober schrieb ich in einem Nachwort zu der ersten Ausgabe dieses Buches, dass den Preis für die deutsche Absolution andere zahlen würden.

Auch weil unabhängige Journalisten nicht im Kriegsgebiet zugelassen sind, ist es schwer, genaue Angaben über die menschlichen Kosten der Militäroffensive in Gaza zu machen. Der Gazastreifen ist, wie Luftaufnahmen verschiedener Quellen zeigen, großflächig zerstört. Von der ursprünglich etwa 2,2 Millionen großen Bevölkerung sind etwa 90 Prozent Binnenvertriebene. Zum Zeitpunkt der Drucklegung dieser Ausgabe sprachen die Gesundheitsbehörden in Gaza von knapp 60.000 verifizierbaren Toten. Die Hälfte davon sind Frauen und Kinder. Die Zahl der Verletzten und Traumatisierten ist um ein Vielfaches höher. Nicht mitgezählt sind bei den Angaben aus Gaza die tausenden Vermissten, die noch unter Schutt und Asche liegen. Ein Teil der Getöteten sind Kämpfer der Hamas. Die meisten sind es nicht. Die Angaben aus Gaza haben sich bei vergangenen Kriegen im Nachhinein als insgesamt verlässlich erwiesen. Die israelische Armee legt selbst keine offiziellen Zahlen vor. Die genauen Opferzahlen und das Ausmaß der Zerstörung werden erst zu einem späteren Zeitpunkt festgestellt werden können.

Was bedeutet »Staatsräson« vor dem Hintergrund des Krieges zwischen der Hamas und Israel? Wie in Deutschland über diesen Krieg und den zugrundeliegenden Konflikt zwischen Israelis und Palästinensern reden? Inwieweit lassen sich deutsche Vergangenheitspolitik und das, was im Nahen Osten geschieht, entwirren – und inwieweit nicht? Zur Diskussion dieser Fragen und mehr möchte dieses Buch eine Grundlage bereitstellen. Der Krieg zwischen der Hamas und Israel begann, nachdem diese Übersetzung fertiggestellt war. Dennoch wage ich zu behaupten, dass sich mit dem in diesem Buch vorgeschlagenen Interpretationsschema einiges über das deutsche Verhältnis zu Israel und Palästina lernen lässt, das bisher unter den Tisch gefallen ist – auch seit dem 7. Oktober.

Der folgende Text ist von mir selbst vom Englischen ins Deutsche übersetzt, wobei ich mir die Freiheit genommen habe, Fachdebatten nicht ins Deutsche hinüberzunehmen, auf Fußnoten zu verzichten und den Text hier und dort zu straffen. Wer es wissenschaftlicher mag, den verweise ich gerne auf meine an der SOAS in London eingereichte Dissertation, oder aber auf das englische Buch.

Dieser Debattenbeitrag ist für alle geschrieben, die sich für Israel und Palästina, für Antisemitismus und Vergangenheitspolitik interessieren. Gar nicht so wenige also. Ein Freund sagte mir einst: Wenn Deutsche über Israel reden, dann reden sie eigentlich über sich selbst. Vielleicht wissen wir ja deswegen in Deutschland so wenig über die deutsche Israelpolitik?

Hongkong, Juli 2025
Daniel Marwecki

Vaterland
Einleitung

Zwischen Oberbaumbrücke und Ostbahnhof befindet sich die East Side Gallery, bemalte Überreste der Berliner Mauer. Eine der Wandmalereien zeigt den blauen Davidstern der israelischen Nationalflagge auf dem deutschen Schwarz, Rot und Gold. Das Bild heißt *Vaterland.*

Israel ist ein kleines Land. Aber für das deutsche Selbstbild spielt es eine große Rolle.

Wenn wir Kunst an der Fähigkeit bemessen wollen, gesellschaftliche Selbstverständnisse auf den Punkt zu bringen, dann ist dem Maler hier etwas gelungen. Die Verschmelzung von Davidstern und deutschen Nationalfarben will den Abstand symbolisieren, den Deutschland zwischen sich und seine Vergangenheit gelegt hat.

Die Identifikation mit dem jüdischen Staat ist für die deutsche Vergangenheitspolitik zentral. Die Qualität und Enge der tatsächlichen Beziehungen zwischen Israel und Deutschland gilt für die deutsche Politik als ein Gradmesser für das, was die »Bewältigung« einer sprachlos machenden Vergangenheit genannt wird.

Um den jüdischen Staat allerdings werden in Deutschland viele Worte gemacht. Kein anderes internationales Verhältnis ragt derart tief in die deutsche Identitätssuche hinein. Während die deutsche Politik ihr Verhältnis zu Israel in seltener Einmütigkeit pflegt, wird der israelisch-palästinensische Konflikt in der deutschen Öffentlichkeit ohne Bandagen ausgetragen. Dabei geht es in den Zeitungen, auf Twitter oder in den Fachschaftsräten kaum um den Konflikt an sich. Vielmehr ist der seit dem frühen 20. Jahrhundert andauernde Konflikt zweier Nationen um ein entferntes Territorium eine willkommene Schablone für deutsche Identitätskämpfe.

Deutsche Politiker pflegen das Verhältnis zu Israel in der Form eines gemeinsamen Rituals. Diese helfen einer Gesellschaft, sich ihrer Grundsätze und Basiskoordinaten zu versichern. Sie beantworten die Frage nach dem Wer und dem Wohin. Rituale versuchen, innerhalb von Vielfältigkeit und Widersprüchlichkeit gemeinschaftliche Fundamente aufzustellen: sie definieren ein »Wir«, dass auf eine geteilte Vergangenheit und in eine gemeinsame Zukunft blickt.

Für die Israel-Rituale der deutschen Politik gibt es laufende Beispiele. Eines aus der noch tagesaktuellen Vergangenheit mag veranschaulichen, wie eng die politische Identität Deutschlands an das Verhältnis zu Israel geknüpft ist. Im April 2018 feierte der Bundestag den 70. Geburtstag des 1948 gegründeten jüdischen Staates. Eigentlich aber war es eine Feier des heutigen Deutschlands, die das Bild auf der Berliner Mauer in Worte fasste: kein Vaterland ohne Israel.

»Indem wir Israel schützen, schützen wir uns selbst vor den Dämonen der Vergangenheit unseres eigenen Volkes«, sagte damals Martin Schulz für die SPD. Abgeordnete der CDU/CSU und der FDP äußerten sich ähnlich. Viele beriefen sich auf Angela Merkels berühmte Rede vor dem israelischen Parlament, der Knesset, aus dem Jahre 2008. Dort erklärte die damalige Kanzlerin, dass die Sicherheit Israels »deutsche Staatsräson« sei. Staatsräson ist ein Wort, dass über das wechselhafte außenpolitische Interesse weit hinausreicht. Es berührt den Wesenskern der deutschen staatlichen Identität.

Der wohl pointierteste Beitrag in der Bundestagsdebatte kam von der Grünen-Politikerin Katrin Göring-Eckardt. »Die Existenz Israels ist unmittelbar verbunden mit der Existenz unseres Landes als freie Demokratie und deswegen unsere Verantwortung«, sagte sie, um die parlamentarische Aussprache dann in einem Satz zu verdichten: »Das Existenzrecht Israels ist unser eigenes.«

Sind die »Dämonen der Vergangenheit«, von denen Martin Schulz sprach, aber wirklich gebannt? Schützen »wir« uns vor diesen Dämonen, allein indem wir Israel schützen? Martin Schulz würde wohl zustimmen, wenn man ihm erwiderte, dass diese Dämonen doch längst in den politischen Körper der Republik zurückgefahren sind. Sie saßen neben ihm, fleischgeworden zum Beispiel in der Gestalt Alexander Gaulands, der den Israelkonsens aber keineswegs aufzuheben gedachte. Israel sei entstanden, so Gauland, »aus einem einmaligen Zivilisationsbruch, der für immer mit dem deutschen Namen verbunden bleiben wird: der Schoah. Gerade weil wir auf diese furchtbare Weise mit dem Existenzrecht Israels verbunden sind, war und ist es richtig, die Existenz Israels zu einem Teil unserer Staatsräson zu erklären.«

Natürlich ist die schuldabwehrende Passivkonstruktion »verbunden mit dem deutschen Namen«, die suggeriert, irgendjemand hätte den Deutschen die Verbrechen angeheftet, kein Zufall. Sie gehört zur parteilichen Grundorientierung, die Nazijahre als Betriebsunfall deutscher Geschichte umzudeuten. Es blieb auch in Israel nicht unbemerkt, dass Gauland zwei Wochen nach seiner Rede den Nationalsozialismus als »Vogelschiss« im Gesamtverlauf der deutschen Geschichte bezeichnete.

Man sollte die aufdringliche Unterstützung, die die AfD dem jüdischen Staat entgegenbringt, nicht mit einer ernsthaften Befassung mit den deutschen Verbrechen verwechseln. Ganz im Gegenteil geht es hier vielmehr um eine Schaufensterpolitik, die die geistige Nähe von großen Teilen der AfD zu eben diesen Verbrechen verwischen soll. Allerdings steht die AfD mit dieser Schaufensterpolitik nicht nur *neben*, sondern auch *in* der Tradition deutscher Israelpolitik, die sich von Anfang an in mindestens zwei Lager spaltete. So gab es auf der einen Seite immer schon diejenigen, für die die prinzipielle Unterstützung des jüdischen Staates eine moralische Aufgabe war. Eine Aufgabe, die immer auch den Zweck hatte, die deutschen Dämonen zu bannen. Und dann gab es die anderen, für die proisraelische Lippenbekenntnisse und Waffenlieferungen vor allem ein kostengünstiges Mittel waren, um Aufarbeitung und Denazifizierung zu entgehen – billige Persilscheinpolitik.

Um diese beiden Traditionslinien geht es auch in diesem Buch. Und noch um wesentlich mehr. Denn egal, wie man zu Israel und dem Palästinakonflikt stehen mag: es geht in der deutschen Israeldiskussion eigentlich nur um Deutschland. Was bei dieser Nabelschau außen vor bleibt, ist die tatsächliche Rolle, die Deutschland im arabisch-israelischen Konflikt seit der frühen Nachkriegszeit spielt.

Wovon in Deutschland (nicht) geredet wird, wenn über Israel geredet wird

Die gerade angesprochene Bundestagsdebatte zeigt: Wenn Deutsche über Israel reden, reden sie meistens über sich selbst. Geht es um Israel, dann geht es um deutsche Identität.

Worum es dabei paradoxerweise nicht geht, sind die deutsch-israelischen Beziehungen selbst. Das mag seltsam klingen, ist aber tatsächlich so. In der gerade zitierten Bundestagsdebatte sprach nur ein Abgeordneter der CDU-Fraktion kurz und anerkennend über die militärischen Beziehungen zwischen Deutschland und Israel und ermunterte seine Kolleginnen und Kollegen, es ihm dabei doch gleichzutun.

Das taten sie allerdings nicht. Stattdessen redeten sie davon, wovon deutsche Politiker eben reden, wenn sie über Israel reden. Nämlich von Wundern, Moral und Versöhnung. Wortwörtlich sagte die Sozialdemokratin Andrea Nahles, dass die »einzigartige Freundschaft« zwischen Deutschland und Israel ein »Wunder« sei, und sie brachte ihre »Dankbarkeit« für die »Versöhnung« zwischen beiden Ländern zum Ausdruck.

Wie kam es zu diesem angeblichen Wunder? Was liegt hinter der »Versöhnung«, ein Wort, dass nur deutsche Politiker im Munde führen können? Um solche Fragen geht es fast nie. Wunder aber geschehen vielleicht in der Bibel, nicht in der Politik. Das Nachkriegsdeutschland, das mit Israel das Entschädigungsabkommen von 1952 einging, war moralisch eine Trümmerlandschaft. Die Nation und Gesellschaft, die zuvor in ihrer großen Mehrheit Hitler gefolgt war, wollte ihre Verbrechen vergessen, nicht konfrontieren. Den jüdischen Überlebenden, die der deutschen Barbarei entkommen waren, ob nach Israel oder anderswohin, stand der Wille nach vielem, sicher aber nicht nach Versöhnung mit dem Land, in dem die meisten der Täter von gestern ein unbehelligtes Leben führten. Land der Verbrecher, Land der Verfolgten. Warum also gibt es die deutsch-israelischen Beziehungen überhaupt? Worauf gründen sie sich? Was zogen und was ziehen beide Seiten aus dem Verhältnis?

Laut einem Bericht des *US Congressional Service*, dem Recherchedienst des amerikanischen Kongresses, war »Deutschlands Einsatz für Israels Souveränität und Sicherheit seit jeher der stärkste Faktor in der deutschen Nahostpolitik und ein Schlüsselelement der deutsch-amerikanischen Kooperation in der Region.« Zwar sei es schwer, das genaue Ausmaß zum Beispiel der militärischen Beziehungen zu erfassen, so der Bericht. Aber die vorhandenen Analysen wiesen darauf hin, dass »deutsche Waffen eine beträchtliche Rolle in den israelischen Kriegserfolgen von 1967, 1973 und 1982« gespielt hätten. Im Fazit unterstreicht der Bericht für die amerikanischen Kongressabgeordneten, wie beständig Deutschland Israel unterstützt hat, aber auch wie geheim diese Unterstützung lange Zeit war. Die deutsche Politik habe »sich stets zugunsten der militärischen, finanziellen oder politischen Unterstützung Israels entschieden«. Und: »Deutschland war vor allem deswegen darin erfolgreich, relativ gute Beziehungen mit beiden Seiten des arabisch-israelischen Konflikts zu unterhalten, weil es eine sichtbare Führungsrolle in der Region vermeiden konnte.« (Belkin 2007)

Die deutsche Rolle im Nahen Osten ist viel größer als gemeinhin angenommen. In der öffentlichen, aber auch in großen Teilen der Fach-Meinung gelten die USA als der historische Garant für Israels Sicherheit. Tatsächlich aber wurden die USA erst nach dem arabisch-israelischen Krieg von 1967, der die politische Landkarte der Region neu zeichnete, zur wichtigsten Stütze des jüdischen Staates. Davor spielte diese Rolle niemand anderes als die Bundesrepublik.

Die Frühphase der deutsch-israelischen Beziehungen ist auch für das heutige Verhältnis noch grundlegend. Ohne den genauen Blick auf die dramatische Anfangsgeschichte der deutsch-israelischen Beziehungen lässt sich auch ihre Gegenwart nicht verstehen. Die deutsche Rolle in Nahost ist ein fehlendes Puzzleteil im Verständnis des arabisch-israelischen und des israelisch-palästinensischen Konflikts. Diese Rolle, von der Nachkriegszeit bis in die Gegenwart, ist aber genauso ein Puzzleteil für das Verständnis des heutigen Deutschlands und seiner umkämpften Vergangenheitspolitik.

Etwa mit Ausbruch der Coronakrise Anfang 2020 gibt es einen neuen Historikerstreit in Deutschland, der sich, anders als in den 1980er Jahren, nicht um das Verhältnis zwischen Nationalsozialismus und Stalinismus dreht, sondern um das Verhältnis zwischen Nationalsozialismus und Kolonialismus. Dabei geht es auch darum, wie Erinnerungskultur in einer Migrationsgesellschaft aussehen soll, um das Verhältnis zwischen Antisemitismus und Kritik an israelischer Politik oder um die Frage, ob sich die deutsche Erinnerungskultur zu einem »Katechismus« verfestigt habe, welcher der Aufrechterhaltung einer dominanten, deutsch-weißen Identität dient (Moses 2021). Auch um diese Fragen geht es, wenngleich zumeist nicht explizit, in diesem Buch. Das Scheinwerferlicht einmal auf die deutsche Israelpolitik zu richten, erhellt auch die erinnerungspolitischen Kontroversen unserer Tage.

Dieses Buch erzählt eine Geschichte, die Israel und die Nahostregion, Deutschland und seine Gesellschaft gleichermaßen berührt. Es zeigt, wie wichtig die bundesrepublikanische Rolle im Nahen Osten eigentlich war. Die nächsten Kapitel schlagen einen großen Bogen von der Nachkriegszeit bis heute. Weil es um die Politik gegenüber dem jüdischen Staat geht, nimmt diese Erzählung automatisch einen biographischen Blick auf die Bundesrepublik ein. Dieser Blick ist nicht unbedingt schmeichelhaft. Das Material für diese Geschichte stammt zum einen aus dem Archiv des Auswärtigen Amtes, wobei ein Fokus auf Akten gelegt worden ist, die besonderer Geheimhaltungspflicht unterlagen und teils extra für diese Recherche freigegeben worden sind. Wer im Amtsarchiv zur Israelpolitik forscht, muss sich über die »nahezu ungebrochene personelle Kontinuität« bewusst sein, die das Nahostreferat zur Nazizeit aufwies (Conze et al. 2011: 574). Diesem Grundproblem entkommt man bei Forschungen zur deutschen Nachkriegszeit nicht.

Weiteres Forschungsmaterial stammt aus Bundestagsprotokollen, Reden und anderen veröffentlichten Quellen und Hintergrundinterviews mit Expertinnen und Experten. Natürlich verlässt sich der folgende Text auch auf historische Arbeiten zu gewissen Abschnitten oder Aspekten der Beziehungsgeschichte, sowie auf die umfangreiche Literatur zu dem arabisch-israelischen und dem israelisch-palästinensischen Konflikt.

Wer eine historische Analyse schreibt, also gleichermaßen historisch und politikwissenschaftlich arbeitet, muss sich darüber klar sein, was in den Text hineinsoll und was nicht. Was ist wichtig, was Beiwerk? Erkenntnisinteresse und analytische Ausrichtung entscheiden darüber, was wie erzählt wird. Im Gegensatz zur Selbsterzählung der deutschen Israelpolitik als Geschichte von Moral, Wunder und Versöhnung ist der Blick, den dieses Buch einnimmt, härter, abgründiger, und deswegen klarer.

Wenn es um Deutschland und Israel geht, dann ist sowohl die Verklärung als auch das Raunen nicht weit. Während die einen dazu tendieren, die deutsche Israelpolitik zur Moralgeschichte aufzubauschen, vermuten die anderen hinter den deutsch-israelischen Beziehungen dunkle Machenschaften. Tatsächlich ist ein solches Thema wie kaum ein zweites anfällig für Verschwörungstheorien und antisemitische »Schuldkult«-Hypothesen. Umso wichtiger ist es deswegen, nicht nur mit den Verklärungen, sondern auch mit anderen, gefährlicheren Mythen aufzuräumen. Israel ist in Deutschland ein großes Thema. Aber über die deutsche Israelpolitik wissen die meisten erstaunlich wenig. Dieses Buch bietet Aufklärung an. Es geht um Außenpolitik, um Aufarbeitung und die Verbindungen zwischen beiden.

Eines sei dabei vorab gesagt: Die Geschichte der deutsch-israelischen Beziehungen eignet sich nicht für einfache politische und moralische Auflösungen. Dafür ist sie zu widersprüchlich, zu vielschichtig, zu traurig – und auf deutscher Seite auch einfach zu seltsam.

Teil I
Das Luxemburger Abkommen

1. Absolution: Die Kosten der »Wiedergutmachung«

Niemand prägte den Kurs der 1949 gegründeten Bundesrepublik Deutschland so sehr wie ihr erster Kanzler Konrad Adenauer, der nach drei gewonnenen Wahlen 1963 sein Amt niederlegte. Zwei Jahre danach, immer noch CDU-Vorsitzender und Bundestagsabgeordneter, gab Adenauer dem Fernsehjournalisten Günter Gaus ein Interview, in dem er auf seine Kanzlerschaft zurückblickte. Befragt nach seiner Politik der »Versöhnung« zwischen Deutschen und Juden antwortete Adenauer:

> »Wir hatten den Juden so viel Unrecht getan, wir hatten solche Verbrechen an ihnen begangen, dass sie irgendwie gesühnt werden mussten oder wiedergutgemacht werden mussten, wenn wir überhaupt wieder Ansehen unter den Völkern der Erde gewinnen wollten … . Die Macht der Juden auch heute noch, insbesondere in Amerika, soll man nicht unterschätzen.«

Adenauer nennt zwei Gründe für seine Politik. Es geht ihm zunächst um das deutsche Ansehen in der Welt. Aus heutiger Sicht überraschender ist der zweite von Adenauer genannte Grund, nämlich die von ihm so vorgestellte »Macht der Juden«, versehen mit dem vielsagenden Zusatz »auch heute noch«.

Adenauer war kein Nazi gewesen. Das Vorurteil, das er hier preisgibt, entstammt einem älteren Repertoire. Dennoch oder vielleicht sogar deshalb ist es bemerkenswert, dass er noch Mitte der 1960er Jahre im deutschen Fernsehen das deutsche Ansehen und den angeblichen jüdischen Einfluss auf das Weltgeschehen anführt, um seine Israelpolitik zu begründen.

Tatsächlich sind beide Beweggründe, Rehabilitation und die Angst vor vorgestelltem jüdischem Einfluss, miteinander verwoben. Der bekannte israelische Historiker Tom Segev nimmt diese damalige deutsche Angst mit Humor. Laut Segev wusste Israels Chefunterhändler Nahum Goldmann um Adenauers Schwäche und mahnte ominöse »Konsequenzen« an, wann immer sich die deutsche Verhandlungsseite stur zeigte – was häufig geschah. Gegen Vorurteile, die gegen einen gerichtet sind, kann man wenig tun. Bestenfalls wendet man sie im Einzelfall zu seinen Gunsten.

Dass zählebige antisemitische Vorurteile die deutsche Israelpolitik mitbestimmt haben mögen, entbehrt nicht einer Ironie, die aber weder für sich steht noch überbewertet werden sollte. Entscheidend ist, wie immer, der Kontext. Denn worum es der Bundesrepublik vor allem ging, war, schnellstmöglich wieder zum Kreis der »zivilisierten« Nationen gezählt werden zu können. »Wiedergutmachung« war Teil der Westbindung, jener im Rückblick wohl alternativlosen außenpolitischen Grundorientierung, die die Wiederherstellung von Souveränität und Handlungsspielraum über die feste Einbettung in den Westen zu erreichen suchte.

Der Beginn der deutsch-israelischen Beziehungen: Das Entschädigungsabkommen von 1952

Die Rede von den deutsch-israelischen *Beziehungen* irritiert insofern, als dass dem Beziehungsbegriff etwas Intimes innewohnt. Deutschland und Israel aber fanden nicht aus Zuneigung zueinander.

Das Verhältnis zwischen der Bundesrepublik und Israel beginnt mit dem in Luxemburg unterzeichneten Entschädigungsabkommen von 1952. Die Namen, die die Vertragspartner dem Abkommen gaben, sind dabei nicht zufällig gewählt. In ihnen spiegeln sich konträre Sichtweisen auf die Vergangenheit und verschiedene Erwartungen an die Zukunft.

Die israelische Regierung nutzte den hebräischen Begriff »Shilumim«, welcher der Tora entlehnt war und so viel wie Strafzahlung bedeutet. Der Begriff meint die rechtmäßige Rückgabe von gestohlenem Eigentum. Was er nicht meint, ist vergeben, vergessen und verzeihen (Segev 1993: 196). Dieses *framing* war wichtig, allein schon, um den dramatischen Protesten der israelischen Bevölkerung gegen das deutsche »Blutgeld« entgegenzuwirken. Mit den Deutschen wollte man nichts zu tun haben. Ihnen war man entkommen. Den Tätern von gestern zu vergeben, kam für die allermeisten Israelis nicht in Frage, mit ihnen überhaupt in Kontakt zu treten, war eigentlich schon undenkbar.

Vergeben und vergessen ist jedoch genau die Erwartung, die hinter dem grausamen deutschen Begriff der »Wiedergutmachung« steckt, dem Namen, den die Bundesrepublik dem Abkommen gab und der noch bis heute verwendet wird. Dieser schon oft kritisierte Begriff verübt symbolische Gewalt, er macht das Vergangene klein, weil er meint, es schon »wieder gut«, also wie ungeschehen machen zu können.

Dennoch: International wird Deutschland gerne als Musterschüler im Fach »Aufarbeitung der Vergangenheit« gesehen. Oft wird dabei die heutige deutsche Erinnerungskultur auf die Anfänge der Republik rückprojiziert. Deutschland gilt gemeinhin als Maßstab für Reparationspolitik, eine auch in der historischen Forschung verbreitete Sicht, die sich vor allem auf das Abkommen zwischen Deutschland und Israel stützt (Ludi 2012).

Das Luxemburger Abkommen vom 10. September 1952 legte zwar den Grundstein für spätere Individualentschädigungen, aber in diesem Vertrag ging es um die westdeutschen Entschädigungen für Israel, einen Staat, der zum Zeitpunkt der Verbrechen noch nicht existiert hatte. Die Bundesrepublik verpflichtete sich, 3,45 Milliarden Deutsche Mark an Israel zu zahlen. Wichtig: zwei Drittel dieser Summe wurden in Form von Waren gezahlt. Dabei handelte es sich gezielt um Investitionsgüter für die Industrialisierung des agrarisch geprägten Israels. Das letzte Drittel ging an eine Londoner Bank, die 1,05 Milliarden Deutsche Mark in Pfund Sterling erhielt, mit denen Israel Rohöl von britischen Unternehmen kaufen konnte – sprich, den für die Industrialisierung notwendigen Treibstoff (Ebeling 1966: 25).

Wie das nächste Kapitel noch zeigt, war das Abkommen für Israel überlebenswichtig. Für Deutschland hingegen sollte es keinen finanziellen Aufwand bedeuten. Eher ist das Gegenteil der Fall. In den ersten beiden Jahren des Abkommens betrug der Wert der Lieferungen aus dem Abkommen nicht mehr als 0,2% des deutschen

Bruttosozialproduktes. Und auch diese Zahl ist irreführend, weil Deutschland ja nicht in Form von Geld zahlte, wie Israel es übrigens vorgezogen hätte, sondern in Form von Waren. Die deutsche Industrie riss sich um die Aufträge, die der Sache nach nichts anderes waren als ein indirektes Konjunkturprogramm, das wiederum seinen kleinen Beitrag zum »Wirtschaftswunder« in Nachkriegsdeutschland leistete. Im Zuge des rasanten deutschen Wirtschaftswachstums in der Nachkriegszeit sank der prozentuale Anteil der Entschädigungen am Bruttosozialprodukt bis 1965 auf unter 0,1% (Könke 1988: 533, siehe auch Gardner-Feldman 1984: 90).

Zum Vergleich: Im Jahr 1953, als die Lieferungen aus dem Reparationsvertrag begannen, waren die Staatsausgaben für die Integration deutscher Vertriebener aus dem Osten 13-mal höher als die Zahlungen an Israel (Tooze 2011: 55). Nicht nur der Lastenausgleich, auch die westdeutschen Militärausgaben überstiegen die Zahlungen an Israel um ein Vielfaches. Der deutsche Staatshaushalt zeigt die Prioritäten der jungen, noch provisorischen Bundesrepublik an, und diese lauteten innere Stabilisierung und Kalter Krieg. Entschädigungen für die Opfer des Nationalsozialismus waren nachrangig.

Diesen offensichtlichen Fakt darf man unterstreichen: Nur wenige Jahre nach Vernichtungskrieg und Holocaust war Deutschland ein wesentlich reicheres Land als Israel. Was Deutschland gab, tat Deutschland nicht weh – für Israel waren die Entschädigungen hingegen bitter notwendig. Dieser materielle Machtunterschied widerspricht einer geläufigen Auffassung von der deutschen Israelpolitik. Der Auffassung nämlich von einem nachkriegsgeplagten Deutschland, das aus Schuldempfinden so viel zahlte, dass es schmerzte. Dieses Bild von der deutschen Israelpolitik ist falsch.

Wenn wir den Blick weiten, wird noch klarer, wie begrenzt eigentlich die deutsche Entschädigungspraxis bis heute geblieben ist, was im Widerspruch zu dem Bewältigungsstolz steht, den man innerhalb der deutschen Politik beobachten kann.

Laut dem Historiker Constantin Goschler hatte Deutschland bis zum Jahre 2013 insgesamt etwa 71 Milliarden Euro an Entschädigungen für Opfer des Nationalsozialismus gezahlt. Den größten Teil dieser Summe machten individuelle Zahlungen unter dem Bundesentschädigungsgesetz aus (Goschler 2015). In der Praxis handelte es sich dabei zumeist um jüdische Überlebende, die eine Verbindung zum Deutschen Reich in seinen Grenzen von 1937 nachweisen konnten. Das bedeutet, dass die meisten Überlebenden des Holocaust ohne Entschädigung verblieben sind, da sich der Genozid größtenteils in Osteuropa ereignet hatte (Tooze 2011: 56). Am Eisernen Vorhang hörten auch die westdeutschen Entschädigungsleistungen auf.

Ein kurzer Blick auf die Entschädigungspolitik der DDR macht deutlich, wie stark der Kalte Krieg die Reparationspolitik auf beiden Seiten der Blockkonfrontation bestimmte. Die DDR zahlte Reparationen an die Sowjetunion und an Polen. Individualentschädigungen an Opfer der NS-Herrschaft gingen zumeist an Kommunisten, jüdische Überlebende wurden nicht als Juden, sondern als »Antifaschisten« entschädigt. Wie Goschler bemerkt, hatten die Individualentschädigungen in West- und Ostdeutschland dabei eines gemeinsam: entschädigt wurden nur Deutsche (Goschler 2015).

Entschädigungszahlungen sind nur eine Form der Vergangenheitsaufarbeitung. Aber sie sind zählbar und kosten mehr als politische Reden und Blumenkränze. Sie geben darüber Auskunft, wie in der Bundesrepublik oder in der DDR der Nazibarbarei gedacht wurde und wie die unmittelbare Vergangenheit an die jeweiligen staatlichen Zwecke im Kalten Krieg angepasst wurde. Die Frage, welche Opfergruppen aus welchen Gründen was bekommen, ist eine politische, die darüber mitbestimmt, an wen auch in der Zukunft erinnert werden soll. Reparationspraxis ist immer auch eine Form der Geschichtsschreibung.

Bekanntermaßen hat der Großteil der Überlebenden des Nationalsozialismus keine Entschädigungen erhalten. Das gilt für osteuropäische jüdische Überlebende des Holocaust, das gilt auch für Roma und Sinti, für Homosexuelle, für Opfer medizinischer Experimente und für alle, die vom NS-Regime aus politischen Gründen verfolgt wurden. Die osteuropäischen Zwangsarbeiter – sprich Sklaven – erhielten erst im Jahr 2000 eine begrenzte Entschädigung, zu einem Zeitpunkt, als ohnehin nur noch wenige Überlebende sie einfordern konnten. Die Hinterbliebenen der Abermillionen Opfer des deutschen Vernichtungskriegs in Polen, in Weißrussland, in der Ukraine oder in Russland erhielten keinerlei Entschädigung.

Dass politisch Verfolgte von Entschädigungsleistungen ausgespart wurden, bedeutet auch, dass den wenigen Menschen, die tatsächlich

Widerstand gegen das Regime geleistet hatten, in der Bundesrepublik nie erinnert wurde. Statt des sozialistischen und kommunistischen Widerstands gingen diejenigen verspäteten Hitlergegner ins nationale Gedächtnis ein, von denen Hannah Arendt einmal sagte, dass selbst sie noch ein Abgrund vom Rest der Menschheit trennte. Nämlich jene Offiziere, die Hitler 1944 vor allem deswegen ermorden wollten, weil der Krieg bereits verloren war.

Die deutschen Verbrechen waren so entgrenzt, wie die nachfolgende Entschädigungspraxis begrenzt war. Hinter dieser Aussage steckt nicht einfach eine moralische Kritik, sondern die nüchterne Feststellung, dass eine weniger disproportionale Entschädigungspraxis – proportional kann sie natürlich nie sein – von keinem Wirtschaftswunder dieser Welt hätte getragen werden können.

Genauso verhielt es sich mit der Denazifizierung: weil die »Nazifizierung« von Staat und Gesellschaft so gründlich gewesen war, hätte eine ebenso gründliche Denazifizierung die Geburt der Bundesrepublik verunmöglicht. Die Bundesrepublik, gegründet als alliiertes Provisorium, verdankt ihre Existenz ursächlich ihrer geopolitischen Frontstellung im Kalten Krieg. Deshalb gaben die USA, die anfangs am intensivsten eine Denazifizierung versucht hatten, dieses Vorhaben schnell wieder auf. Der westdeutsche Widerstand gegen die Denazifizierung war zu groß und die Blockkonfrontation hatte Vorrang (Breitman und Goda 2010).

So begrenzt sie auch war, in der westdeutschen Entschädigungspolitik spiegelte sich dennoch eine Differenzierung, die auch der nationalsozialistischen Vernichtungspolitik zugrundelag. Das Spezifische am deutschen Genozid war, dass er zugleich Mittel und Zweck war: Juden wurden vernichtet, weil sie Juden waren. Das Morden ging noch weiter, als der Krieg längst verloren war. Die Shoah entfaltete sich zu einem von jeglicher Zweckrationalität enthobenen Wahn.

Es ist allerdings nicht so, dass der anfängliche westdeutsche Fokus auf den jüdischen Staat allzu viel mit einer gesellschaftlichen Einsicht in den spezifischen antijüdischen Vernichtungswahn zu tun gehabt hatte. In Umfragen gaben nur fünf Prozent der Westdeutschen an, gegenüber Juden eine Schuld zu empfinden, und dementsprechend skeptisch sollte die deutsche Öffentlichkeit auch gegenüber dem Luxemburger Vertrag sein (Judt 2010: 271 f.).

Entschädigung ohne Aufarbeitung?

Als die Bundesrepublik und Israel 1952 das Entschädigungsabkommen unterzeichneten, war der alliierte Sieg über Deutschland gerade sieben Jahre her. Es ist eine politisch bequeme, aber historisch falsche und längst widerlegte Vorstellung, dass sich die deutsche Gesellschaft mit einem Glockenschlag zur nullten Stunde von autoritären Charakterzügen, rassistischen und judenfeindlichen Einstellungen befreit hätte. Lange Zeit beeinflussten solche Vorstellungen konservative Erzählungen über die Bundesrepublik. Im Gegensatz dazu glaubten manche linksradikalisierte Wohlstandskinder der 68er-Bewegung, dass die deutsche »Wiedergutmachungspolitik« gegenüber Israel nur eine dünne Decke über eine nach wie vor »faschistische« Gesellschaft legte. Die ungefähre Wahrheit bewegte sich zwischen den Polen von Stunde Null und Kontinuitätsthese.

Wer ohne erinnerungsnationale Brille auf die Nachkriegszeit blickt, sieht, dass schon der bundesrepublikanische Umgang mit den Tätern und ihren wegschauenden Ermöglichern die These ad absurdum führt, nach der sich die deutsche Israelpolitik aus moralischen Beweggründen speiste. Es ist kein Zufall, dass Konrad Adenauer gleichermaßen das Entschädigungsabkommen verhandelt hatte und dass unter ihm der »131er Paragraph« beschlossen wurde. Dieses Gesetz rehabilitierte die sogenannten »Opfer« der alliierten Denazifizierungspolitik und brachte sie wieder in Amt und Würden. Norbert Frei hat schon vor über 20 Jahren in seiner maßgeblichen Studie über die deutsche Vergangenheitspolitik festgestellt, dass ein sauberer Neuanfang nach 1945 nicht möglich war, eben weil der Nationalsozialismus in der deutschen Gesellschaft so tief verankert war. Der Staat und seine Bürokratie waren auf alte Kräfte angewiesen, um die neue Republik zu bauen. Was Frei aber als »das vielleicht überraschendste, in jedem Fall bestürzendste Ergebnis« seiner Forschung wertete, war die »Selbstverständlichkeit und Pauschalität, mit der sich Politik und Öffentlichkeit zu Anfang der fünfziger Jahre für die von den Alliierten verurteilten Kriegsverbrecher und NS-Täter einsetzten, deren Freilassung forderten und deren soziale Reintegration betrieben.« (Frei 1996: 16) Theodor Adorno sagte damals dazu, dass er »das Nachleben des Nationalsozialismus in der Demokratie« bedrohlicher fand als »das Nachleben faschistischer Tendenzen gegen die Demokratie.« (Adorno 1959/1971)

Wer würde Adorno hier widersprechen? Verstrickungen des Verfassungsschutzes in die NSU-Mordserie, rechtsextreme Gruppierungen bei Polizei und Bundeswehr, eine demokratisch gewählte Partei im Parlament, die die liberale Demokratie aufheben will: Heute bekommen wir nicht zuletzt die Quittung für die zu einfachen Rechnungen, die in der Nachkriegszeit gemacht worden sind.

Aus nachkriegsdeutscher Sicht widersprachen sich die Entschädigungspolitik gegenüber Israel und die Reintegration alter Nazis in das nicht ganz so neue Deutschland also kaum. Reparation und Reintegration verhielten sich geradezu komplementär. Das Erste ermöglichte das Zweite.

Dass deutsche Regierungen – gleich welcher Parteien – heutzutage deutlich proisraelischer eingestellt sind als große Teile der deutschen Gesellschaft, hat damit zu tun, dass die deutsche Politik nach 1945 den vergangenheitspolitischen Nutzen eines weit entfernten jüdischen Staates viel eher erkannt hatte als die deutsche Bevölkerung. Die Gleichung »Beziehungen mit Israel = Distanz zur Vergangenheit« kam damals in die Welt. Und diese Gleichung gilt noch heute, und zwar relativ unabhängig davon, wie stark Antisemitismus, Rassismus und Nationalismus in der Gesellschaft real verankert sind.

Nun ist es leicht, aus der historischen Distanz heraus harte Urteile zu fällen. Zwar taugt die frühe deutsche Israelpolitik wenig als Material für heutige moralische Selbsterzählungen. Aber auch wenn die deutsche Israelpolitik in ihrem Ursprung mehr der Rehabilitation als der ernsthaften Befassung mit der Vergangenheit diente, so entfaltete sie dennoch über die Zeit eine gesellschaftliche Wirkung. So instrumentell sie anfangs auch gewesen sein mag, sie sollte den Blick auf etwas zwingen, auf das die Deutschen in ihrer großen Mehrheit den Blick nicht richten wollten: die eigene Verstrickung in die Nazibarbarei. Dass sich diese Wirkung verselbständigte, von staatlichen Zwecken ablöste und sich zivilgesellschaftlich entfalten konnte, ist das vielleicht eigentlich Wichtige. Denn bei allen Problemen und Konflikten, die sich in den gesellschaftlichen Debatten über Aufarbeitung, Antisemitismus und Nationalismus auftun, kann doch niemand wirklich bezweifeln, dass sich Deutschland mit seiner barbarischen Vergangenheit auseinandergesetzt hat und es weiterhin tut. Im Streit entwickelt die Erinnerungskultur sich fort.

Wie das Entschädigungsabkommen zustande kam

Konrad Adenauer hatte schon vor der offiziellen israelischen Forderung nach Entschädigungen eine Art Präventivangebot mit der albernen Summe von damals 2 Millionen US-Dollar vorgeschlagen, was ein Bild davon vermitteln mag, wie er die Sache gerne erledigt hätte. Israel schickte im März 1951 Briefe an die vier alliierten Mächte, in denen Reparationsforderungen an Deutschland gestellt wurden. Die Sowjetunion antwortete nicht, die Westmächte verwiesen Israel direkt an das westliche Deutschland. Ein geheimes Treffen zwischen israelischen Regierungsvertretern und Konrad Adenauer im April ebnete den Weg für direkte Verhandlungen. Bei diesem Treffen erklärten die Israelis, dass sie ein offizielles Schuldbekenntnis Deutschlands bräuchten, bevor sie sich öffentlich an einen gemeinsamen Verhandlungstisch setzen könnten.

Die diplomatischen Verhandlungen über dieses Bekenntnis begannen. Adenauer gab in einigen Punkten israelischen Wünschen nach, bestand aber auf seinen Kernpositionen zur deutschen Schuldfrage. So wünschte sich der israelische Staatschef David Ben-Gurion, dass Adenauer eine Gesamtschuld der deutschen Nation anerkenne. Das kam für den Kanzler nicht in Frage. Das Ergebnis des Tauziehens war Adenauers Bundestagsrede vom 27. September 1951. Sie war die erste offizielle Anerkennung deutscher Schuld für den Zweiten Weltkrieg und den millionenfachen Mord an den Juden. Damit darf sie als eine Art geistiges Gründungsdokument der Republik betrachtet werden (Stern 1992). Hier die wichtige vergangenheitspolitische Passage im Wortlaut:

> »die Bundesregierung und mit ihr die große Mehrheit des deutschen Volkes sind sich des unermesslichen Leides bewusst, das in der Zeit des Nationalsozialismus über die Juden in Deutschland und in den besetzten Gebieten gebracht wurde. Das deutsche Volk hat in seiner überwiegenden Mehrheit die an den Juden begangenen Verbrechen verabscheut und hat sich an ih-

> nen nicht beteiligt. Es hat in der Zeit des Nationalsozialismus im deutschen Volke viele gegeben, die mit eigener Gefährdung aus religiösen Gründen, aus Gewissensnot, aus Scham über die Schändung des deutschen Namens ihren jüdischen Mitbürgern Hilfsbereitschaft gezeigt haben. Im Namen des deutschen Volkes sind aber unsagbare Verbrechen begangen worden, die zur moralischen und materiellen Wiedergutmachung verpflichten.«

Dass dieses Bekenntnis heute fragwürdig und begrenzt erscheint, bedeutet einen Fortschritt in der Erinnerungskultur. Warum musste Auschwitz denn passieren, wenn doch angeblich die große Mehrheit »die an den Juden begangenen Verbrechen verabscheut« hatte? Warum hat die angebliche »Hilfsbereitschaft« so wenig bewirkt? Mit einem rhetorischen Streich sprach Adenauer dann das deutsche »Volk« als Ganzes frei. Die Verbrechen wurden laut Adenauer nämlich nicht von diesem »Volk«, sondern lediglich *in seinem Namen* verübt. Die »Wiedergutmachung« sei demnach etwas, wozu sich das »deutsche Volk« ritterlich und ohne Not freiwillig verpflichtete. Ein doppelter Freispruch: nicht nur hätten die Deutschen die Verbrechen verabscheut und den Juden geholfen, nein, sie erklärten sich auch noch bereit, zur völkischen Ehrenrettung die Verbrechen »wieder gut« zu machen.

Die offizielle israelische »Antwort« wurde bereits einen Tag vor Adenauers Rede verfasst. In direktem Widerspruch zum Kanzler war dort von einer »Gesamtschuld« der Deutschen für den »Massenmord am europäischen Judentum« die Rede. Dennoch fand Israel, dass mit Adenauers Rede die Grundvoraussetzung für direkte Verhandlungen erfüllt war.

Auch aus deutscher Sicht war der Zweck der Rede erfüllt. Nicht nur hatte Israel sich mit einem eher fragwürdigen Schuldeingeständnis zufrieden gezeigt. Wichtiger noch waren die Töne, die in den USA angeschlagen wurden. Die *New York Times* bewertete die Rede als »moralische Erneuerung« und die *Washington Post* schrieb, diese Erklärung sei »das Beste, das seit 1933 aus Deutschland zu hören war.« (Lustick 2006)

Die Verhandlungen über das Luxemburger Abkommen

Nach Adenauers Rede im Bundestag begannen zähe Verhandlungen über den konkreten Inhalt des Abkommens, die sich bis zur Unterzeichnung des Vertrags am 10. September 1952 in Luxemburg hinzogen. Auf deutscher Seite gab es dabei zwei Pole, zwischen denen Adenauer eine Mittelposition einnahm. Auf der einen Seite standen die Befürworter eines raschen Verhandlungsabschlusses mit Israel. Die beiden Rechtsgelehrten Franz Böhm und Otto Küster vertraten diese moralische begründete Position, sie leiteten auf deutscher Seite die Verhandlungen mit Israel. Ihnen gegenüber standen Hermann Josef Abs und Finanzminister Schäffer. Abs, enger Berater Adenauers, war in der Nazizeit Vorstandsmitglied der Deutschen Bank gewesen und hatte sich für »Arisierungsmaßnahmen« jüdischen Eigentums verantwortlich gezeigt. Mit vordergründigem Blick auf die deutsche Staatskasse fanden die beiden, dass Reparationszahlungen in keinem Falle deutsche Leistungsgrenzen überschreiten sollten. Adenauer, der auf ein für Deutschland günstiges Ergebnis bei der zeitgleich laufenden Londoner Konferenz über deutsche Kriegsschulden hoffte, hielt die israelische Verhandlungsseite so lange hin, bis diese im April 1952 drohte, die Verhandlungen abzubrechen.

In diesem Krisenmoment mischte sich Wirtschaftsminister Ludwig Erhard ein. Im Gegensatz zu den moralisch inspirierten Befürwortern und den ökonomisch argumentierenden Gegnern des Abkommens vertrat Erhard die politisch weitsichtigere Position, dass die moralisch-politische und ökonomische Dimension miteinander zusammenhingen. Deutschland, so Erhard, brauche den politisch-moralischen Kredit, wenn es überhaupt eine eigenständige Zukunft haben wolle. Erhard schrieb an Adenauer:

> »Ich bin der Auffassung, daß wir uns selbst preisgeben, wenn wir nicht auf weitere wirtschaftliche Expansion setzen und vertrauen würden … In einer mehr dynamischen Beurteilung der Entwicklung und vor allem unter politischem Aspekt könnte es … durchaus sein, daß eine höhere Schuldenanerkenntnis im Endeffekt den deutschen Interessen besser dient, dann nämlich, wenn wir die deutsche Kreditwürdigkeit stärken und schließlich

> vielleicht sogar die Juden der Welt mit der deutschen Vergangenheit versöhnen. Die Schwierigkeit liegt darin, daß die Chance nicht wägbar und nicht meßbar ist und bei der Beurteilung in der deutschen Öffentlichkeit deshalb auch nicht durchschlägt.«

Erhard appellierte an den Kanzler, »daß etwas mehr Wagemut mehr im Sinne Ihrer Politik liegen dürfte als das Vortragen zu vieler Wenn und Aber … Entweder wir haben eine Zukunft, und dann dürfen wir etwas wagen, oder aber wir sind verloren, und dann sind alle Abmachungen bedeutungslos.« (Zitiert nach Wolffsohn 1989: 170 f.)

Unter zusätzlichem Druck der amerikanischen Regierung und der sozialdemokratischen Opposition im Bundestag warf Adenauer schlussendlich sein ganzes politisches Gewicht in die Verhandlungen. Die Bonner Regierung machte der israelischen Seite ein Angebot, das sich mit den ursprünglichen Forderungen deckte. Viel Lärm also um nichts. Die Zähigkeit der Verhandlungen, die Sturheit der deutschen Seite und der Umstand, dass ohne amerikanischen Druck die Sache wohl anders verlaufen wäre: all das zieht weitere Risse in das heutige deutsche Moralnarrativ.

Am 17. Juni 1952 bat Adenauer sein Regierungskabinett, der mit den Israelis erzielten Einigung zuzustimmen. Im Protokoll heißt es dazu:

> »Der Bundeskanzler unterstreicht die überragende Bedeutung der Angelegenheit im Verhältnis zur gesamten westlichen Welt und insbesondere zu den USA. Der ergebnislose Abbruch von Verhandlungen mit Israel würde die schwersten politischen und wirtschaftspolitischen Gefahren für die Bundesrepublik heraufbeschwören; deshalb müßten selbst erhebliche finanzielle Opfer in Kauf genommen werden, um mit Israel zu einer Einigung zu gelangen.«

Adenauer argumentiert hier nicht moralisch, sondern zweckorientiert. Zweitens ist der wichtigste Adressat von Adenauers Entschädigungspolitik nicht der israelische Staat oder, zu Erziehungszwecken, die deutsche Gesellschaft. Es geht stattdessen um »die westliche Welt und vor allem die USA«.

Das Kabinett stimmte zu. Der Vertrag wurde am 10. September 1952 in einer wohlchoreographierten Atmosphäre eisiger Sprachlosigkeit unterschrieben (Diner 2015). Bevor der Vertrag allerdings in Kraft treten konnte, verblieb noch eine demokratische Hürde, nämlich die Ratifikation durch den deutschen Bundestag. Die erfolgte ein halbes Jahr später, im März 1953 – allerdings nur denkbar knapp. Größte parteiliche Einigkeit herrschte jeweils bei den Sozialdemokraten und bei den Kommunisten. Die SPD stimmte geeint für den Vertrag und die Kommunistische Partei geeint dagegen. Das gespaltene linke Verhältnis zu Israel hat Tradition. Aus Adenauers eigenen Reihen scherte gut über ein Drittel aus. Abgeordnete der Parteien rechts von CDU/CSU, zu denen auch die FDP gehörte, enthielten sich größtenteils der Stimme, mit ausgewogener Verteilung an Ja- und Neinstimmen. Ohne die geeinte Haltung der in der Opposition sitzenden SPD wäre das Abkommen nicht ratifiziert worden (Bundestag 1953, 152. Sitzung, 4. März).

Liest man sich durch die der Abstimmung vorangegangene Bundestagsdebatte, so ergibt sich ein komplexes Bild der damaligen politischen Lage in Deutschland – ein Bild, in dem der Rehabilitationsgedanke allerdings deutlich dominiert. Quasi alle Fürsprecher des Abkommens betonten den positiven Einfluss, den das Abkommen auf den deutschen Ruf in der Welt haben würde. Dieser Punkt wurde umso wichtiger, je rechtsnationaler die Sprecher waren. In verquaster Wortwahl beschrieb Walther Hasemann von der FDP das Abkommen als einen »Akt, der moralisch gewertet sein will und das deutsche Ansehen und den deutschen Namen in der Welt von bislang immer noch anhaftenden Schlacken reinigen soll«.

Hasemann, der für das Abkommen stimmte, war bereits vor Hitlers Machtantritt NSDAP-Mitglied gewesen und bis 1945 ein überzeugter Parteigänger geblieben. Andere im Bundestag vertretene NS-Anhänger und Profiteure, wie zum Beispiel Hans-Christoph Seebohm oder Hans-Joachim von Merkatz, zu jenem Zeitpunkt noch Mitglieder der Deutschen Partei, stimmten auch für die Ratifikation des Vertrags. Beide sollten später der CDU beitreten. Genauso wie manche Altnazis aus zweckmäßigen Gründen für den Israelvertrag stimmten, gab es auch andere Altnazis, die dagegen stimmten oder sich enthielten. Eine in diesem Kontext interessante Figur, von der später noch die Rede sein wird, ist Franz Josef

Strauß. Der Übervater des Nachkriegskonservatismus enthielt sich bei der Vertragsabstimmung, sollte aber später als Verteidigungsminister der Motor für die Militärbeziehungen zwischen Deutschland und Israel werden. Strauß begründete seine Ablehnung damals mit dem Argument, die Beziehungen zu den arabischen Staaten nicht gefährden zu wollen.

Für die CDU sprach Eugen Gerstenmaier, der Mitglied des Kreisauer Kreises gewesen war. Gerstenmaier sprach vom Nationalsozialismus als einem »Ausbruch des Wahnsinns«. Der »Gegenschlag der Geschichte«, so Gerstenmaier, bestand nun darin, dass »ganz Deutschland« in ein »großes Ghetto« verwandelt wurde. Und um die »Mauern von Haß, Verachtung und Ablehnung« zu überwinden, die um Deutschland gezogen waren, musste Deutschland Entschädigungen zahlen, so Gerstenmaier.

Die Kommunistische Partei stand geschlossen gegen das Abkommen. Der Abgeordnete Kurt Müller erklärte, warum. Kurt Müller wurde von den Nazis in Gefangenschaft schwer misshandelt und überlebte danach das Konzentrationslager Sachsenhausen bis zur Befreiung durch sowjetische Truppen. Er sagte in seiner Rede, dass »die Ermordung von sechs Millionen Juden … eine einzige Anklage gegen ein furchtbares System der Menschenverachtung und der Barbarei« sei. Allerdings »verwahren wir uns dagegen, daß Leute hier auftreten, die damals, als es galt, diese Verbrechen zu verhindern, entweder beiseite gestanden oder sie unterstützt haben.« Müller kritisierte, dass anstelle von Kompensation für die Überlebenden das Abkommen israelischen und deutschen Industriellen zugutekomme und im Endeffekt dem amerikanischen Zweck diene, Israel als »operative Basis für ihre aggressive Politik auszubauen«. Dass vormalige Nazis von den Reparationslieferungen profitieren würden, sei eine »widerliche Verhöhnung« der Opfer.

Ähnlich wie der Kommunist Müller fand der Sozialdemokrat Carlo Schmid, der kein Nazi, sondern eher ein schweigender Mitläufer gewesen war, dass das Abkommen individuellen Kompensationen aller Opfer des Nationalsozialismus nicht entgegenstehen sollte. Anders als die Kommunisten fanden allerdings die Sozialdemokraten, dass Israels Anspruch auf Entschädigung als jüdischer Staat legitim war. Der Unterschied zwischen KP und SPD ist interessant. Der Antizionismus der kommunistischen Linken verweigerte sich der Idee und dem Anspruch auf ein jüdisch-nationales Kollektiv. Bei aller Kritik daran sollte man allerdings nicht vergessen, dass die Nachkriegskommunisten die deutsche Doppelmoral in Sachen Israel wohl am deutlichsten erkannt hatten.

Wie können wir diese Doppelmoral verstehen? Zunächst einmal war nicht jede Moral doppelt: Es gab genug Stimmen, zum Beispiel aus der SPD, die das NS-Regime keinesfalls unterstützt hatten und den Israelvertrag aus ehrlichem Herzen befürworteten. Aber der staatstragende Nachkriegskonservatismus zwar zu sehr gespickt von ehemaligen Nazis und ihren mitlaufenden Ermöglichern, die Gesellschaft viel zu blind und taub für ihre Verbrechen von gestern, als dass die Ursprungsgeschichte der deutsch-israelischen Beziehungen glaubhaft als Moralgeschichte erzählt werden könnte. Dass sich ehemalige Regimebefürworter in ähnlichem Opportunismus nun befleißigt sahen, sich aus Gründen der billigen Absolution Israel zuzuwenden, scheint doch eine deutlich bessere Erklärung zu sein. Aber über den Zweck hinausgedacht: was bedeutet das für den Bereich der gesellschaftlichen Einstellungen und Eigenschaften? Genauer: wie hing die Rehabilitationspolitik zusammen mit den antisemitischen und autoritären Charakterzügen und Haltungen, die die deutsche Nachkriegsgesellschaft nach wie vor mitprägten?

Scharfsinnigen Beobachterinnen fielen jedenfalls schon damals die Verbindungen zwischen Westorientierung, Rehabilitationsbestreben und der sich wandelnden Natur des Antisemitismus auf. So zum Beispiel der jüdischen Überlebenden Eleonore Sterling, die nach ihrer Flucht aus den USA zurückkehrte, um die erste Professorin für Politikwissenschaften in der Bundesrepublik zu werden. Die heute nicht zufällig, aber zu Unrecht vergessene Sterling, die ihre Eltern an die Deutschen verlor, schrieb 1965 einen Beitrag für *Die Zeit*, in dem sie das deutsche Verhältnis zur Judenheit als ein instrumentelles beschrieb, das dazu diente, nach außen hin ein liberales und demokratisches Deutschland zu einem Zeitpunkt darzustellen, als dieses noch kaum existieren konnte. »Die Bundesrepublik«, so Sterling,

> »befindet sich zu den westlichen Ländern in einem politischen und militärischen Abhängigkeitsverhältnis. Infolge der noch nahen nazistischen Vergangenheit Deutschlands sind diese demo-

> kratischen Staaten stets mißtrauisch. Die Bundesrepublik muß sich deshalb ständig als ›demokratisch‹ ausweisen. Da sich aber Demokratie und Humanität nicht von selber bezeugen, hat man einen Ausweg gesucht und gefunden: Man bedient sich in zunehmendem Umfange der Symbole und Ersatzhandlungen. Dies gilt unter anderem auch für den in der Bundesrepublik so fleißig propagierten Philosemitismus. Er hat eigentlich weniger mit den Juden, dafür mehr mit Staatsräson und Außenpolitik zu tun.«

Nicht nur wegen des Erstarkens einer neuen radikalen Rechten in Deutschland, deren parlamentarischer Arm sich betont und aus offenkundig taktischen Motiven philosemitisch gebiert, wirkt Sterlings Aufsatz auch heute noch seltsam aktuell. Sterling beobachtete zu ihrer Zeit einen »extrovertierten Bezeugungseifer«, der den Nachkriegsantisemitismus nicht überwand, sondern einfach auf den Kopf stellte. In der Bundesrepublik, so Sterling, würden Juden nicht als normale, einzelne und deswegen immer verschiedene Menschen gesehen, sondern stereotypisiert, etwa als »Kulturträger« oder, christlich sakralisiert, nur über ihre Leiderfahrung wahrgenommene »Auschwitzjuden«. Auf die Erniedrigung folgte die Erhöhung. Sterling berief sich in ihrer Argumentation auf Studien der Frankfurter Schule um Theodor W. Adorno und Max Horkheimer, die unterhalb oberflächlicher Meinungsumfragen einen tiefsitzenden und fortlebenden psychosozialen Antisemitismus in der deutschen Gesellschaft ausmachten. Die Frankfurter Forscher beobachteten einen nur zähen und seltsame Blüten treibenden Wandel in der Natur des Antisemitismus im Nachkriegsdeutschland: unterhalb der öffentlichen und lauten projüdischen Bekenntnisse ein Fortleben des Antisemitismus, sowie, parallel dazu, teilweise auch eine Umformung des Antisemitismus zu einem Philosemitismus, der, wie sein Spiegelbild, viel über den Träger der Projektion verriet, aber wenig über sein Objekt. Der »Philosemitismus, der sich unter anderem in der eilfertigen Behauptung äußert, daß die Judenfeindschaft im deutschen Volk so gut wie verschwunden sei«, schrieb Sterling damals, hat »nur noch wenig mit seinem angeblichen Gegenstand – dem Juden als einem Menschen – zu tun. Seine wichtigsten Beweggründe liegen eher in der Schwäche der jungen deutschen Demokratie.« (Sterling 1965)

Wenden wir uns nun von Deutschland ab und Israel zu, dessen Geschichte ohne das Luxemburger Abkommen eine andere gewesen wäre.

2. Staatsaufbau: Ein Industrieprogramm für Israel

Nicht Vergebung oder Versöhnung, sondern blanke Not trieb das junge Israel in Richtung Bundesrepublik. Unmittelbar nach der Staatsgründung im Jahre 1948 war Israels Überleben keineswegs garantiert. Der Staat glich einem Experiment mit ungewissem Ausgang. Die nächste Kriegsrunde mit den arabischen Nachbarn schien nur eine Frage der Zeit.

Für Israel gab es nur einen Grund, das Abkommen mit Deutschland zu suchen: Den Aufbau des Staates voranzutreiben, den Staat zu konsolidieren, zu stärken. Diesem rein materiellen Interesse widersprach das menschliche Bedürfnis der allermeisten Israelis, alles Deutsche aus ihrem Leben zu verbannen. Als Israel 1948 siegreich aus seinem Gründungskrieg hervorging, bestand etwa ein Drittel seiner Bevölkerung aus Überlebenden der deutschen Barbarei. Und niemand, der nicht Familie oder Freunde an die Deutschen verloren hatte. Deswegen bestand für die meisten Israelis kein Unterschied zwischen dem Deutschland vor und dem Deutschland nach 1945, lebten in der Bundesrepublik doch noch dieselben Menschen, die ihre Familien vorher in den Abgrund geworfen hatten. Was die allermeisten Israelis für richtig hielten, war, den Kontakt mit Deutschland zu untersagen und es auf Generationen zu boykottieren (Segev 1993: 191).

Wie aber Tom Segev in seinem wegweisenden Buch über den Holocaust in der israelischen Gesellschaft, *Die siebte Million*, schrieb, war es realpolitisch kaum möglich, die Bundesrepublik über lang zu boykottieren. Beide Länder, Israel und die BRD, hatten sich für die westliche Seite im Kalten Krieg entschieden, beide verfolgten eine Politik der »Westbindung«. So wie der deutsche Weg nach Washington über Jerusalem führte, führte der israelische Weg nach Washington über Bonn. Ben-Gurion und seine Arbeiterpartei handelten pragmatisch; sie sahen die Chancen, die eine rehabilitationsbedürftige Bundesrepublik bot.

Heute ist das Verhältnis zwischen Deutschland und Israel ein anderes. Nicht nur das Verhältnis zwischen der deutschen und israelischen Regierung ist eng, auch die Beziehungen zwischen den Menschen beider Länder sind enger als je zuvor. Die große israelische Exilcommunity in Berlin, die ironischerweise oft einen kritischen Blick auf die deutsche Israelpolitik einnimmt, ist dafür nur ein Beispiel.

Seinerzeit aber mündeten die Proteste gegen die Verhandlungen mit den Deutschen über das »Blutgeld« in einem Sturm auf die Knesset, das israelische Parlament. Taktgeber der Proteste war Menachem Begin von der rechtsgerichteten Herut-Partei, dem Vorgänger des heutigen Likud. Aber längst nicht nur die rechten Kräfte waren gegen das Abkommen. Auch die Parteien links von Ben-Gurions regierender Arbeiterpartei waren gegen die Verhandlungen mit Deutschland, und auch innerhalb der Regierungspartei gab es Kritik am Kurs des Staatsgründers.

Für Menachem Begin und seine Anhängerschaft ging es um die individuelle und nationale Ehre. Verhandlungen mit Deutschland galten ihnen als grauenvoller Ausverkauf der Opfer. Für Begin gab es keinen grundlegenden Unterschied zwischen dem Deutschland von Adenauer und dem von Hitler. Nichts, was die Deutschen zu geben bereit seien, sei die Erniedrigung wert, mit ihnen zu verhandeln (Tovy 2017).

Heute wissen wir, dass beide recht gehabt hatten, sowohl Ben-Gurion als auch sein großer Widersacher Begin. Wie von Ben-Gurion erhofft, sollte das Abkommen einen essenziellen Beitrag zur Konsolidierung und wirtschaftlichen Transformation des Staates leisten. Aber wie von Begin vorhergesagt war der Vertrag der erste Schritt zu einer Normalisierung des Verhältnisses zu Deutschland, und damit auch zur deutschen Rehabilitation – wie es von der deutschen Seite erwünscht worden war.

So wie die rechten wiesen auch die linken israelischen Kräfte auf die unbestreitbaren Altlasten der Bundesrepublik hin – wie könne man mit einem so wenig reuevollen Staat verhandeln, in dem die Täter von gestern unbehelligt lebten und sogar wieder hohe politische Ämter innehatten? Vor allem auf Seiten der kommunistischen Linken waren die Proteste aber widersprüchlich. Ihrer berechtigten Kritik an Westdeutschland stand die kritiklose Akzeptanz des Einparteienstaates in Ostdeutschland entgegen.

Ben-Gurion versicherte seinen Gegnern zur Linken und Rechten, dass das Abkommen nichts mit Vergeben oder Verzeihen zu tun habe. Es gehe lediglich darum, einen kleinen Teil des geraubten Besitzes wiederzubekommen. Sollten die Mörder etwa auch noch erben? Der menschliche Verlust ließe sich niemals erstatten. Wie Tom Segev in seiner Biografie des Staatsgründers zeigt, hatte Ben-Gurion ein Ziel, dem alle anderen Ziele untergeordnet waren: den Staat Israel zu gründen und zu konsolidieren, und zwar, so schon im Titel des Buches, »at any cost« (Segev 2019). Und dementsprechend brachten die Befürworter des Abkommens vor allem ein Argument ins Spiel: Wäre nicht ein starker und autonomer jüdischer Staat der größte Sieg über den Nationalsozialismus und den Antisemitismus? Ironie der Geschichte, dass es dazu Aufbauhilfe aus Deutschland brauchte.

Allein die Aussicht auf Verhandlungen mit Deutschland provozierte die schwerste Regierungskrise des jungen Israels. Was zeigt, für wie wichtig der Staatsgründer Ben-Gurion das Abkommen hielt. In der Rückschau können wir das Entschädigungsabkommen mit Deutschland als traurigen, aber notwendigen Sieg des Zionismus verstehen. Nämlich als den Sieg des staatlichen Interesses über das individuelle Moralempfinden der Israelis, die sich dem Kontakt mit Deutschland aus den menschlichsten Gründen verweigern wollten.

Von der Agrarökonomie zum Industriestaat: Die Entschädigungen als Modernisierungshilfe

Blicken wir nun auf die konkrete Realisierung des Abkommens, über die überraschend wenig gesprochen wird, weder in der wissenschaftlichen Literatur noch in der deutschen Politik. Tatsächlich – und das muss man unterstreichen – war das Abkommen für Israel fast schon überlebensnotwendig. Israels Chefunterhändler Nahum Goldmann nannte es eine »Erlösung« (Vogel 1969: 99). Für David Horowitz vom israelischen Finanzministerium bedeutete die Reparationsfrage den Unterschied zwischen »wirtschaftlichem Überleben oder Zusammenbruch«. (Sachar 1999: 35)

Felix Shinnar, eine von der Geschichte nahezu vergessene Figur, war auf der israelischen Seite für die Umsetzung des Abkommens verantwortlich. Als Deutscher geboren und von den Nazis vertrieben, leistete er einen hohen persönlichen Beitrag zur Entwicklung Israels. Shinnar, der bereits in die Verhandlungen involviert war, wurde zum Leiter der Israel-Mission in Köln berufen. Diese Mission sollte die Bestellungen und Lieferungen aus dem Abkommen abwickeln. In der Praxis und auch ihrer legalen Form nach war die Mission aber mehr, fungierte sie doch als eine Art inoffizielle Botschaft Israels in Deutschland, lange vor der Aufnahme offizieller diplomatischer Beziehungen im Jahre 1965.

Shinnar erklärte die Bedeutung des Abkommens so:

> »Für Israel war die Notwendigkeit, Güter zu beziehen, deshalb von Wichtigkeit, weil es damit die Möglichkeit hatte, unter Zurückstellung der dringenden Bedürfnisse für den täglichen Verbrauch im wesentlichen nur solche Güter zu beziehen, die dem industriellen oder landwirtschaftlichen friedlichen Aufbau Israels dienten. Etwa 80 Prozent des Abkommens wurden in Lieferungen von Investitionsgütern aller Art abgenommen und dadurch bilden die Lieferungen unter dem Abkommen, und ich glaube, daß das dem Sinne, dem inneren Sinne des Abkommens gerecht wird, einen sichtbaren, bleibenden Bestandteil des Aufbaus der Industrie in Israel in diesen ersten, für die wirtschaftliche Konsolidierung Israels so entscheidenden Jahren. 12 Prozent des gesamtisraelischen Jahresimportes stellten die Lieferungen im Rahmen des Abkommens dar. Ein wichtiger, überaus konstruktiver Beitrag zu dem in dem ersten, aber doch einigermaßen fortgeschrittenen Stadium befindlichen Prozeß der Industrialisierung Israels.« (Vogel 1967: 98)

Um zu verstehen, warum genau die deutschen Lieferungen so wichtig für Israels frühe Konsolidierung waren, müssen wir einen Blick auf die prekäre Lage des Landes unmittelbar nach der Staatsgründung werfen. Nach dem siegreichen Gründungskrieg von 1948 wuchs die Bevölkerung rasant an. Bis Ende 1949 waren 340.000 Neueinwanderer aus den *displaced persons Camps* in Europa eingetroffen. Darauf folgte etwa dieselbe Zahl jüdischer Einwanderer, die aus den arabischen Ländern emigrierten oder vertrieben worden waren (Halevi 2008).

Israels Wirtschaft konnte dieses Bevölkerungswachstum nicht absorbieren. Das Land war noch agrarwirtschaftlich geprägt und musste viele wichtige Güter importieren. Es war nicht genug Geld in der Staatskasse, um die Neuankömmlinge zu versorgen, und genügend Arbeit war auch nicht vorhanden. Im Vergleich zu Westdeutschland war Israel arm. Israelis hatten weniger zu essen, weniger Geld und weniger Arbeit (Lustick 2006: 55). Tatsächlich belastete das Bevölkerungswachstum die Wirtschaft so stark, dass 1952, noch bevor die Reparationsverhandlungen begannen, die jüdische Einwanderung nach Israel begrenzt werden musste. Ein jüdischer Staat aber, der keine jüdischen Einwanderer mehr aufnehmen konnte, konnte sein zionistisches Mandat nicht erfüllen. Nichts zeigt deutlicher, wie dringend Israel die deutschen Lieferungen aus dem Luxemburger Abkommen brauchte (Arlosoroff 2018).

Überall in der nichtwestlichen, sich dekolonisierenden Welt hatten neugeformte, in die Souveränität entlassene Staaten vor allem ein wirtschaftliches Ziel vor Augen: Industrialisierung. Entwicklungspolitik war Industrialisierungspolitik, und der Zweck der Industrialisierung war immer auch ein außenpolitischer. Denn ohne wirtschaftliche Entwicklung gab es die politische Unabhängigkeit nur auf dem Papier. Auch die für Israel so zwingende militärische Stärke ließ sich nur auf festem wirtschaftlichem Fundament aufbauen. Ohne wirtschaftliche Entwicklung kein wehrfähiger Staat. In diesem Sinne war Israel keine Ausnahme im globalen Süden: Es ging darum, aus einem importabhängigen Agrarstaat einen exportorientierten Industriestaat zu machen. Das ist Israel außergewöhnlich schnell gelungen. Das Land hat im Zeitraffer eine wirtschaftliche Entwicklung durchlaufen, die für Deutschland und andere westliche Länder im 18. und 19. Jahrhundert begonnen hatte.

In der Praxis waren die deutschen Reparationslieferungen ein Investitionsprogramm für die sich damals noch in den Kinderschuhen befindende israelische Industrie. Und da Industrialisierung Arbeitsplätze schafft, kamen auch die Neuankömmlinge in Lohn und Brot. Industrialisierung bedeutete offene Türen für jüdische Immigranten. Natürlich war die Bundesrepublik nicht alleinverantwortlich für Israels Industrialisierung. Aber sie spielte dabei eine große Rolle. Die Politikwissenschaftlerin Lily Gardner-Feldman stellte schon früher fest, dass Deutschland bis 1965 die wichtigste wirtschaftliche Hilfsquelle für Israel war. Das Kapital, das aus dem Entschädigungsabkommen nach Israel floss, umfasste das Dreifache von dem, was die USA in dieser Zeit an Unterstützung leisteten (siehe Gardner-Feldman 1984: 97). Eine andere Korrelation verdeutlicht noch stärker, wie wichtig Deutschland für Israels Entwicklung war: von dem Zeitpunkt an, als die ersten Reparationslieferungen Israel erreichten, verzehnfachte sich die Wachstumsrate der israelischen Wirtschaft (Rivlin 2010: 37).

Der deutsche Abschlussbericht über die Reparationslieferungen liest sich wie eine Schritt-für-Schritt-Anleitung dafür, wie man aus einem Agrarstaat ein Industrieland macht. Der Bericht unterteilt die zwischen 1953 und 1965 getätigten deutschen Investitionen in fünf Liefergruppen. Zwei dieser Gruppen, nämlich landwirtschaftliche Güter und logistische Kosten für die Abwicklung des Abkommens, fielen kaum ins Gewicht. Die ersten drei Liefergruppen aber umfassten alles, was man für eine Industrialisierung braucht: zuerst einmal Stahl, Eisen und Metalle, um Fabriken zu bauen. Die zweite Liefergruppe war die größte: mit über 55 Prozent des Lieferumfangs bestand sie aus den Gütern, in denen Deutschland Exportweltmeisterschaften gewinnt, nämlich dem Maschinenbau. Also all das, was in die neugebauten Fabriken hineingehörte. Deutschland und Israel waren sich »darüber einig, daß der Bedarf an Investitionsgütern vorrangig zu berücksichtigen sei, um in Israel eine leistungsfähige Wirtschaft zu erstellen … Die Erzeugnisse der Maschinenbau-Industrie in ihrer großen Vielfältigkeit wurden insbesondere vom Jahre 1957 an geliefert, also von dem Zeitpunkt an, da die geplanten Fertigungsstätten in Israel soweit erstellt waren, daß sie mit Maschinen versehen werden konnten.« (Ebeling 1966: 27) Die Fokussierung auf den arbeitsintensiven Maschinenbau sorgte für Beschäftigung in deutschen Fabriken. Der Vertrag sah außerdem vor, dass Betriebe in Westberlin bevorzugt werden sollten und solche, die deutsche Flüchtlinge beschäftigten.

Die deutsche Industrie lieferte alles: »Textilmaschinen, Maschinen für die chemische Industrie, Metall- und Holzbearbeitungsmaschinen, Motoren, Werkzeugmaschinen, Bau- und Straßenbaumaschinen, Kräne, Lokomotiven, Transportmaschinen, Pumpen, landwirtschaftliche Maschinen, Maschinen für Zuckerfabriken, auch Büromaschinen und anderes mehr.« (Ebeling 1966: 27f.) Die dritte Liefergruppe umfasste Produkte der verarbeitenden Industrie: alles von pharmazeutischen Produkten bis hin zu Autoreifen oder Textilien.

Der größte Einzelsektor war der Schiffsbau mit knapp einem Viertel des Gesamtlieferumfangs. Der Abschlussbericht erklärt, warum: Israels einzige offene Grenze verlief zum Mittelmeer und zum Roten Meer. Exportieren und importieren war nur über den Seeweg möglich. Vor dem Reparationsvertrag aber »hatte Israel nur eine unbedeutende Handelsflotte mit wenigen überalterten Schiffen«. Deutschland lieferte »60 Schiffe mit einer Gesamttonnage von rund 450.000 … wobei 13 westdeutsche Werften am Bau beteiligt waren«. Der Bericht fügt hinzu, dass »Israel kaum in der Lage gewesen wäre, seine Industrie in einem solchen Tempo zu erweitern und sie mit Rohstoffen zu versorgen und ihre Produkte ins Ausland zu transportieren, wenn es nicht seine Handelsflotte gehabt hätte.« Auch hier waren deutsche Industrieinteressen im Spiel. Infolge der Entmilitarisierungsmaßnahmen des Potsdamer Abkommens von 1945 war der Schiffsbau in der Bundesrepublik bis 1951 verboten. Nach Aufhebung der Beschränkungen verzeichnete dieser Sektor einen massiven Produktionsanstieg.

Der Luxemburger Vertrag war für Deutschland eine kostengünstige Investition in seine internationale Rehabilitation. Aber er sollte sich schon allein unter wirtschaftlichen Gesichtspunkten lohnen. Als Konjunkturprogramm kurbelte das Abkommen nicht nur die deutsche Produktion an, sondern ermöglichte es der deutschen Wirtschaft außerdem, früh auf dem wachsenden israelischen Markt Fuß zu fassen. Bereits Anfang der 1960er Jahre überstiegen die regulären deutschen Exporte nach Israel die im Luxemburger Vertrag verabredeten Lieferungen (Könke 1988). Kein Wunder also, dass Deutschland noch heute Israels wichtigster Handelspartner in Europa ist und der drittwichtigste insgesamt nach den USA und China. Die Annäherung zwischen Deutschland und Israel begann im Wirtschaftsbereich. Und dass sich das Entschädigungsabkommen für Deutschland schon unter rein wirtschaftlichen Gesichtspunkten gelohnt hatte, unterstreicht lediglich den Machtunterschied beider Länder zu dieser Zeit. Für Israel war der materielle Aufbau des Staates drängender, als die symbolische Rehabilitation Deutschlands es für die Bundesrepublik und die Westalliierten war (s. a. Goschler 2008: 175).

Die eigentliche Pointe des Entschädigungsvertrags ist also nicht die damals von Adenauer imaginierte »Macht der Juden«, sondern die tatsächliche wirtschaftliche Macht Deutschlands. Es war die Macht der so schnell wiedererstarkten westdeutschen Wirtschaft, die auch Israels wirtschaftliche Modernisierung mitermöglichte.

Die nüchternen ökonomischen Tatsachen sprechen eine klare Sprache. Addieren wir dazu die harte Haltung, die Deutschland zuvor in den Verhandlungen an den Tag gelegt hatte, lässt sich ein Mythos widerlegen. Die deutsch-israelischen Beziehungen waren zu keinem Zeitpunkt eine einseitige Angelegenheit, in der Israel die vermeintliche Großzügigkeit der Bundesrepublik überstrapaziert hätte. Diese nicht selten mit antisemitischem Zungenschlag einhergehende Sichtweise ist historisch einfach zu widerlegen. Israels Staatsgründer David Ben-Gurion mutete der israelischen Gesellschaft mit seiner Deutschlandpolitik viel zu. Sie gehorchte allein dem Primat des Staatsaufbaus. In dieser Hinsicht war sie ein voller Erfolg. Der Preis: der israelische Beitrag zur frühen Rehabilitation des westlichen Deutschlands.

Dass es ausgerechnet die Bundesrepublik war, die Israel mit dem Reparationsprogramm auf feste Beine stellte, ist eine Ironie der Geschichte, die in Deutschland kaum thematisiert wird. Warum eigentlich nicht? Ist das Reparationsprogramm nicht der beste Beweis dafür, dass Angela Merkels Aussage von 2008, Israels Sicherheit sei deutsche Staatsräson, nicht erst seit heute gilt, sondern im Gegenteil in der Nachkriegszeit noch viel wahrer war als heute? Warum blickt die Bundesrepublik nicht mit patriotischer Zufriedenheit auf die Anfangszeit der deutsch-israelischen Beziehungen zurück? Ließe sich diese Anfangszeit nicht integrieren in den heute beobachtbaren Bewältigungsstolz?

Dem entgegen steht einerseits der wohl allzu offensichtliche Rehabilitationsbedarf der jungen und kompromittierten Republik. Die Nachkriegszeit stellt beunruhigende Fragen nach den Fundamenten, auf denen diese Gesellschaft aufgebaut werden musste. Die Anfangszeit der deutsch-israelischen Beziehungen, das sind eben auch die betäubten Jahre nach dem methodischen Wahnsinn der deutschen Barbarei.

Zweitens mag es damals zwar gute außenpolitische Gründe gegeben haben, die vermeintlich hehren deutschen Absichten herauszustellen. Ebenfalls gute Gründe aber gab es auch dafür, die *konkreten* Auswirkungen des Abkommens nicht an die allzu große Glocke zu hängen. Denn die Israel feindselig gesonnenen arabischen Staaten waren mit einem Abkommen, das drohte, ihren Kontrahenten zu stärken, nicht einverstanden. Dazu kam, dass Deutschland damals noch zweimal existierte und sowohl die Bundesrepublik als auch die DDR um die Gunst arabischer Machthaber buhlten. Der Nahe Osten war eine wichtige Arena des Kalten Krieges und in ihr tobte auch der deutsch-deutsche Konkurrenzkampf mit allen Mitteln, die die Diplomatie zu bieten hatte (De Vita 2020). Die sich radikalisierenden arabischen Staaten – vor allem Ägypten nach dem Sturz der probritischen Monarchie 1952 – durften keinesfalls noch weiter in Richtung Sowjetunion getrieben werden. Das war der wichtigste Grund dafür, warum die westdeutsche Hilfe für Israel so diskret wie möglich behandelt werden sollte.

3. Das Abkommen im arabisch-israelischen Konflikt

Die deutsche Israelpolitik fand nie abseits von dem Konflikt zwischen den arabischen Staaten und Israel, von dem Konflikt zwischen Israel und den Palästinensern statt. Sie war davon teil, auch wenn deutsche Regierungen das gerade aus außenpolitischen Gründen oft herunterspielen sollten.

Im Nahen Osten gibt es viele Konflikte, weshalb die Rede von »dem« Nahostkonflikt irreführend ist, wenn wir über den Konflikt zwischen Israelis und Palästinensern reden wollen. Und wer geografisch korrekt sein möchte, sollte anstatt vom Nahen Osten auch eigentlich von Westasien und Nordafrika sprechen. Auf eine Formel reduziert, handelt es sich bei dem israelisch-palästinensischen Konflikt um den Kampf zweier nationaler Kollektive um dasselbe Territorium. Der arabisch-israelische Konflikt ist mit diesem Grundkonflikt um Israel und Palästina verwandt, aber nicht identisch. Das kann man am ersten arabisch-israelischen Krieg von 1948 ablesen, der als Bürgerkrieg zwischen der jüdischen und der arabischen Bevölkerung Palästinas bereits Ende 1947 begann. Am 14. Mai 1948 endete das britische Mandat über Palästina, und David Ben-Gurion rief die Staatsgründung Israels aus. Am Folgetag griffen die Armeen und Verbände Ägyptens, Jordaniens, Syriens und Iraks Israel an. Dieser erste arabisch-israelische Krieg endete weniger als ein Jahr später mit einem israelischen Sieg. Die größten Verlierer des Konflikts waren die Palästinenser: etwa 750.000 von ihnen flohen oder wurden in den Jahren 1947-48 aus dem britischen Mandatsgebiet Palästina vertrieben. Die Gründung des jüdischen Staates im Krieg von 1948 hatte die Staatenlosigkeit der palästinensischen Araber zur Folge. Den allermeisten Beteiligten war klar, dass eine zweite Kriegsrunde in der Luft lag. Für die arabischen Staaten ging es dabei um die Wiedergewinnung arabischen Territoriums. Für die palästinensischen Flüchtlinge ging es um ihre Rückkehr. Für Israel ging es um das staatliche Überleben.

Deswegen war das gerade beschriebene deutsche Investitionsprogramm in die israelische Wirtschaft so wichtig. Israel musste sich schnellstmöglich ökonomisch entwickeln, um die Überlebenden aus den *displaced persons camps* in Europa und die nach 1948 aus den arabischen Staaten geflohenen oder emigrierten Juden integrieren zu können und um für die nächste Kriegsrunde gewappnet zu sein.

Wie weit reicht die Verantwortung? Deutschland und die arabischen Proteste gegen das Luxemburger Abkommen

Die arabischen Beschwerden gegen das Luxemburger Abkommen setzten nach Vertragsunterschrift im September 1952 ein. Damit wollten die Staaten der Arabischen Liga die Ratifizierung des Abkommens durch den Bundestag noch verhindern. Bei Heinrich von Brentano, damals Fraktionsvorsitzender der CDU/CSU, schienen die Proteste gefruchtet zu haben. Im Dezember 1952 schrieb Brentano an Adenauer, ihm scheine,

> »daß eine alsbaldige Ratifizierung gefährliche Reaktionen auslösen könnte. Es ist offenbar nicht so, daß nur eigensüchtige oder gar antisemitische Tendenzen hinter den Protesten stehen, sondern daß diese [arabischen]Staaten sich zum Teil auch ernstlich in ihrer Existenz bedroht fühlen, wenn durch eine unkontrol-

> lierte Erfüllung des Abkommens das Land Israel in den Genuß von Wirtschaftsgütern kommt, die es eine erneute Kriegsführung erleichtern könnten ... ich möchte noch einmal anregen, vielleicht die amerikanische Regierung auf diese besondere Situation hinzuweisen und um eine freundschaftliche Vermittlung zu bitten« (PA AA, B130, Bd. 6428, 11 Dezember 1952).

In seiner Antwort erklärt Adenauer, dass man den arabischen Staaten, vor allem Ägypten, bereits angeboten habe, über »besondere Vergünstigungen für die Durchführung ihrer wirtschaftlichen Aufbauprogramme« zu verhandeln, »um auf diese Weise die von den Arabern gefürchtete Störung des wirtschaftlichen Gleichgewichts im Nahen Osten wieder auszugleichen«.

Und weiter:

> »Auf jeden Fall sehe ich nicht, wie wir den Arabern über unser bereits gemachtes Angebot hinaus noch weiter entgegenkommen könnten, ohne Israel und dem Judentum gegenüber vertragsbrüchig zu werden. Ein solcher Vertragsbruch würde mit Sicherheit unserer Stellung in der Welt unvergleichlich mehr Schaden zufügen, als selbst eine vorübergehende Spannung in dem deutsch-arabischen Verhältnis. Die amerikanische Regierung wird selbstverständlich von mir und meinen Mitarbeitern laufend über den Stand der deutsch-arabischen Beziehungen unterrichtet.« (PA AA, B130, Bd. 6428, 23 Dezember 1952)

Adenauer sollte Recht behalten. Das Abkommen trat in Kraft, und die Proteste legten sich mittelfristig wieder. Aber die grundlegenden Argumente, die damals zwischen Bonn und den Hauptstädten der arabischen Welt ausgetauscht wurden, tauchen bis heute auf, wenn die Frage nach der deutschen Rolle im Israel-Palästina-Konflikt aufkommt. Grund genug also, sich diese Argumente einmal genauer anzuschauen.

Als Adenauer im März 1953 dem Bundestag das Entschädigungsabkommen zur Ratifizierung vorlegte, fasste er die arabischen Proteste gegen den Vertrag für die Parlamentarier zusammen. Laut Adenauer argumentierten die arabischen Gegner des Vertrags, dass Israel nicht berechtigt sei, »für von ihm aufgenommene jüdische

Flüchtlinge eine Entschädigung zu fordern, solange es nicht seinerseits seinen Verpflichtungen bezüglich dieser arabischen Palästina-Flüchtlinge nachgekommen sei.« Auf diese Argumentation antwortete Adenauer, indem er eine Trennlinie zog: »Es handelt sich um zwei verschiedene und getrennt zu haltende Probleme. Die Frage der Entschädigung der jüdischen Flüchtlinge, die der nationalsozialistischen Verfolgung entronnenen sind, ist zwischen der Bundesrepublik und dem jüdischen Volk zu lösen.« Die Bundesrepublik, so Adenauer, habe »weder ein Recht noch eine Möglichkeit«, zu dem palästinensischen Flüchtlingsproblem Stellung zu nehmen. Er fügte aber hinzu, dass Deutschland »genug Erfahrungen mit den Nöten und Sorgen von Flüchtlingen« habe, und wünschte eine »schnelle und alle Betroffenen zufriedenstellende Regelung auch dieses Flüchtlingsproblems«.

Zweitens argumentierten die arabischen Staaten, dass die deutsche Hilfe für Israel die deutsche Neutralitätspflicht im Nahen Osten verletzen würde. Darauf erwiderte der Kanzler im Bundestag, dass eine solche Verletzung nicht vorliege. Außerdem sei »Vorsorge dafür getroffen, daß das Abkommen nicht zur Lieferung von Waffen, Munition oder sonstigem Kriegsgerät an Israel benutzt werden kann«.

Wie lassen sich Adenauers Argumente im Rückblick bewerten? Der arabische Einwand, dass Deutschland keine Entschädigungen an Israel zahlen dürfe, solange Israel nicht seinen völkerrechtlichen Verpflichtungen für die palästinensischen Flüchtlinge nachkomme, mag in einigen heutigen deutschen Ohren unangenehm klingen, weil dieser Einwand eine Verbindung zwischen zwei Ereignissen herstellt, die im arabischen Raum oft und im deutschen Raum selten zusammen diskutiert werden. Die Mehrheit der Menschen in der arabischen Welt, diese Generalisierung sei erlaubt, sah und sieht in Israel die Lösung eines europäischen Problems auf arabische Kosten. Das war eine Sichtweise, die seinerzeit Marxisten, Liberale, Nationalisten oder Islamisten teilten. Selbst jene, die sich auch später am intensivsten und einfühlsamsten mit der Geschichte des Antisemitismus befassten, so wie der bekannte palästinensische Intellektuelle Edward Said, verwahrten sich vehement gegen die oft mitschwingende implizite Annahme, dass die jüdische Katastrophe in Europa die palästinensische Heimatlosigkeit im Nahen Osten auf irgendeine Weise legitimere.

Im Archiv des Auswärtigen Amtes biegen sich ganze Regalreihen unter den Akten über die arabischen Reaktionen auf das Entschädigungsabkommen, Material für mindestens eine Doktorarbeit. Diese Akten im Einzelnen durchzugehen, würde die lesende und schreibende Geduld überstrapazieren. Stattdessen können wir den Blick auf zwei Briefe werfen, die das Spektrum der arabischen Reaktionen auf den Luxemburger Vertrag weitgehend abdecken.

Der erste dieser Briefe stammt aus der Feder des berüchtigten Jerusalemer Großmuftis Amin al-Husseini. Al-Husseini war einer der wichtigsten palästinensischen Anführer während der britischen Mandatszeit in Palästina nach dem Ersten Weltkrieg. Als Anführer des sogenannten Arabischen Hohen Komitees leitete er den »Großen Arabischen Aufstand« gegen die jüdische Gemeinschaft und die britische Mandatsherrschaft Ende der dreißiger Jahre.

Al-Husseinis geistige Verbrüderung mit den Nazis ist bekannt. Ab 1941 wohnte er in Deutschland, verbreitete NS-Propaganda im arabischen Raum und war persönlicher Gast Hitlers in Berlin gewesen. Der offen antisemitische Inhalt seines Briefs, der im Juni 1952 an die Adresse des Auswärtigen Amts ging, überrascht also nicht. Al-Husseini leugnet den Genozid, den er zuvor unterstützt hatte, schreibt von einer jüdischen »Täuschung«, schreibt, dass Juden an Deutschen in Palästina Verbrechen begangen hätten, um dann die Flucht und Vertreibung der Palästinenser in dramatischsten Farben auszumalen, und das alles in einem Tonfall anbiedernder Unterwürfigkeit (PA AA, B130, Bd. 6426, 7. Juni 1952). Die Bonner Diplomaten plädierten dafür, den Brief zu ignorieren: »Die Einstellung des Mufti ist in schärfster Form anti-jüdisch und europäer-feindlich. Im Übrigen kann sich das Arabische Hohe Komitee nicht als Gremium für die Vertretung der arabischen Bevölkerung Palästinas ausgeben, da es selbst auf den sich nicht in jüdischem Besitz befindlichen Teil Palästinas keine Einflussnahme hat.« (PA AA, B130, Bd. 6426, 7. Juni 1952) Die Einschätzung der Bonner Diplomaten damals deckt sich mit der historischen Mehrheitsmeinung von heute: Der Mufti war ein glühender Antisemit, der seinen Einfluss auf die Palästinenser aber nach dem Zweiten Weltkrieg verloren hatte.

Den Mufti konnte man ignorieren. Seine politische Macht war verbraucht. Schwieriger aber gestaltete sich der Umgang mit der offiziellen Protestnote der Arabischen Liga. Die Arabische Liga sprach mit der Stimme der gerade erst unabhängig werdenden arabischen Staaten. Die diplomatische Note der Liga war scharf. Während die Bonner Regierung den Reparationsvertrag aus dem arabisch-israelischen Konflikt heraushalten wollte, wollte die Arabische Liga, dass Deutschland seine Entschädigungsfragen nicht im Nahen Osten löste. Die arabischen Staaten fanden, dass Deutschland keine Entschädigungen an einen Staat zahlen dürfe, »der nach dem Krieg, gegen die Araber, und auf ihrem Boden« gegründet worden sei. »Die Araber verneinen kategorisch, dass dieser Staat die Juden repräsentiert.« Die Arabische Liga nahm die deutschen Entschädigungszahlungen durch ihre Linse des arabisch-israelischen Konflikts wahr. Sie hatte dabei vor allem die Machtbalance im Nahen Osten vor Augen (Litvak/Webman 2011: 78). Die Note stellte das Leid der palästinensischen Flüchtlinge heraus und wies die deutsche Regierung darauf hin, dass zwischen Israel und den arabischen Staaten der Kriegszustand herrsche. Sie verwies auf die »traditionelle Freundschaft« zwischen Deutschland und der arabischen Welt »sowohl vor als auch nach dem Krieg« und drückte ihren Unglauben darüber aus, »dass Deutschland bei der Verfolgung der Araber in Palästina mitmachen solle.« (PA AA, B130, Bd. 6426, 21. Juli 1952)

Historische und moralische Verflechtungen

Die diplomatische Frage, wie die Bundesrepublik im Jahre 1952 mit den arabischen Widerständen umgehen sollte, stößt auf den Grund der viel breiteren Frage nach der Reichweite der Verantwortung, die Deutschland im israelisch-palästinensischen Konflikt trägt. Wie der Politikwissenschaftler Gert Krell richtig feststellte, ist im arabischen Raum »allemal die Einschätzung verbreitet, letztendlich seien die Palästinenser Folgeopfer des europäischen Antisemitismus und speziell des nationalsozialistischen Rassenwahns geworden«. Deswegen trage Deutschland nach dieser Lesart auch eine indirekte Verantwortung für die Palästinenser (Krell 2008).

In Deutschland ist diese Sichtweise kaum verbreitet. Tatsächlich ist es historisch fragwürdig, kausale Verbindungen zwischen Nationalsozialismus, der Gründung Israels und der palästinensischen Fluchtkatastrophe, der *Nakba*, zu ziehen.

Israel ist keine Folgeerscheinung der Shoah. Die Gleichung »ohne Holocaust kein Israel« stimmt schon deshalb nicht, weil der Zionismus älter ist als Nazideutschland (Wolffsohn 1993). Weil aber der Antisemitismus dem zionistischen Argument, dass jüdische Assimilationsbemühungen in Europa vergebens seien, mit der Shoah bis dato unvorstellbare Beweise lieferte, existieren zwischen Deutschland und Zionismus, Shoah und Israel historische Verbindungen. Die verschiedenen Spielarten des Zionismus, die im 19. Jahrhundert in Osteuropa und Westeuropa entstanden, waren sich darin einig, dass, wie andere Völker, auch die Juden eine Nation für sich darstellten. Der Zionismus postulierte, dass die Schaffung einer jüdischen Nation den besten Schutz gegen Antisemitismus darstelle und dass Assimilation in die europäischen Gesellschaften ein Irrweg sei. Theodor Herzl beschrieb den europäischen Antisemitismus als »treibende Kraft« für die Realisierung eines jüdischen Staates. Die Shoah war die bis dahin unvorstellbare Bestätigung dafür, dass der Zionismus recht hatte: In Europa konnten Juden nicht leben. Die grundlegende Tragik des Zionismus war, dass er sich erst verwirklichen konnte, als es zu spät war. 1948 war Europa schon leer.

Für die heutige deutsche Regierung und die mediale und politische Öffentlichkeit ist klar, dass Deutschland eine historische Verantwortung für Israel trägt, die sich aus der deutschen Barbarei ableitet. Ohne Vergleiche oder gar Gleichsetzungen dort herbeizureden, wo sie sich nicht gestatten und historisch falsch wären, stellt sich die politische Frage, wie Deutschland es mit denen hält, die für die israelische Staatsgründung weichen mussten und deren Zukunft bis heute ungeklärt ist. Dabei hilft der historische Blick: wie wurde dieses Thema damals verhandelt?

Tatsächlich gab es leise Ansätze, die deutschen Entschädigungsleistungen mit einer eventuellen Lösung des palästinensischen Flüchtlingsproblems zu verbinden. So schlug der israelische Außenminister Moshe Sharret vor, einen Teil der Shilumim an die palästinensischen Flüchtlinge weiterzuleiten, »um das kleine Unrecht (die palästinensische Tragödie), das durch das schrecklichere (den Holocaust) verursacht wurde, wiedergutzumachen« (zitiert nach Lustick 2006: 53f.). Nun aber hätte das bedeutet, genau die zwei konfliktreichsten Fragen des jungen Israels zu verbinden – wie es mit den Deutschen zu halten sei, und was die Politik gegenüber den Palästinensern sein sollte. Beide waren für sich schon kaum zu beantworten. Zusammen schon gar nicht (Fischbach 2003: 191).

Auf deutscher Seite galt es, wie Adenauer bereits im Bundestag klarstellte, eine klare Trennlinie zwischen dem Konflikt im Nahen Osten und der deutschen Entschädigungsfrage zu ziehen. Und so instruierte der Ministerialdirektor des Auswärtigen Amtes, der frühere Nationalsozialist Herbert Blankenhorn, die deutschen Botschaften, dass das Entschädigungsabkommen »allein aus einem Gefühl der moralischen Verantwortung für die jüdischen Opfer der nationalsozialistischen Verfolgung« abgeschlossen worden sei und deswegen »auf humanitären und nicht irgendwie gearteten politischen Motiven beruht«. Den Beziehungen zur arabischen Welt sei damit kein Abbruch getan: »Es braucht kaum hervorgehoben zu werden, daß die Bundesrepublik keine Verantwortung für die Not der arabischen Flüchtlinge trifft.« Allerdings nehme die deutsche Regierung durchaus Anteil, was »in Anbetracht der eigenen Erfahrungen mit dem deutschen Vertriebenenproblem eine Selbstverständlichkeit« sei. Wie Blankenhorn versprach, würde man dieser Anteilnahme »auch durch einen Beitrag zum Palästina-Flüchtlingswerk der Vereinten Nationen tätigen Ausdruck geben.« (AAPD 1952/209)

Darüber, wie hoch dieser tätige Ausdruck sein sollte, wurde im Auswärtigen Amt gerungen. Bis 1967 gab es keine wirkliche, eigenständige deutsche Politik gegenüber den verstreuten und traumatisierten Palästinensern, die von den arabischen Staaten, vor allem Ägypten unter Gamal Abdel Nasser, vertreten wurden. Und auch die Gelder, die Deutschland an das Palästina-Hilfswerk der Vereinten Nationen, die UNRWA, zahlte, waren vor allem eine Investition in die deutsch-arabischen Beziehungen. Groß war diese Investition nicht: Bis zum Jahre 1957 hatte Deutschland etwa 70.000 Deutsche Mark an das Hilfswerk gezahlt. Für Herrmann Voigt, einen proarabischen Diplomaten im Auswärtigen Amt, war das zu wenig: Staaten von vergleichbarer Größe hätten ein Vielfaches des deutschen Beitrages gezahlt, monierte er. Deutschland müsse hier mehr tun, um seine Beziehungen zu den Vereinten Nationen und den arabischen Ländern zu pflegen. Außerdem dürften allein »aus optischen Gründen« die deutschen Beiträge nicht kleiner sein »als die der skandinavischen Länder und Belgiens« (PA AA, B130, Bd. 3739, 24. Januar 1957).

Die frühe deutsche Palästinenserpolitik war, mit anderen Worten, eine Schaufensterpolitik. Sie erklärt sich aus dem Verhältnis zwischen der Bundesrepublik und den arabischen Staaten. Und das hatte sie mit der frühen deutschen Israelpolitik gemeinsam, die nicht nur, aber vielleicht vor allem, eine Schaufensterpolitik gegenüber den westlichen Staaten war. Es blieb also dabei: Deutschland erkaufte sich mit dem Abkommen eine Moral, die es aus sich selbst heraus nicht hätte erzeugen können. Die hinter dem Abkommen stehenden deutschen politischen Erwägungen hatten mit den Konfliktkonstellationen im Nahen Osten wenig zu tun. Für Deutschland ging es um kostengünstige politische Rehabilitation. Für Israel ging es um den Aufbau und die Verteidigungsfähigkeit des Staates. Denn die nächste Kriegsrunde mit den arabischen Staaten schien nur eine Frage der Zeit.

Die Anfänge der militärischen Allianz zwischen Deutschland und Israel

Die arabischen Staaten protestierten gegen das Entschädigungsabkommen auch, weil es ihrer Meinung nach Deutschlands Neutralitätspflicht im arabisch-israelischen Konflikt verletzte. Konrad Adenauers Beteuerung, dass Deutschland dem arabisch-israelischen Konflikt neutral gegenüberstand, war natürlich vor allem Diplomatie. Was hätte er sonst sagen sollen? Offiziell war Deutschland neutral, aber allen Beteiligten war klar, dass die deutschen Investitionen Israel stärken würden. Ohnehin begannen die militärischen Beziehungen zwischen der Bundesrepublik und Israel überraschend früh.

Noch vor dem ersten arabisch-israelischen Krieg von 1948 gab es Verhandlungen zwischen der jüdischen Untergrund-Armee, der Haganah, mit deutschen Militärvertretern. Während des Kriegs kaufte Israel deutsche Messerschmitt-Flugzeuge und Schusswaffen aus der Tschechoslowakei. Nach dem Gründungskrieg ging die Beschaffung von Waffen nahtlos weiter. Das israelische Verteidigungsministerium unternahm spätestens 1951 eine Einkaufsmission in Westdeutschland (Jelinek 2004: 402). Israelis und Deutschen war gleichermaßen bewusst, dass die aus dem Abkommen resultierenden industriellen Kapazitäten natürlich auch dem Aufbau der israelischen Rüstungsindustrie dienen würden. Die israelische Armeeführung war an allen Lieferentscheidungen beteiligt (Stauber 2013: 238). Der israelische Offizier Avigdor Tal wurde schon 1955 teil der Israel-Mission in Köln. Seine Aufgabe war, Beziehungen zur Bundeswehr und zur deutschen Politik aufzubauen (Jelinek 2004: 403).

Die Trennlinie zwischen ziviler und militärischer Aufbauhilfe war immer schon schwammig, da jede Investition in die israelische Industrie Kapazitäten dafür freisetzte, irgendwo anders Waffen zu kaufen oder sie selbst herzustellen. In einem Land, das im Konflikt mit seinem Nachbarn und jener Bevölkerung steht, die für seine Gründung Platz schaffen musste, kann eine Trennung zwischen zivil und militärisch ohnehin kaum existieren. Ob zivil oder militärisch: die deutsche Hilfe für Israel war immer Existenzhilfe.

Die militärischen Beziehungen zwischen Westdeutschland und Israel begannen also quasi mit der Gründung beider Staaten. Wirklich wichtig aber wurden sie in den Jahren vor dem so folgenreichen arabisch-israelischen Krieg von 1967. Darum geht es in den nächsten Kapiteln.

Teil II

Ein deutscher Sonderweg im Nahen Osten?

Bisher hatten wir es mit einer einleuchtenden und vergleichsweise einfachen Geschichte zu tun: Deutschland und Israel fanden im Entschädigungsabkommen zueinander, weil beide Seiten klare Interessen an diesem Abkommen hatten. Günstige Absolution für die Bundesrepublik, lebensnotwendige Wirtschaftshilfe für Israel. Das Verhältnis der beiden Staaten begann früh und war eng. Nicht, weil sie sich mochten, sondern weil sie sich brauchten. Aus dem Tausch, der dem Luxemburger Abkommen zugrundelag, sollte jedoch schnell wesentlich mehr werden. Denn von Mitte der 1950er Jahre bis kurz vor dem entscheidenden Nahostkrieg von 1967, als Israel seinen arabischen Nachbarn eine dramatische Niederlage beibrachte, wurde die Bundesrepublik zum wichtigsten Unterstützer Israels.

Mit Unterstützung sind dabei keine Lippenbekenntnisse und warmen Worte gemeint, sondern harte Währung: kriegswichtige Waffen und günstige Kredite die, soweit möglich, im Geheimen gegeben worden waren. Auf der diplomatischen, rhetorischen und öffentlichen Ebene hielt Deutschland sich in jener Zeit zurück, da man die nationalistischen, antikolonialen und antiwestlich eingestellten arabischen Republiken wie Ägypten, Syrien oder den Irak nicht gegen sich aufbringen wollte.

Vergleicht man die deutsche Israelpolitik von heute mit der von damals, könnte man beinahe von einer Umkehrung von Substanz und Rhetorik sprechen. Natürlich ist Deutschland auch heute für Israel ein wichtiger Partner, der wichtigste in Europa und der insgesamt zweitwichtigste Verbündete nach den USA. Aber die Waffenhilfe, die Deutschland gibt, entscheidet seltener über Leben und Tod. Viel wärmer geworden hingegen sind die Worte und die Solidaritätsbekenntnisse. Aber Worte entscheiden keine Kriege.

Der 2016 verstorbene Shimon Peres war als stellvertretender Verteidigungsminister Israels seinerzeit einer der Architekten der deutsch-israelischen Militärbeziehungen. In einer früheren Autobiografie schrieb Peres, dass »die USA uns mit Geld halfen, aber nicht mit Waffen. Frankreich half uns mit Waffen, aber nicht mit Geld. Deutschland konnte eine Brücke über die Vergangenheit bauen, in dem es uns Waffen gab, ohne Geld oder irgendetwas anderes zu verlangen.« (Peres 1970: 71) David Ben-Gurion sagte gegenüber der israelischen Zeitung *Ma'ariv* im Jahr 1964, dass der deutsche Beitrag für Israels Sicherheit größer sei als alles, was andere Regierungen leisteten (Gardner-Feldman 1984: 127).

Deutschland war zwischen dem Suezkrieg von 1956 und dem Sechstagekrieg von 1967 das einzige Land, das Israel alle drei gängigen Formen der politischen Unterstützung angedeihen ließ: wirtschaftliche Hilfe über das Entschädigungsabkommen, militärische Hilfe über Waffenlieferungen und finanzielle Hilfe über einen Großkredit mit günstigen Konditionen.

Anders als gemeinhin angenommen war Deutschland in diesen so wichtigen Anfangsjahren des jüdischen Staates deswegen wichtiger als die USA, die Israel vor dem Krieg von 1967 bis auf einige Defensivwaffen militärisch eigentlich kaum unterstützt hatten. Die USA gingen ihre Militärallianz mit Israel erst nach dem Krieg von 1967 ein, als Israel bewiesen hatte, dass es die stärkste Kraft in der strategisch wichtigen Nahostregion war. Israel wurde zuerst mit deutscher Hilfe zu einer Regionalmacht – und erst nachdem es zu einer Regionalmacht wurde, übernahmen die USA die Rolle als Schutzpatron des jüdischen Staates. Wer die deutsch-israelischen Beziehungen verstehen will, muss also die Jahre von der Nachkriegszeit bis 1967 verstehen.

Die deutsche Unterstützung für Israel ist der rote Faden der nächsten Kapitel. Dieser Faden zieht sich durch ein komplexes Zeitgeschehen, in welchem die westdeutsche Israelpolitik von verschiedenen, oft gegenläufigen Faktoren beeinflusst wurde: der sich wandelnden amerikanischen Strategie im Nahen Osten, dem innerdeutschen Wettbewerb mit der DDR, dem wachsenden sowjetischen Einfluss in der Region und der Radikalisierung des antikolonialen und zunehmend antiwestlichen arabischen Nationalismus, personifiziert vom ägyptischen Staatschef Gamal Abdel Nasser.

In dieser komplizierter werdenden Gemengelage wuchs die Bedeutung Israels für die deutsche Politik. Während das Entschädigungsabkommen größtenteils aus dem deutschen Wunsch nach Absolution und Rehabilitation geboren wurde, begann man jetzt vor allem im Kanzleramt und im Verteidigungsministerium, Israel auch als strategisch wichtiges Element westlicher Nahoststrategie zu betrachten. Israel gehöre, so Adenauer zu Ben-Gurion bei ihrem Treffen im März 1960, »als Land mit westlicher Gesinnung zum Westen« und deswegen liege es »im allgemeinen Interesse der freien Welt, daß sich Israel entwickle«.

Geschichte geschieht nicht gleichmäßig. Mal passiert in vielen Jahren wenig und in wenigen Jahren viel. Die wichtigsten Jahre im Verhältnis zwischen Deutschland und Israel waren die 1950er und 60er Jahre, von der Ratifizierung des Entschädigungsabkommens bis zum entscheidenden Nahostkrieg von 1967. Deswegen nehmen sie hier am meisten Seitenplatz ein. Um zu verstehen, wie sich das deutsch-israelische Verhältnis von seinem Reparationscharakter weiterentwickeln sollte hin zu einer informellen Militärallianz im Kalten Krieg, müssen wir zuerst auf den Suezkrieg von 1956 schauen.

4. Krieg am Kanal: Deutsche Waffen für Israel

1952 waren die »Freien Offiziere« in einem Militärputsch gegen die probritische Monarchie in Kairo an die Macht gekommen. Die Schlüsselfigur war Gamal Abdel Nasser, der alsbald zum ägyptischen Staatschef wurde. Demokratisch gewählt war er nicht. Aber anders als viele auch vom Westen unterstützte Militärdiktatoren in der postkolonialen Welt war Nasser ein populärer Herrscher, dessen nationalistisches, antikoloniales und entwicklungsorientiertes Programm sich auf breite Unterstützung nicht nur in Ägypten, sondern der gesamten arabischen Welt verlassen konnte – und darüber hinaus auch eigentlich in der ganzen nichtwestlichen Welt, die nach der Dekolonisierung zu großen Teilen versuchte, als blockfreie Bewegung ihren eigenen Entwicklungsweg im Kalten Krieg zu beschreiten.

Um seine Entwicklungsvorhaben, vor allem den Aswan-Staudamm, zu finanzieren, und um die ägyptische Unabhängigkeit von den alten imperialen Mächten voranzutreiben, entschloss sich Nasser im Juli 1956, den Suezkanal zu nationalisieren, der noch unter der politischen Kontrolle Großbritanniens stand. Im Jahr zuvor hatten Ägypten und die Sowjetunion eine große Waffenlieferung vereinbart, die auch Israel verunsicherte. Als eines der Machtzentren der arabischen Welt, mit dem Suezkanal als wichtiger Handelsschleuse, die das Mittelmeer mit dem Indischen Ozean verband, durfte Ägypten aus westlicher Sicht nicht in den sowjetischen Einflussbereich fallen.

In Windeseile und im Geheimen planten Großbritannien, Frankreich und Israel einen Überraschungsangriff auf Ägypten. Alle drei aus eigenen Gründen: der britische Premier Anthony Eden wollte Nasser stürzen, durch eine prowestliche Regierung ersetzen und den Suezkanal wieder unter westliche Kontrolle bringen. In Paris war man verärgert über Nassers Unterstützung des algerischen Freiheitskampfes gegen die französische Kolonialherrschaft. Und in Israel? David Ben-Gurion wollte den ägyptischen Herrscher für seine Unterstützung der palästinensischen Sache abstrafen und hoffte vermutlich, sich mit dem Sinai eine strategische Pufferzone aus dem ägyptischen Territorium herausschneiden zu können.

Der Suezkrieg von 1956 war selbst gemessen an den Maßstäben jüngerer westlicher Kriege im Nahen Osten von außergewöhnlichen Fehleinschätzungen und spätimperialer Hybris geprägt. Denn keines der Kriegsziele wurde erfüllt.

Anthony Eden glaubte, die USA nicht in den Plan einweihen zu müssen. Er kalkulierte, richtigerweise, dass die USA dem Angriff nicht zustimmen würde, dachte sich aber, fälschlicherweise, dass die USA sich nicht gegen die eigenen Verbündeten stellen würden, sobald der Angriff einmal im Gange war.

Die Amerikaner waren über den nicht abgesprochenen Angriff verärgert und arbeiteten sogar mit der Sowjetunion im Sicherheitsrat der Vereinten Nationen zusammen, um die Angriffsstaaten zurückzupfeifen. Die Botschaft: Weltpolitik wird in Washington und in Moskau gemacht. Nicht mehr in London oder Paris.

Eden schätzte nicht nur die USA, sondern auch Ägypten falsch ein. Er glaubte, man könne Nasser schnell stürzen und durch eine freundlich gesinnte Regierung ersetzen, hatte seine Rechnung aber nicht mit der Popularität Nassers gemacht, der auf einer Welle nationalistischer und antiimperialistischer Begeisterung durch sein Amt getragen wurde. Anstatt Nasser zu stürzen, erreichte man das Gegenteil. Obwohl England, Frankreich und Israel militärisch überlegen waren, verloren sie politisch. Nasser wurde zum Helden der nichtwestlichen Welt, sprich, der Mehrheit der Welt. Durch unfreiwillige Unterstützung der USA wurde er zu einem Anführer, der den verhassten alten Kolonialherren die Stirn bieten konnte.

Was die Kriegsplaner in London und Paris nicht verstanden, war, dass es Ägypten unter Nasser viel eher darum ging, die beiden Supermächte zu eigenen Gunsten gegeneinander auszuspielen, als sich einem Lager zu verschreiben. Eigene Entwicklung statt Vasallenstaat, sei es von Washington oder Moskaus Gnaden, das war zumindest zu Anfang das eigentliche Ziel – ein Wunsch, dessen Erfüllung den postkolonialen Ländern im Kalten Krieg kaum gestattet wurde.

Mit der Blamage von Suez verabschiedete sich Großbritannien endgültig von seiner imperialen Rolle im Nahen Osten und konzentrierte sich auf die damals noch seiner indirekten Kontrolle unterstehenden Mini-Monarchien am Persischen Golf. Auch Frankreich löste sich verspätet und unfreiwillig von veralten Machtansprüchen. Kurz nach dem Suezkrieg stürzte die Vierte Republik über die Krise in Algerien, im Jahre 1962 entließ Frankreich Algerien nach brutalem Krieg in die Unabhängigkeit. Für Israel war die Teilnahme am nicht provozierten Überraschungsangriff auf Ägypten ein außenpolitischer Fauxpas. Das bisschen, was im Nahen Osten noch an Friedensbereitschaft mit Israel übriggeblieben war, verpuffte. Israel galt in arabischen Augen nun endgültig als Kolonialstaat und als Werkzeug des imperialen Westens. Um ihre Beziehungen zur arabischen Welt nicht weiter zu gefährden, gingen auch die USA auf Distanz zum jüdischen Staat. Auf Waffenlieferungen aus Washington konnte Israel vorerst nicht hoffen.

Washington hatte schon nach dem Ersten Weltkrieg erkannt, was Paris und London selbst nach dem Zweiten Weltkrieg noch nicht hatten wahrhaben wollen: die Zeit des offenen Imperialismus war vorbei. Wer Einfluss gewinnen wollte, durfte dies nicht nach alter Kolonialherrenart tun. Die USA hatten die übergeordnete Rivalität mit der Sowjetunion im Blick. Ein amerikanisch-israelisches Militärbündnis aber hätte die nationalistischen arabischen Republiken noch weiter in die Arme der Sowjetunion getrieben, deren antikoloniale Rhetorik sich geschmeidig den arabischen Gegebenheiten anzupassen wusste, wenngleich der atheistische Kommunismus in religiös geprägten Gesellschaften nie wirklich tief zu verfangen drohte.

In Bonn war man von dem Suez-Angriff ebenso überrascht wie von der Reaktion der USA. Die deutsche Botschaft in Washington erklärte, dass die USA ihr Ansehen bei den arabischen Staaten nicht gefährden wollten (Politisches Archiv des Auswärtigen Amtes [PA AA], B130, Bd. 6436, 11. März 1957). In einem weiteren Bericht stellte die Botschaft fest, dass Washington »sicherlich gegen den eigenen Willen« gezwungen sei, sich gegen die Europäer zu positionieren. Mit ironischem Unterton und in Anführungszeichen deutete der Bericht an, dass die USA bisher die Rolle eines »antikolonialen« Beobachters gespielt hätten (PA AA, B130, Bd. 6438, 8. Januar 1958).

Anders als die USA unterstützte der deutsche Kanzler das europäische Abenteuer am Suezkanal. Sein Biograph Hans-Peter Schwarz beschreibt Konrad Adenauer als einen Kolonialherrn alter Schule, der für den Angriff auf Ägypten volles Verständnis hatte (Schwarz 1997: 191 und 242). Adenauer sah den Einflussverlust von Großbritannien und Frankreich im Nahen Osten als einen gesamteuropäischen Verlust an (Dietl 2008).

Die damaligen Überlegungen und Gespräche zwischen Washington und Bonn verdeutlichen einmal mehr, wie wichtig Deutschland für Israel in dieser Zeit war. So erwog man im State Department, dem amerikanischen Außenministerium, deutschen Druck auf Israel einzufordern, um die Israelis zum Rückzug von der Sinai-Halbinsel und dem Gazastreifen zu drängen, die es im Zuge des Suezkrieges erobert hatte. Die Bundesrepublik sei, so die Überlegung, besonders dafür geeignet, Druck auszuüben, da Israel von den Reparationslieferungen wirtschaftlich abhängig sei (PA AA, B130, Bd. 6436, 11. Februar 1957). Im Februar 1957 schlug der amerikanische Außenminister John Foster Dulles, ein persönlicher Freund Adenauers, vor, dass Deutschland doch diese Abhängigkeit bitte zur Geltung bringen sollte.

Wie schon bei den Verhandlungen über das Entschädigungsabkommen aber war Adenauer nicht willens, die Beziehungen mit Israel den Beziehungen zur arabischen Welt unterzuordnen, egal, wie antiwestlich diese sich auch aufspielen mochte. Anders aber noch als Anfang der 1950er Jahre, als das Entschädigungsabkommen ausgehandelt wurde, war Adenauer jetzt bereit, sich auch gegen aus Washington kommende Wünsche zu stellen. Adenauer war der amerikanischen Politik einen Schritt voraus. Früher als sein amerikanischer Amtskollege Eisenhower empfand er, dass ein militärisch starkes und verbündetes Israel die beste Garantie für westlichen Einfluss im Nahen Osten darstellte. Und auch die deutsche Industrie war froh, die lukrativen Reparationslieferungen an Israel nicht einstellen zu müssen.

Wann immer aber die Rede auf die »Reparationswaffe« kam, blieb Adenauer standfest. Die Entschädigungen, so Adenauer, seien keine normale Entwicklungshilfe, die man nach politischem Gutdünken aussetzen könnte (PA AA, B130, Bd. 6436, 11. Februar 1957). Ein Wendepunkt: Ben-Gurion wusste nun, dass er sich auf seinen deutschen Amtskollegen verlassen konnte. Von diesem Zeitpunkt an setzte Ben-Gurion auf die deutsche Karte und bemühte sich sowohl um offizielle diplomatische Beziehungen mit Deutschland als auch um Waffenlieferungen (Wolffsohn 1993: 127).

Eine direkte Anweisung aus Washington, die Lieferungen aus dem Luxemburger Abkommen einzustellen, gab es zwar nicht. Einer solchen hätte sich Adenauer vermutlich nicht widersetzen können. Dennoch zeigt die Suez-Episode, dass Adenauer durchaus bereit war, sich von amerikanischen Überlegungen zu emanzipieren und eine Israelpolitik nach deutschen Vorstellungen zu gestalten. Allerdings sollte man die Differenzen zwischen den USA und Westeuropa über die Suezfrage, und was mit Gamal Abdel Nasser zu tun sei, nicht überbewerten. Der antiwestliche und antiisraelische arabische Nationalismus war für die USA genauso ein Problem wie für die Europäer. Worin die USA und Westeuropa sich uneinig waren, war nicht ob, sondern wie der arabische Nationalismus zurückzudrängen sei. Dass die USA im Suezkrieg sich gegen Frankreich und Großbritannien stellten, hatte schließlich nur wenig mit postkolonialer Sensibilität oder Demokratieförderung zu tun – hatte man 1953 doch im Iran mit britischer Hilfe den autoritären Shah gegen den demokratisch gewählten Premierminister Mohammed Mossadegh an die Macht geputscht.

Sympathien für Nasser hegte man in Washington also keine. Im persönlichen Gespräch mit Adenauer verglich der amerikanische

Außenminister John Foster Dulles Nasser mit Hitler. Nassers Manifest *Philosophie der Revolution* sei das *Mein Kampf* des arabischen Nationalismus, so Dulles. Um den Krieg zu legitimieren wurde Nasser im Vorfeld auch in Großbritannien und Frankreich als »Hitler vom Nil« bezeichnet, und die Nationalisierung des Suezkanals in eine Analogie mit dem Münchener Abkommen gestellt (Kyle 2003).

Israel hatte im Suezkrieg zwar militärisches Können demonstriert, sich aber vorerst auch für amerikanische Waffenlieferungen disqualifiziert. Hier kam Deutschland ins Spiel. Die Bundesrepublik war essenziell, allein schon aufgrund der lebenswichtigen Reparationslieferungen. Mehr noch: Israel brauchte Waffen, es brauchte ein gutes Verhältnis zu den wichtigen Staaten des Westens, es brauchte einen Fürsprecher. Alles sprach für Deutschland, außer die Vergangenheit.

Deswegen begann Ben-Gurion in den späten 1950er Jahren von einem »neuen Deutschland« zu sprechen (Stauber 2013: 250). Der Name offenbart den politischen Zweck, der kein anderer war, als das Deutschland Adenauers von dem Hitlers abzugrenzen. Die Rede vom »neuen Deutschland« richtete sich auch an ein kritisches israelisches Publikum, das bei allem realpolitischen Verständnis Deutschland am liebsten weiterhin als Paria ignoriert hätte. Vor allem aber war dieses Konzept eine symbolische Währung: eine Konzession, die Ben-Gurion Konrad Adenauer anbieten konnte, und für die er etwas erwarten durfte.

So neu, wie Ben-Gurion es darstellte, war Adenauers Deutschland bekanntlich nicht. Aus israelischer Sicht aber waren deutsche Waffen und Industriegüter wichtiger als gesellschaftliche Aufarbeitungsprozesse in der Bundesrepublik. Verständlicherweise. Denn die Waffen, Gelder und Aufbauleistungen aus Deutschland halfen, Israel zu stärken, es verteidigungs- und kriegsfähig zu machen. Innerdeutsche Selbstbefragungsprozesse taten das nicht. Und so vollzog sich eine der größeren Ironien in der Geschichte der internationalen Beziehungen, die der israelische Historiker Roni Stauber so formuliert:

> »Der deutsche Staat, der auf den Trümmern des Nationalsozialismus gegründet war, und in dem noch Millionen seiner ehemaligen Bürger lebten – Offiziere, Soldaten und Mörder – würde

dem jüdischen Volk helfen, sich gegen seine neuen Feinde zu behaupten, die seinen Staat zerstören wollten.« (Stauber 2013: 252)

Weil der Aufbau und die Stärkung Israels als einzig adäquate Antwort auf die Barbarei in Europa gesehen wurden, ergab sich für die Bundesrepublik eine Möglichkeit zur Rehabilitation. Deutschland konnte beim Aufbau Israels mithelfen und sich so von seiner Vergangenheit distanzieren. Konrad Adenauer und David Ben-Gurion hatten das gleichermaßen erkannt. Darin gründet ihr Verhältnis. Weil Ben-Gurion alles dem einen Ziel unterordnete, den Staat Israel in einer feindlichen Umwelt zu verankern, konnte er ein neues Deutschland dort sehen, wo es noch gar nicht existierten konnte (Weitz 2000). In der Knesset, dem israelischen Parlament, drückte es Ben-Gurion im Jahre 1959 so aus:

> »Der Auftrag, den die Märtyrer des Holocaust uns hinterlassen haben, ist der Wiederaufbau, die Stärkung, der Fortschritt und die Gewährleistung der Sicherheit Israels. Um das zu schaffen, brauchen wir Freunde, die fähig und willens sind, die israelischen Verteidigungskräfte auszurüsten, um unser Überleben zu garantieren … Aber wenn wir Deutschland … als Satan betrachten, dann werden wir keine Waffen bekommen.« (Stauber 2003: 115)

Militärische Beziehungen nach dem Suezkrieg

Die militärische Zusammenarbeit begann nach dem Suezkrieg. Dem israelischen Militärexperten und Deutschlandkenner Shlomo Shpiro zufolge bestand die erste substanzielle deutsche Lieferung aus zwei Patrouillenschiffen für die israelische Marine, die im Vergleich zu ägyptischen nur notdürftig ausgestattet war und die Schiffe brauchte, um die lange Mittelmeergrenze zu überwachen. Deutschland hatte die Schiffsbauexpertise, und deutsche Werften brauchten die Aufträge (Shpiro 2002: 31).

Es ist schwierig, ein genaues Anfangsdatum für die Militärbeziehungen zu fixieren, aber der Dezember 1957 dürfte den Beginn der geheimen militärischen Partnerschaft auf Regierungsebene markieren. Damals besuchte Shimon Peres, der stellvertretende Verteidigungsminister Israels, Franz Josef Strauß in dessen Privatresidenz in Bayern. Jene hier im schneeverhangenen Rott am Inn initiierten Geheimbeziehungen sollten das deutsch-israelische Verhältnis bis 1965 prägen, dem Jahr, als beide Staaten offizielle diplomatische Beziehungen aufnahmen und das, was vorher aus strategischen Gründen hinter den Kulissen stattfand, zumindest teilweise formalisierten und öffentlich machten (siehe auch Jelinek 2004: 407).

Shimon Peres schrieb über seinen Besuch bei Strauß:

> »Nur wenige Monate nach unserem ersten Treffen erhielt die israelische Armee sehr wertvolle Ausrüstung …Wir erhielten Munition, Trainingsgeräte, Hubschrauber, Ersatzteile und vieles mehr. Die Qualität war exzellent und die Menge war beachtlich, vor allem verglichen mit dem, was wir gewohnt waren, auch wenn die Ägypter immer noch wesentlich mehr [von der Sowjetunion] erhielten. Zum ersten Mal fühlte sich die israelische Armee, die an allen Ecken und Enden sparen musste, beinahe verwöhnt.« (Peres 1970: 72)

Peres fragte Strauß außerdem nach U-Booten und nach Ausbildungsmöglichkeiten für israelische Offiziere, darüber hinaus besprachen die beiden auch, wie man die wirtschaftlichen Beziehungen zwischen Israel und Westeuropa stärken könne (PA AA, B130, Bd. 6398, 13. Januar 1958).

Wie aus den Akten im Auswärtigen Amt hervorgeht, lieferte Deutschland in den ersten Jahren nach dem Gespräch im Dezember 1957 vor allem leichte Waffen, Munition und Patrouillenboote, außerdem half es bei der Ausbildung israelischer Soldaten. Dass die Nachfolgeorganisation der Wehrmacht bei der Ausbildung der israelischen Armee half, ist zwar pikant, zeigt aber, dass ein »Versöhnungsprozess« zwischen zwei Staaten gerade dort stattfinden muss, wo der Wesenskern von Staaten liegt, nämlich in der organisierten Gewalt.

Israel erhielt nicht nur Waffen aus Deutschland, es verkaufte auch Waffen aus eigener Produktion an die Bundesrepublik. In den Jahren 1958 und 1959 bestellte Deutschland bei israelischen Firmen unter anderem Granaten, Mörser und 50.000 Uzi-Maschinenpistolen. Ein Vermerk aus dem Auswärtigen Amt gibt einen Überblick über deutsche Käufe in Israel aus dieser Zeit. So lag der Gesamtwert der deutschen Käufe bei etwa 250 Millionen DM. Dies entsprach in etwa dem Wert einer der 14 Raten, aus denen das Entschädigungsabkommen zusammengesetzt war – nicht wenig also (PA AA, B130, Bd. 2582, 16. Juli 1965).

Dass die Uzi zur Standard-Maschinenpistole der frühen Bundeswehr wurde, hatte nicht nur mit ihrer Qualität zu tun. Die wäre auch anderswo zu haben gewesen. Einerseits war der Kauf eine Art indirekte Wirtschaftshilfe, die die israelische Rüstungsindustrie ankurbelte (Gardner-Feldman 1984: 126). Andererseits war es nicht unklug, Argumenten gegen die deutsche Wiederbewaffnung mit dem Verweis zu entgegnen, dass die Waffen, mit denen sich die Bundeswehr ausstattete, aus Israel kamen (Jelinek 1997: 75).

Der deutsche Journalist Rolf Vogel, selbst eine treibende Kraft hinter der deutsch-israelischen Annäherung, war an dem Uzi-Deal beteiligt; er hatte Kontakte zwischen zuständigen Stellen in beiden Ländern hergestellt. Von Vogel stammt ein ernstgemeinter Satz, der die deutsche Israelpolitik jener Zeit auf den Punkt bringt: »Die Uzi in der Hand deutscher Soldaten ist sicher besser als alle Broschüren gegen den Antisemitismus.« (Zitiert in Hansen 2002: 493)

Yigal Allon, ein Abgeordneter der linksgerichteten Ahdut HaAvodah Partei, der später zum Verteidigungsminister aufsteigen sollte, war gegen die Waffenverkäufe, die er für würdelos hielt. Allon hegte gegenüber der Bundesrepublik keine Illusionen: »Die Deutschen haben diese Waffen nicht gekauft, weil die Waffen gut sind, sondern weil sie jüdisch sind. Die Deutschen brauchen dringend Rehabilitation.« (Segev 1993: 316)

Die Uzi-Lieferungen hatten ein Nachleben. Von den 50.000 bestellten Uzis brauchte die Bundeswehr nur 40.000. Das Bundesverteidigungsministerium von Franz Josef Strauß verkaufte die 10.000 übriggebliebenen Maschinengewehre an das diktatorisch geführte Portugal weiter, das die Uzis dafür verwandte, die Befreiungsbewegung in seiner angolanischen Kolonie niederzukämpfen. Für Israel ein dramatischer Imageschaden in der postkolonialen Welt, für Franz Josef Strauß hingegen kein kritikwürdiges Geschäft (Jelinek 2004: 409).

Der gerade erwähnte Journalist Rolf Vogel erzählt in seiner politisch motivierten und schönfärberischen Chronologie der deutschen Israelpolitik im Nebensatz von einer vielsagenden Episode. Neben den Uzis und anderem Militärmaterial hatte das Bundesverteidigungsministerium auch Uniformen in Israel bestellt. Als die israelischen Arbeiterinnen und Arbeiter erfuhren, dass sie für die Bundeswehr Uniformen nähen sollten, begannen sie zu streiken. Diese Streiks konnten »durch innerbetriebliche Austauschaktionen ausgeräumt werden« (Vogel 1967: 141). Die kalte Sprache, mit der dieser frühe Chronist der deutschen Israelpolitik über dieses doch vielsagende Detail hinwegbügelt, fällt auf. Offenbar standen Überlebende, die sich weigerten, an der Garderobe für die Mörder von gestern zu stricken, der Versöhnung im Weg.

Die frühe militärische Zusammenarbeit zwischen Israel und Nachkriegsdeutschland lässt sich nur durch Ignoranz historischer Tatsachen zu einer moralischen Versöhnungsgeschichte überhöhen. Israel ging diese Zusammenarbeit aus realpolitischen Gründen ein, und zahlte dafür mit symbolischen Konzessionen, nämlich der impliziten Absolution eines Staates, in dem die Täterinnen und Täter von gestern unbehelligt lebten, Karriere machten und nicht selten selbst als Beamte oder Politiker in die Beziehungen mit Israel involviert waren.

Was uns zu einer Figur bringt, über die vermeintlich schon alles gesagt worden ist, nämlich Franz Josef Strauß. Dass ausgerechnet Strauß, zusammen mit Adenauer, zur prägenden Figur der frühen deutsch-israelischen Beziehungen werden sollte, ist so ironisch wie passend.

Auf eine Vergangenheit als Regimegegner konnte Strauß nicht zurückblicken, hatte er doch in der Wehrmacht gedient und war Mitglied des Nationalsozialistischen Kraftfahrerkorps gewesen, einer Unterorganisation der NSDAP. Eine juristische und gesellschaftliche Aufarbeitung der Nazizeit war mit ihm nicht zu machen. Strauß stand für Wiederbewaffnung, auch mit Atomwaffen, für deutsche Macht in der Welt. Und weil Strauß für deutsche Macht ohne Aufarbeitung stand, setzte er sich für militärische Beziehungen mit Israel ein. Diese Erkenntnis hatte sich Strauß erst erarbeiten müssen. Als es um die Ratifikation des Luxemburger Abkommens im Bundestag ging, hatte er sich, wie bereits erwähnt, enthalten, weil er die Beziehungen mit den arabischen Staaten nicht gefährden wollte. Mit Amtsantritt als Verteidigungsminister änderte Strauß seine Meinung. Israel wurde für ihn zu einer Bastion des Westens im Nahen Osten, ein militärischer Garant gegen sowjetischem Einfluss und arabischem Nationalismus.

Weil Strauß für die frühen Beziehungen so wichtig war, sollten wir ihn zu Wort kommen lassen, hier aus einem späteren rückblickenden Interview mit Rolf Vogel vom Januar 1967:

> »Ich habe meine Meinung dahingehend zusammengefaßt, daß eine gute Zusammenarbeit zwischen Israel und der Bundesrepublik Deutschland ein wesentlicher Beitrag zur Überwindung der Vergangenheit sei. Das sei nicht nur im Sinne einer Aussöhnung Israels mit Deutschland – die sich vielleicht über eine Generation hinstrecken wird –, sondern auch im Sinne einer Wiederanerkennung Deutschlands im Kreise der Völker … zu sehen. Ich erblickte darin nicht nur einen Teil moralischer oder finanzieller Wiedergutmachung, sondern auch ein Stück geschichtlicher Wiedergutmachung.«

Und weiter:

> »Adenauer und ich stimmten in der Auffassung überein, daß es nicht nur eine Pflicht der Wiedergutmachung sei, sondern daß eine Unterstützung Israels gerade auf dem Gebiet, wo es um Blut geht, moralisch und politisch von besonderer Tragweite sein müsse … Millionen Juden [sind] als Konsequenz einer verbrecherischen deutschen Politik und durch deutsche Waffen umgebracht worden … Es ist nicht unsere Aufgabe, die Frage der Errichtung des Staates Israel … zu beurteilen. Er besteht nun einmal und in ihm hat ein Teil der Juden der Welt eine neue Heimstatt gefunden und eine bewunderswerte Aufbauarbeit geleistet. Gegen diesen Staat und seine Bewohner sind vielfach Drohungen laut geworden, Drohungen aus einer feindlichen Umwelt, eines Tages diesen Staat zu erobern und seine Einwohner zu vernichten. Wenn also die Bundesrepublik Deutschland einen bescheidenen Beitrag dazu leistet, daß im Nahen Osten der Friede erhalten bleibt, was auch für uns ein entscheidender Punkt war, dann ist das ein Stück Wiedergutmachung auf dem ureigentlichen Gebiete, auf dem im deutschen Namen besonders gesündigt worden war.« (Vogel 1967: 138f.)

Dazu drei Anmerkungen: erstens machte Strauß hier deutlich, was er unter Aufarbeitung der Vergangenheit versteht – nämlich ihre »Überwindung«. Das Vergangene zu überwinden ist jedoch etwas anderes, als es zu bearbeiten.

Zweitens schlägt Strauß in eine passive und de-personalisierende Sprache um, sobald es um die deutsche Judenverfolgung geht. Juden seien infolge von »deutscher Politik« und »deutschen Waffen« und »im deutschen Namen« getötet worden, nicht aber von Deutschen. Von Deutschen, die, wie zum Beispiel Franz Josef Strauß, an der Ostfront ihren Dienst verrichtet hatten.

Drittens nutzte Strauß die genozidale Rhetorik einiger arabischer Anführer zur Selbstexkulpation: Deutschland konnte das jüdische Volk vor einem neuen Genozid bewahren, indem es Israel stärkte. Auf diese Weise konnte Strauß die mörderische deutsche Vergangenheit, die auch die seine war, hinter sich lassen.

Waffen statt Diplomaten: Die Hallstein-Doktrin im Nahen Osten

Das Auswärtige Amt war gegen die vom Verteidigungsministerium geknüpften Militärbeziehungen. Als Außenminister Heinrich von Brentano von dem Besuch von Shimon Peres erfuhr, schrieb er an Franz Josef Strauß:

> »Ich bin ernstlich in Sorge, dass derartige Nachrichten öffentlich werden könnten, entweder durch unbedachte Äußerungen der deutschen Beteiligten oder durch ausländische Quellen, insbesondere durch bestimmte politische Kreise in Israel. Die Folgen für die Position und das Ansehen der Bundesrepublik im Nahen Osten wären unabsehbar. Das ausdrückliche Dementi des Auswärtigen Amtes zu angeblichen Waffenlieferungen und Militärhilfe an Israel würde jeden Wert verlieren. Die öffentlichen Reaktionen in der arabischen Welt könnten einige dieser Staaten dazu veranlassen, diplomatische Beziehungen zur DDR aufzunehmen.« (PA AA, B130, Bd. 8410, 5. Januar 1958)

Das sollte der Refrain des Auswärtigen Amtes bis 1965 bleiben, als Deutschland und Israel diplomatische Beziehungen aufnahmen. Man wollte eine Situation vermeiden, in der das deutsche Bekenntnis zur sogenannten Hallstein-Doktrin auf die Probe gestellt würde. Bei dieser Doktrin, dessen Namensgeber der damalige Staatssekretär im Auswärtigen Amt Walter Hallstein war, ging es um die diplomatische Isolierung der DDR, welche dazu dienen sollte, den westdeutschen »Alleinvertretungsanspruch« zu behaupten. Sollte ein Drittstaat mit der DDR diplomatische Beziehungen aufnehmen, so würde die Bundesrepublik das als »unfreundlichen Akt« betrachten, für den sie sich eine Reihe an Strafmaßnahmen vorbehielt (die westdeutsche Regierung würdigte die DDR übrigens nie mit ihrem offiziellen Namen, was angesichts der antidemokratischen Natur dieses Staates nicht falsch war, sondern sprach von »Pankow« oder nutzte andere Synonyme – ähnlich wie Israelis und Palästinenser war man zu jener Zeit zwar untrennbar miteinander verbunden, ignorierte aber des anderen Recht auf Existenz). Die Sorge der Diplomaten war: wenn die arabischen Staaten herausbekämen, dass die Bundesrepublik Israel militärisch unterstützte, so würden sie wohlmöglich Beziehungen mit der DDR aufnehmen, was die Bundesrepublik wiederum veranlassen müsste, die Beziehungen zu den arabischen Staaten abzubrechen – was einen herben Einflussverlust im Nahen Osten bedeuten würde.

Neben der Hallstein-Doktrin dürfte allerdings auch die nationalsozialistische Vergangenheit vieler Diplomaten eine Rolle bei der Ablehnung von Waffenlieferungen an Israel gespielt haben (vgl. Conze et al. 2010). Eine Vergangenheit, die kein gutes Licht auf den oft verwandten Begriff von der »traditionellen deutsch-arabischen Freundschaft« warf. Wie vielen der Diplomaten, die sich in den Dienst von Hitler-Deutschland gestellt hatten, war die enge Zusammenarbeit mit Israel nicht geheuer? Das Problem bei dieser Frage ist natürlich, dass andere deutsche Politiker mit Nazivergangenheit – siehe Strauß – proisraelische Positionen einnahmen. Die kompromittierte Vergangenheit eines deutschen Politikers oder Beamten konnte sich in beide Richtungen wenden.

Die zunehmende wirtschaftliche Bedeutung des Nahen Ostens als Absatzmarkt und viel mehr noch als Öllieferant war ein weiterer und sicherlich nicht der unwichtigste Grund für die Israelskepsis im

Auswärtigen Amt. Nun aber konnte man gegen Waffenlieferungen für Israel nicht viel unternehmen, weil darüber im Verteidigungsministerium entschieden wurde, wo Franz Josef Strauß waltete, neben Kanzler Adenauer die treibende Figur hinter der deutschen Bewaffnung Israels.

Die militärischen Beziehungen zwischen Westdeutschland und Israel gehen den diplomatischen Beziehungen zwischen den beiden Ländern voraus, die erst 1965 Botschafter austauschen sollten. Die Form folgte dem Inhalt. Für die Bundesrepublik wäre es am besten gewesen, hätten Deutschland und Israel sich schon mit Abschluss des Luxemburger Abkommens diplomatisch anerkannt – was zu dem Zeitpunkt aber den innenpolitischen Suizid der israelischen Regierung bedeutet hätte. Allerdings signalisierte Israel bereits 1956 Interesse, auch diplomatische Beziehungen aufzunehmen (PA AA, B130, Bd. 8448, 15. August 1963). Die deutsche Zuverlässigkeit bei den Reparationslieferungen, die enge wirtschaftliche Verflechtung und Adenauers Position zum Suezkrieg hatten es möglich gemacht. Jetzt aber weigerte sich Deutschland. Im Weg stand die gerade erwähnte Hallstein-Doktrin. Die unzähligen Diskussionen, die sich im Archiv des Auswärtigen Amtes zur Frage der diplomatischen Beziehungen mit Israel finden lassen, enden alle mit demselben Fazit: wenn Deutschland Israel anerkennen würde, so würden die arabischen Staaten im Gegenzug vermutlich die DDR anerkennen. Dies würde wiederum die Bundesrepublik dazu zwingen, als Strafe die Beziehungen mit den arabischen Staaten abzubrechen. Die Folge wäre die Gefährdung der wirtschaftlichen Beziehungen mit den arabischen Staaten und ein selbstverschuldeter Einflussverlust Deutschlands im Nahen Osten – was die USA wiederum im gesamtwestlichen Interesse nicht tolerieren könnten. Würde die Bundesrepublik hingegen die Hallstein-Doktrin aufgeben, so würde dies bedeuten, den Anspruch auf die DDR zumindest ein Stück weit in den Augen der Weltöffentlichkeit fallen zu lassen, wobei hier anzumerken ist, dass die Weltöffentlichkeit sich weniger für diese innerdeutsche Frage interessierte als die Deutschen selbst (siehe z. B. PA AA, B130, Bd. 8448, 15. August 1963). Das Ergebnis dieser Überlegungen war, dass man weder den Bruch mit den arabischen Staaten riskieren noch die Hallstein-Doktrin aufgeben wolle – ergo würde man Israel keine diplomatischen Beziehungen anbieten.

Und so sollte die Bundesrepublik das einzige westliche Land werden, das keine diplomatischen Beziehungen mit Israel unterhielt, obwohl Israel dazu bereit gewesen wäre. Der territoriale Anspruch auf Gesamtdeutschland ging vor. In der Politik blamiert sich die Moral noch regelmäßig vor dem Interesse (Scheffler 1988: 77).

Für Israel hätte die diplomatische Anerkennung durch die Bundesrepublik eine weitere Brücke zu den NATO-Staaten gebaut und die Integration in den westlichen Block vorangetrieben. Im amerikanischen Außenministerium glaubte man, dass Israel sich durch diplomatische Beziehungen mit Westdeutschland einen vertraulichen Gesprächskanal zu den arabischen Staaten erhoffte, weil die Bundesrepublik, zumindest im Gegensatz zu den alten Kolonialmächten Großbritannien und Frankreich, in der Region einen passablen Ruf genoss (PA AA, B130, Bd. 2876, 17. April 1957). Dass die Bundesrepublik keine diplomatischen Beziehungen wollte, war ein Affront, den Israel sich nicht ohne Gegenleistung gefallen lassen musste. Auch deswegen galt: Waffen statt Diplomaten. »Die Substanz der deutsch-israelischen Beziehungen«, sagte der israelische Botschafter in den Vereinigten Staaten 1958 dem deutschen Außenminister Heinrich von Brentano, »ist wichtiger als ihre Form« (PA AA, B130, Bd. 3767, 7. Juni 1958).

Die deutsch-israelischen Beziehungen waren in den 1950er Jahren geprägt von den Lieferungen aus dem Entschädigungsabkommen, dass Israels Wirtschaft aufbaute, und vom Beginn der Militärbeziehungen zwischen beiden Ländern nach dem Suezkrieg. Diese militärischen Beziehungen waren zwar umfassend, sollten aber Anfang der 1960er Jahre noch wesentlich bedeutsamer werden. Im März 1960 trafen Konrad Adenauer David Ben-Gurion zum ersten und letzten Mal in offizieller Funktion zusammen. Dieses Treffen markiert einen weiteren Wendepunkt im deutsch-israelischen Verhältnis. Wie in einem Brennglas lässt sich an dieser Begegnung die deutsche Israelpolitik jener Zeit nachvollziehen.

5. Die Wiedergutwerdung der Deutschen

Im Jahr 2015 erschien *Der Staat gegen Fritz Bauer*, ein mehrfach preisgekrönter Film des Regisseurs Lars Kraume. In dem Film geht es um die mühsamen, mutigen Bemühungen des Staatsanwaltes Fritz Bauer, ehemalige Naziverbrecher in der Nachkriegsrepublik vor Gericht zu stellen. Die Handlung dreht sich um die Rolle Bauers bei der Ergreifung von Adolf Eichmann. Eine kurze Szene verdeutlicht den Zusammenhang, der zwischen Adenauers proisraelischer Politik und der verhinderten gesellschaftlichen Aufarbeitung der deutschen Verbrechen existierte.

Bauer, der selbst jüdischer Abstammung ist, spricht mit seinem Vertrauten, dem Ministerpräsidenten des Bundeslandes Hessen. Bauer ist verzweifelt. Er weiß, wo Eichmann sich aufhält, traut sich aber nicht, diese Information an die deutschen Sicherheitsbehörden weiterzugeben, aus berechtigter Sorge, dass dort arbeitende frühere Kameraden Eichmann warnen würden. Es ist der März des Jahres 1960, und im Hintergrund läuft der Fernseher. Übertragen werden die Nachrichten: Konrad Adenauer hatte sich gerade mit David Ben-Gurion im New Yorker Waldorf Astoria Hotel getroffen. Das Fernsehbild zeigt, wie die beiden alten Staatsmänner freundschaftlich zusammensitzen und einander die Hände schütteln. Bauer wendet sich verärgert zum Bildschirm, zeigt auf Adenauer und ruft: »Ich kann sein verdammtes Gerede von Versöhnung nicht mehr hören!«

Adenauers Politik der Versöhnung mit Israel und die ebenfalls von ihm betriebene Politik der Reintegration ehemaliger Täter und des Vergessens ihrer Taten stehen zueinander nicht im Widerspruch, sondern können als zwei Seiten derselben deutschen Medaille gelesen werden. Zwei Bilder veranschaulichen die extreme Wandlung, die das deutsch-israelische Verhältnis in jenen Jahren durchgemacht hatte. Das Bild, das vom Treffen im Waldorf Astoria Hotel in New York um die Welt ging, zeigt Konrad Adenauer und David Ben-Gurion in gelöster Stimmung, freundschaftlich beieinandersitzend, sich berührend. Im Gegensatz dazu das Bild aus dem September 1952, nur acht Jahre zuvor, das die deutsche und israelische Delegation beim Unterschreiben des Luxemburger Abkommens zeigt. Es vermittelt eine Atmosphäre der Sprachlosigkeit, der unmöglichen Kommunikation, es zeigt kalte, weite Distanz (dazu Diner 2015).

Beide Bilder sind politische Kompositionen. Ihr verschiedener Charakter bezeugt die Distanz, die in nur acht Jahren zwischen den beiden Ländern überwunden werden konnte. Diese »Wiedergutwerdung der Deutschen«, die der Publizist und Historiker Eike Geisel wie kein anderer zu kritisieren vermochte, erklärt sich aus der spezifischen Grundstruktur der deutsch-israelischen Beziehungen. Was Israel Deutschland geben konnte, war erstens Absolution und zweitens geopolitischer Nutzen im Kalten Krieg. Was Deutschland Israel geben konnte, war ein unverzichtbarer Beitrag zum Aufbau des israelischen Staates.

Adenauer zeigte sich nach dem Gespräch »tief bewegt« und sagte, »die gemeinsame Zusammenarbeit und Hilfe für Israel [werde] auch in Zukunft Früchte tragen«. Ben-Gurion bedankte sich bei Adenauer und erinnerte an die Rede, die er im Vorjahr in der Knesset gehalten hatte, in der er gesagt hatte, dass »das Deutschland von heute … nicht das Deutschland von gestern« sei. Diese Einschätzung, so Ben-Gurion, sei richtig gewesen (Jelinek und Blasius 1997: 310).

Der Historiker Rainer Blasius schrieb in seiner Einleitung zu dem veröffentlichten deutschen Protokoll: »Ein Bild ging um die Welt und blieb in Erinnerung – ein Vertreter des Volkes der Opfer und ein Vertreter des Volkers der Täter gemeinsam wie alte Freunde an einem kleinen Couchtisch sitzend, freundlich lächelnd, freundschaftliche Gesten austauschend und einander die Hände schüttelnd.« (Blasius und Jelinek 1997: 309) Der Eindruck, den das Bild erwecken wollte, hatte nur bedingt etwas damit zu tun, wie Adenauer selbst sich sah. Zwar war die Bundesrepublik die juristische Nachfolgerin der NS-Regimes, zwar erkannte das Luxemburger Abkommen eine begrenzte Schuld Deutschlands an. Aber Adenauer sah sich nicht als einen Vertreter eines Tätervolks – wie auch das weiter unten analysierte Gesprächsprotokoll zeigt.

Nun kann man sich dazu entscheiden, das Bild vom Treffen im Waldorf Astoria so zu betrachten, wie es sich darstellt, nämlich als Moment der deutsch-israelischen Versöhnung. Eine andere Lesart ist die in diesem Buch angebotene: zeigt das Bild nicht viel eher den politischen Tausch an, der den deutsch-israelischen Beziehungen zugrundeliegt?

Was Ben-Gurion Adenauer geben konnte, war seine Hand, wörtlich und symbolisch. Was Adenauer geben konnte, war materieller Natur, nämlich Waffen und finanzielle Hilfe. Symbolische Absolution für tatkräftige Unterstützung.

Tatsächlich fand das Treffen zu einem Zeitpunkt statt, da die Bundesrepublik dringend der Imagepolitur bedurfte. Anfang des Jahres 1960 sah sich Westdeutschland internationaler Kritik ausgesetzt, weil es in den Wochen um den Jahreswechsel 1959/60 zu einer Welle antisemitischer Vorfälle in Deutschland gekommen war. Jüdische Friedhöfe waren geschändet, Hakenkreuze auf Synagogen geschmiert worden. Die deutsche Polizei zählte an die 500 Vorfälle allein in den ersten vier Wochen der sogenannten »Hakenkreuzaffäre«. Es gab Proteste in London und in New York, Israel verurteilte die Geschehnisse, auch aus dem britischen Parlament kam eine scharfe Verurteilung. Jüdische Organisationen aus den USA schickten Delegationen, um das Ausmaß des Antisemitismus in Deutschland zu untersuchen. Deutschland, immer noch ein unverbesserliches Nazi-Land?

Die Bundesregierung erstellte eiligst ein »Weißbuch«, das die Taten dokumentierte und zum Schluss kam, dass die antisemitischen Vorfälle den internationalen Ruf Deutschlands belasteten. Die DDR nutzte die Situation propagandistisch aus, um auf Altnazis in Adenauers Staatsapparat hinzuweisen und die Bundesrepublik als ungebrochen faschistisch darzustellen. Adenauer und auch Franz Josef Strauß wiederum taten sich keinen Gefallen damit, die Verantwortung abgeben zu wollen und die antisemitischen Vorfälle Agenten aus der DDR zuzuschieben, wofür es keine Beweise gab (Stauber 2003).

Der damalige deutsche Innenminister Gerhard Schröder, ehemaliges Mitglied der NSDAP, wandte sich Ende Dezember 1959 mit folgenden Worten an die deutsche Öffentlichkeit:

> »Das Schlimme … ist, daß hier verstoßen wurde gegen den allgemeinen Willen, das scheußlichste und unentschuldbare Kapitel der NS-Geschichte durch Wiedergutmachung und Versöhnung und durch Toleranz endgültig zu überwinden.« (Hansen 2002: 539)

Den paradoxen Gedanken, dass man eine »unentschuldbare« Vergangenheit »endgültig« überwinden könnte, hatte Theodor Adorno im selben Jahr zum Gegenstand eines Vortrags gemacht:

> »Die Frage ›Was bedeutet: Aufarbeitung der Vergangenheit‹ muß erläutert werden. Sie geht von einer Formulierung aus, die sich während der letzten Jahre als Schlagwort höchst verdächtig gemacht hat. Mit Aufarbeitung der Vergangenheit ist in jenem Sprachgebrauch nicht gemeint, daß man das Vergangene im Ernst verarbeite, seinen Bann breche durch helles Bewußtsein. Sondern man will einen Schlußstrich darunter ziehen und womöglich es selbst aus der Erinnerung wegwischen. Der Gestus, es solle alles vergessen und vergeben sein, der demjenigen anstünde, dem Unrecht widerfuhr, wird von den Parteigängern derer praktiziert, die es begingen.« (Adorno 1959/1971)

Man redet, so Adorno, über die Vergangenheit, um sie zu vergessen, man bezieht sich auf das Grauen, um es von sich zu weisen. Es gebe, so Adorno, eine »widersinnige« Verbindung zwischen »der unbewußten und gar nicht so unbewußten Abwehr von Schuld mit dem Gedanken der Aufarbeitung des Vergangenen«. Mit anderen Worten: nur weil man über Aufarbeitung redet, bedeutet es nicht, dass man Aufarbeitung betreibt. In der Befassung mit der Vergangenheit kann der Wunsch stecken, ebendiese zu vergessen, zu überwinden, sich von der eigenen Verstrickung und Schuldhaftigkeit zu lösen.

Zwar verurteilte Adenauer die antisemitischen Schmierereien, zwar gingen die Sicherheitsbehörden hart gegen die Täter vor. Aber um den Schaden zu begrenzen, den die Vorfälle international verursacht hatten, kam das Treffen mit dem israelischen Premierminister gerade recht. Bei diesem Treffen versprach Adenauer weitere und umfassendere Waffenlieferungen sowie einen großzügigen, ebenfalls geheim gehaltenen Kredit. Von diesen Abmachungen erfuhr die Öffentlichkeit aber nichts, da die Gesprächsprotokolle bis 1997 unter Verschluss gehalten wurden. Was die globale Öffentlichkeit sah, war ein Bild, das tatsächlich so etwas wie Versöhnung, gar Freundschaft, zwischen Israel und Deutschland suggerierte.

Das Treffen zwischen Adenauer und Ben-Gurion war zwar schon vor der antisemitischen Vandalismus-Welle angedacht, wurde nun aber für den März 1960 angesetzt, da beide zu diesem Zeitpunkt eine Reise in die USA geplant hatten. Kein zufälliger Ort: die Bundesrepublik war der europäische Frontstaat gegen den Kommunismus, Israel suchte noch jene enge Anbindung an die Vereinigten Staaten, die es später erst bekommen sollte.

Ben-Gurion sprach auf Englisch, Adenauer auf Deutsch, die folgenden Zitate stammen aus dem deutschen Gesprächsprotokoll. Der Bundeskanzler erklärte eingangs, »er habe den Wiederaufbau Israels immer genau und mit großer innerer Anteilnahme verfolgt« und »müsse seiner großen Bewunderung Ausdruck geben für das, was dort geleistet worden sei, sowie für den Mut, die Stärke und die Zielstrebigkeit«.

Der israelische Staatsgründer kam dann auf den deutschen Genozid an den Juden Europas zu sprechen: »Sechs Millionen unschuldiger Menschen, darunter eine Million kleiner Kinder, seien umgebracht worden. Etwas Ähnliches habe sich nie zuvor in der Geschichte zugetragen. Historisch gesehen sei dadurch den jahrhundertealten Bemühungen des jüdischen Volkes, einen jüdischen Staat zu schaffen, ein tödlicher Schlag versetzt worden.«

Was Ben-Gurion hier anbot, war eine etwas eigenwillige Interpretation des Geschehenen. Der Zionismus, sprich, die Bewegung für einen jüdischen Staat, war ein Phänomen des 19. Jahrhunderts und keine Jahrhunderte alt. Der Wunsch nach einem eigenen Staat war die längste Zeit kein Massenphänomen gewesen – erst aus dem Schrecken der einsetzenden Judenverfolgung heraus bekam das zionistische Argument seine bittere Überzeugungskraft.

Noch eigenwilliger aber bezog der Bundeskanzler die unmittelbare Vergangenheit auf seinen Staat. Adenauer »wies … darauf hin, daß durch das Ausfallen dieser Schicht von Juden und durch das Ausfallen einer ähnlichen Schicht Menschen in Deutschland zwischen dem Schicksal der Juden und der deutschen Entwicklung in mancher Beziehung Parallelen bestünden. Auch in Deutschland seien gewisse gute Persönlichkeiten … ausgefallen, und daher habe er soviel Verständnis für das, was der Herr Ministerpräsident gesagt habe«.

Adenauer setzt den deutschen Mord an den Jüdinnen und Juden Europas mit den deutschen Kriegstoten gleich. Beide werden gleichermaßen zu Opfern des Nationalsozialismus erklärt. Eine klassische Täter-Opfer-Umkehr. Interessanterweise finden derlei historische Einlassungen von Adenauer in der Literatur über die deutsche Israelpolitik kaum Beachtung. Der erwähnte Rainer

Blasius erwähnt sie in seiner historischen Einbettung des Astoria-Treffens nicht. Niels Hansen, ein ehemaliger Diplomat, der über Adenauers Israelpolitik eine detailgetreue, umständlich geschriebene Hagiographie verfasst hat, rechtfertigt sie gar (Hansen 2002: 546 f.). Ben-Gurion wies die bizarre, aber für Adenauer nicht untypische Geschichtsklitterung von sich, indem er »betonte, daß es sich in den beiden Fällen um etwas ganz anderes handele. Im einen Fall sei es eine Zahl wichtiger und guter Persönlichkeiten gewesen, im Falle Israels handele es sich aber um eine ganze Gruppe, um Millionen Angehöriger eines Volkes, die für die weitere Entwicklung von ausschlaggebender Bedeutung gewesen wären. Was dem jüdischen Volk zugestoßen sei, sei tragischer gewesen als das, was das deutsche Volk betroffen habe«.

Dann kam Ben-Gurion auf seinen Grund für das Treffen zu sprechen. »Was Hitler getan habe«, so Ben-Gurion, »sei … daß er den israelischen Staat … fast zerschlagen hätte …Für das Leben von sechs Millionen Juden könne keine Wiedergutmachung geleistet werden. Es könne aber etwas getan werden, um den furchtbaren Schaden, der dadurch angerichtet worden sei, zu mildern.«

Es wäre naiv anzunehmen, dass Ben-Gurion einem so spektakulären, öffentlichkeitswirksamen Treffen mit dem deutschen Bundeskanzler zugestimmt hätte, wenn er sich von diesem Treffen nicht auch konkrete Auswirkungen erhofft hätte. Zwar traf die Deutschlandpolitik Ben-Gurions nicht mehr auf denselben Widerstand wie 1951-52, als das Entschädigungsabkommen ausgehandelt wurde. Dennoch aber war es für Ben-Gurion innenpolitisch riskant, der Bundesrepublik derart öffentlich die Hand zu reichen. Einige Monate nach dem Treffen sagte Ben-Gurion gegenüber der israelischen Zeitung *Ma'ariv*, dass er Adenauer getroffen habe, weil er hoffte, dass »etwas Großes« daraus für Israel entstehen würde, und dass er gute Gründe habe zu glauben, dass diese Hoffnung nicht enttäuscht werden würde.

Im Waldorf Astoria unterbreitete Ben-Gurion dem deutschen Kanzler die folgende Bitte:

> »Er wolle nicht, daß die Bundesrepublik Israel Geld gebe. Er wolle vielmehr, daß die Bundesrepublik sich an der Entwicklung und Erschließung Israels beteilige, insbesondere auf industriel-

> lem und landwirtschaftlichem Gebiet und in der Schiffahrt … Falls sich die Bundesrepublik nicht unmittelbar an dieser Entwicklung beteiligen wolle, bestünde noch die Möglichkeit einer Anleihe, wobei an einen Zeitraum von 10-20 Jahren und an einen jährlichen Betrag von 40-50 Millionen US-Dollar gedacht sei. Auf diese Weise wäre es leichter, die außerordentlich schwierigen Aufgaben, die seinem Volk von der Geschichte, dem Schicksal und von Gott gestellt worden seien, zu lösen.«

Adenauer sagte Ben-Gurion ohne Zögern seine Unterstützung zu: »Wir werden Ihnen helfen«. Und zwar »nicht nur aus einer inneren Verpflichtung heraus … sondern auch aus politischer Klugheit. Israel gehöre als Land mit westlicher Gesinnung zum Westen, und es liege im allgemeinen Interesse der freien Welt, daß sich Israel entwickle. Die Bundesrepublik werde Israel nicht im Stich lassen.«

Ben-Gurion bedankte sich für Adenauers Einverständnis und sagte, er habe über diese Finanzhilfe bereits mit Hermann Josef Abs gesprochen, der vor einem Jahr in Jerusalem gewesen sei. Außerdem wären einige israelische Regierungsvertreter »vor etwa zwei Wochen mit Herrn Strauß in Bonn zusammengetroffen«, der »ein guter Mann« sei, mit ihm habe man über U-Boote und über Luftabwehrraketen, Luft- und Bodenraketen gesprochen. »Herr Strauß habe dem israelischen Ersuchen gegenüber eine positive Haltung eingenommen, doch liege es nun am Herrn Bundeskanzler, ob er sich dieser Haltung von Herrn Strauß anschließe oder nicht«. Adenauer sagte, »er stimme mit Herrn Strauß überein«.

Der Rest des Gesprächs drehte sich um allgemeine Fragen der internationalen Politik, wobei Ben-Gurion sich informierter und sensibler zeigte als der Kalte Krieger Konrad Adenauer, der afrikanischen Gesellschaften die Fähigkeit zur Selbstregierung absprach und die Welt als zweigeteilt wahrnahm: wer nicht unmissverständlich prowestlich war, galt in seinen Augen als zumindest potenzieller Kommunist. Für Ben-Gurion war die Sache anders. Westliche Staaten, so der israelische Premier, müssten ihren ehemaligen Kolonien auf Augenhöhe begegnen und sie bei ihrer unabhängigen wirtschaftlichen Entwicklung unterstützten. Dann liefen diese auch nicht Gefahr, kommunistisch zu werden. Während Israel im Nahen Osten selbst mehrheitlich als Kolonialstaat wahrgenommen wurde, hatte Ben-Gurion deutlich mehr Verständnis für das postkoloniale Empfinden als Konrad Adenauer und andere westliche Politiker.

Adenauer hatte Ben-Gurion finanzielle und militärische Unterstützung zugesichert. Wie genau diese ausgestaltet werden sollte, war noch offen. Die Frage der deutschen Unterstützung sollte sich aber alsbald vermischen mit einem erinnerungspolitischen Großereignis, das die deutsch-israelischen Beziehungen im Kern betraf: der Gerichtsprozess gegen Adolf Eichmann in Jerusalem.

Der Eichmann-Prozess in den deutsch-israelischen Beziehungen

Adolf Eichmann wurde im Mai 1960 in Argentinien von Agenten des Mossad festgenommen. Zwei Monate also nach dem Treffen zwischen Ben-Gurion und Adenauer, auch dank der Hilfe von Staatsanwalt Fritz Bauer. Von April bis Dezember 1961 stand Eichmann in Jerusalem vor Gericht. Am 31. Mai 1962 wurde er hingerichtet. Der Prozess erregte weltweite Aufmerksamkeit. Er markierte einen Meilenstein in der israelischen Erinnerungspolitik. Zuvor war die Erinnerung an den Holocaust eine private Angelegenheit der Überlebenden gewesen. Mit dem Prozess wurde die Erinnerung in die Öffentlichkeit geholt.

Die Bundesregierung nahm den Eichmann-Prozess vor allem als Bedrohung ihrer Reputation wahr. Heinrich Lübke, der damalige Bundespräsident, fasste das deutsche Denken über den Prozess so zusammen:

> »Vor wenigen Tagen hat in Jerusalem ein Prozeß begonnen, dessen Name Symbol und Schandmal zugleich geworden ist für die entsetzlichsten Verbrechen, die Hitler und seine Gefolgsleute in deutschem Namen verübten. Die Deutschen, auch die damaligen Gegner und Widerstandskämpfer, sind auch heute noch erfüllt von tiefer Scham, daß Mitglieder unseres Volkes sich an solchen Verbrechen beteiligten. Trotzdem müssen wir um der gleichen Gerechtigkeit willen, derentwegen Eichmann heute vor Gericht steht, gerade in diesen Tagen darauf hinweisen, daß es

grundfalsch ist, Nationalsozialisten und Deutsche gleichzusetzen.« (Vogel 1967: 145)

Man findet hier dieselbe Wortwahl wie bei Adenauer, nach der nur ein kleiner Täterkreis die Verbrechen »in deutschem Namen« verübt habe. Lübke sendete außerdem ein Signal Richtung Jerusalem: um »der gleichen« Gerechtigkeit wegen, mit der Eichmann vor Gericht gestellt wurde, dürfe man Deutschland nicht mit dem Nationalsozialismus gleichsetzen.

Auf einer Pressekonferenz am 10. März 1961, bei der viele internationale Journalisten anwesend waren, wirkte Adenauer beinahe verzweifelt ob der möglichen Auswirkungen des Prozesses auf das deutsche Ansehen.

»Der Eichmann-Prozeß macht mir natürlich Sorgen«, sagte Adenauer dort, und zwar wegen dem »Urteil über uns Deutsche überhaupt«. Er fügte hinzu, »daß hier in Deutschland selbst nationalsozialistische Deutsche an Deutschen genau dieselben Verbrechen begangen haben, wie Eichmann sie an Juden vollbracht hat«. Außerdem hätten die »allermeisten Menschen, wenn sie irgendeinem jüdischen Mitbürger helfen konnten, das mit Freude getan.« Adenauer wiederholte, dass »es ein Unrecht wäre, wenn man den Stab über alle Deutschen brechen würde«. (Zitiert nach Deligdisch 1974: 66, Kursiv im Original.) Zusammengefasst: niemand half den Juden Europas lieber als die Deutschen, die selbst Opfer des Nationalsozialismus waren. Adenauer wiederholte hier öffentlich, was er schon in seiner Bundestagsansprache 1951 und im Gespräch mit Ben-Gurion 1960 gesagt hatte.

Die kompromittierteste Figur innerhalb der westdeutschen Staatsspitze war vermutlich Hans Globke, Adenauers engster Vertrauter, der schon in der Weimarer Republik an antijüdischen Gesetzen mitgearbeitet hatte und unter den Nazis Mitverfasser der Nürnberger Gesetze gewesen war, zu denen er einen einflussreichen juristischen Kommentar geschrieben hatte. Außerdem stand der juristisch und ideologisch gelenkige Globke im Verdacht, für die Deportation von 20.000 griechischen Juden in deutsche Vernichtungslager im besetzten Polen mitverantwortlich zu sein.

Das in den Archiven des Auswärtigen Amtes verfügbare Material deutet darauf hin, dass Deutschland die im Astoria versprochenen

Waffen und Finanzhilfen vom Verlauf des Eichmann-Prozesses abhängig machte (siehe auch Winkler 2012: 303). Kurz vor Prozessbeginn traf Ben-Gurion Franz Josef Strauß zu einem persönlichen Treffen in Berlin, wo er Strauß an die in New York versprochene Finanzhilfe erinnerte. Ben-Gurion erklärte, dass die erste Rate am 28. März 1961 fällig gewesen sei. Da Israel die Rate nicht erhalten hatte, habe es anderswo um Hilfe fragen müssen. Strauß fragte daraufhin bei Adenauer nach, der ihm beschied: »keinesfalls könne vor Beginn des Eichmann-Prozesses etwas unternommen werden« (AAPD 1965/2).

Im August 1961 gab Ben-Gurion der sogenannten *Deutschen Zeitung mit Wirtschaftszeitung* ein Interview, in dem er sagte:

> »Meine Ansichten über das heutige Deutschland haben sich nicht geändert. Es gibt kein Nazideutschland mehr … Die Entwicklung unserer Beziehungen zum heutigen Deutschland hängt auch von den Absichten und der Politik der deutschen Regierung ab. Auf unserer Seite besteht die Bereitschaft zu engen und normalen Beziehungen und einer vollen Zusammenarbeit.« (Vogel 1967: 149)

Auch dieses Interview war ein politisches Signal Richtung Bonn: Ben-Gurion war bereit, das heutige vom gestrigen Deutschland abzugrenzen. Das aber würde auch von den »Absichten und der Politik« der deutschen Regierung abhängen.

Der bereits zitierte Vogel war nicht nur staatsnaher Journalist und Chronist der deutschen Israelpolitik, er war auch vom Bundesnachrichtendient angestellt, um die Prozessführung in Jerusalem zu beobachten und nach Möglichkeit zu deutschen Gunsten zu beeinflussen, wie der *Spiegel*-Journalist Klaus Wiegrefe herausgefunden hat (Wiegrefe 2011). Auch Vogel stellte zufrieden fest, dass »Ben-Gurion …nicht gewillt [war], die beginnenden Verbindungen zwischen dem neuen demokratischen deutschen Staat und dem Staate Israel durch vergangene Taten der Nationalsozialisten zu gefährden« (Vogel 1967: 150).

Ben-Gurion hatte sich darum bemüht, im Prozess eine Trennlinie zwischen dem nationalsozialistischen Deutschland und dem Deutschland Adenauers zu ziehen. Er nahm persönlich drei Änderungen an der Eröffnungsrede des Chefanklägers Gideon Hausner vor, »die alle darauf abzielten, das Ansehen Westdeutschlands zu schützen und die Schuld des deutschen Volkes zu mindern« (Segev 1993: 346). Ben-Gurion sagte Hausner, dass die Verbrechen nicht »den Deutschen«, sondern »Nazi-Deutschland« zugeschrieben werden sollten. Zweitens schlug er vor, die These, der Nationalsozialismus sei unvermeidlich gewesen, wegzulassen, um Diskussionen über einen deutschen Sonderweg zu unterbinden. Drittens wollte Ben-Gurion, dass Hausner die Schuld Hitlers betonte, um Diskussionen über eine Kollektivschuldthese abzuschwächen.

Im bereits zitierten Interview Rolf Vogels mit Franz Josef Strauß blickte Strauß auch auf den Eichmann-Prozess zurück. Er empfand, dass die Bundesrepublik, »wenn sie sich für eine Sicherung Israels einsetzt«, im Zusammenhang mit dem Prozess nicht »moralisch, politisch, publizistisch haftbar gemacht« werden dürfe. »Ich habe dafür auch bei meinen Gesprächspartnern Verständnis und Entgegenkommen gefunden … . Ich verrate kein Geheimnis, wenn ich sage, daß die damalige Bundesregierung, an der Spitze ihr Bundeskanzler Dr. Adenauer, doch sehr besorgt war über mögliche Auswirkungen, die Enthüllungen des Eichmann-Prozesses auf die Weltmeinung gegenüber der Bundesrepublik Deutschland haben würden« (Vogel 1967: 140).

Im Oktober 1961 schrieb Außenminister von Brentano an Adenauer, um wegen des im März 1960 zugesagten Finanzkredits nachzufragen. Er berief sich auf den israelischen Vertreter in der Bundesrepublik, Shinnar, der ihm erklärt habe, dass die deutschen »Vorbehalte gegen den Eichmann-Prozess ausgeräumt seien« und die Auszahlung des Darlehens deshalb nun erfolgen könne (PA AA, B130, Bd. 8414, 9. Oktober 1961).

Im Februar 1962 suchte Strauß ein Gespräch mit Karl Carstens, dem einflussreichen Staatssekretär im Auswärtigen Amt und späteren Bundespräsidenten. Strauß wollte Carstens von Waffenlieferungen an die Israelis überzeugen. Die Israelis, so Strauß, »hätten extreme Hetze gegen uns verhindert«, und er verwies dabei auf Hans Globke (AAPD 1962/2).

Israel erhielt die erste Tranche der in den Akten unter dem Codenamen »Operation Geschäftsfreund« firmierenden Finanzhilfe im Dezember 1961, nachdem das Urteil über Eichmann verkündet und der Prozess vorbei war. Eine große, substanzielle Waffenlieferung wurde dann im August 1962 beschlossen, zwei Monate nach der Hinrichtung Eichmanns (AAPD 1964/289). Ein Überblick über die wichtigsten beschlossenen Lieferungen zeigt den qualitativen und quantitativen Unterschied zu den Waffenlieferungen der 1950er Jahre, nämlich: 114 Flugabwehrgeschütze, 24 Sikorsky-Hubschrauber, 12 Noratlas-Transportflugzeuge, 250 Cobra-Panzerabwehrrakten mit Munition, 1.200 Fallschirme, 100 Krankenkraftwagen, sechs Jaguar-Schnellboote und vier Dornier-28-Flugzeuge (AAPD 1964/289). Später sollten noch deutsche Panzer aus amerikanischer Herstellung hinzukommen – dazu im nächsten Kapitel mehr.

Während Globke oder andere Altnazis in der westdeutschen Regierung keine Rolle im Eichmann-Prozess spielten, spielte ein anderes Thema eine große Rolle – nämlich die tatsächliche und vermeintliche historische und ideologische Nähe zwischen Arabern und Nazis. Das diskursive Spiegelbild zur rhetorischen »Entnazifizierung« der Deutschen über die Rede vom »neuen Deutschland« war die »Nazifizierung« der Araber und Palästinenser. Die Historikerin Hanna Yablonka (2004) und die Politologin Idit Zertal (2005) haben gezeigt, wie der Eichmann-Prozess von israelischer Seite unter anderem dazu genutzt wurde, um die Gleichung »Araber = Nazis« in die Welt zu setzten. Zum Beispiel, indem in der Berichterstattung immer wieder die Anwesenheit ehemaliger Nazis in Ägypten thematisiert worden war, die dort an einem Raketenprogramm mitwirkten – dazu im nächsten Kapitel mehr – oder indem die bereits beschriebene Begeisterung des Großmufti Hadjj Amin al-Husseini für den Nationalsozialismus so stark betont wurde, dass er retrospektiv als einer »der Urheber und geistigen Väter der ›Endlösung‹ präsentiert wurde, als eine Art Archetyp des Naziverbrechers« (Zertal 2011: 162).

Der tatsächliche und vermeintliche Einfluss von Nationalsozialismus und Antisemitismus in der arabischen Welt ist ein zu kompliziertes Thema, um es hier in wenigen Absätzen behandeln zu können (siehe dazu auch Achcar 2012). Hannah Arendt hatte dazu in ihrem berühmten Prozessbericht schon Wesentliches gesagt. Über Hans Globke und den Mufti schrieb sie: »Auf jeden Fall dürfte der frühere Ministerialrat des Innern und Staatssekretär in Adenauers Bundeskanzleramt den Vorrang vor dem ehemaligen Mufti von Jerusalem haben, wenn man die Leidensgeschichte der

Juden unter dem Naziregime gerichtsnotorisch machen wollte.« (Arendt 1964: 91)

Offizielle deutsche Stellen jedenfalls nahmen die israelischen Bemühungen, die Bundesrepublik zu entlasten, positiv auf. Die deutschen Prozessbeobachter informierten Bonn über die »Bemühungen des Anklägers, die Verbrechen an den Juden niemals den Deutschen als solchen zuzuschreiben. Wann immer es der Kontext zuließ, sprach er von Nazi-Deutschland, Nazi-Verbrechern usw., um den Unterschied zum heutigen Deutschland zu verdeutlichen. Dies war kein Zufall. Später stellte sich heraus, dass der Chefankläger bewusst eine klare Trennung zwischen der verbrecherischen deutschen Staatselite und dem deutschen Volk als Ganzes vornahm« (PA AA, B1, Bd. 81, 13. September 1961).

Der Bericht schloss mit einer bemerkenswerten Beobachtung:

> »Einer der stärksten Eindrücke, die auf den europäischen Besucher wirken, ist der neuartige und sehr vorteilhafte Typus der israelischen Jugend. Diese Jugend weist fast keine der Merkmale auf, die man gewohnt war, als jüdisch zu betrachten. Groß gewachsen, oft blond und blauäugig, frei und selbstbestimmt in ihren Bewegungen, mit klar umrissenen Gesichtern, die Nachkommen der deutsch-jüdischen Einwanderer stellen einen neuen Typus des Juden dar, der bisher unbekannt war.« (PA AA, B1, Bd. 81, 13. September 1961)

Dieses recht eindrückliche Zitat liest sich wie eine deutsche Selbstbeschreibung vor 1945. Die offen rassistische deutsche Überidentifikation mit dem jüdischen Staat offenbart, wie mentale antisemitische Grundstrukturen keineswegs überwunden, sondern einfach philosemitisch oder philo-zionistisch umgeformt werden können. Was hier stattfindet, ist eine fürchterliche Art der Assimilation: Jüdische Menschen werden deutscherseits dann akzeptiert, wenn man sie als blonde, blauäugige Arier imaginieren kann.

Derart bizarre Stilblüten erwuchsen aus der Grundstruktur der frühen deutschen Israelpolitik, in der die Aufarbeitung der Vergangenheit das Nachsehen hatte gegenüber dem Vergessen. Der israelische Philosoph Yeshayahu Leibowitz schrieb ein Jahr nach dem Prozess, dieser sei eine »Verschwörung« von Ben-Gurion und Adenauer gewesen, »um den Namen des deutschen Volkes reinzuwaschen – im Gegenzug zahlten sie uns Milliarden« (Segev 1993: 365). In der Tat lässt sich der Eichmann-Prozess vielleicht nicht als Verschwörung, aber als ein Schlüsselereignis in den deutsch-israelischen Beziehungen interpretieren, und zwar so, wie sie in diesem Buch verstanden werden: nämlich ursächlich und strukturell als Tausch zwischen Absolution für Deutschland und Aufbauhilfe für Israel.

Geschäftsfreunde: Hat die Bundesrepublik das israelische Atomprojekt finanziert?

Fassen wir an dieser Stelle einmal zusammen, was die Bundesrepublik zu diesem Zeitpunkt, also bis 1962, für Israel geleistet hatte. Zum einen die Lieferungen aus dem Luxemburger Abkommen, die jährlich ins Land flossen und 1965 ausliefen.

Dann die militärische Hilfe, wobei wir zwischen zwei Großlieferungen unterscheiden können. Erstens den Lieferungen, die nach dem Gespräch Peres-Strauß 1957 erfolgten, und zweitens, was Deutschland ab 1962, also nach dem Eichmann-Prozess, lieferte: allerlei schweres Gerät, von Haubitzen über Hubschrauber zu Flugzeugen.

Eine dritte Form der Unterstützung aber müssen wir noch hinzufügen, nämlich den in den Akten unter dem Codenamen »Aktion Geschäftsfreund« besprochenen Finanzkredit, über den sich Adenauer und Ben-Gurion bei ihrem Treffen im Waldorf Astoria Hotel in New York verständigt hatten.

Im Mai 1961 vereinbarten Auswärtiges Amt sowie Wirtschafts- und Finanzministerium zusammen mit der Kreditanstalt für Wiederaufbau eine Sonderzahlung für Israel in der Höhe von zwei Milliarden DM. Wegen »der Höhe der Summe und in Hinblick auf außenpolitische Sensibilitäten wurde Vertraulichkeit vereinbart.« Auf deutschen Wunsch hin – dazu später mehr – wurde die geheime Finanzhilfe ab 1965 in offizielle Entwicklungshilfe überführt. Die Zinssätze waren niedrig, die Laufzeiten lang, so dass inflationsbedingt die Kredite eher Schenkungen gleichkamen. Laut dem Bundestag wurden die Kredite für Investitionen in die israelische Infrastruktur und industrielle Entwicklung genutzt.

Wenig überraschend sorgt der »Geschäftsfreund« aber auch heute noch für Spekulationen – wofür mag das Geld konkret verwendet worden sein? Warum die große Geheimhaltung, wenn es sich doch um zwar äußerst großzügige, jedoch reguläre und nichtmilitärische Entwicklungshilfe gehandelt haben soll? Hans Rühle, ein Experte für Nuklearwaffen, der sowohl im Bundesverteidigungsministerium als auch in der NATO hohe Positionen innehatte, ist überzeugt, dass die damaligen Kredite in die Finanzierung des israelischen Atomwaffenprogramms geflossen sind.

Es ist ein bekanntes Geheimnis, dass Israel der einzige Staat im Nahen Osten ist, der über Nuklearwaffen verfügt. Seine nuklearen Kapazitäten konnte Israel in den 1960er Jahren entwickeln. Militärische und historische Bedeutung für Israel gehen hier Hand in Hand, ist nukleare Bewaffnung doch eine Art Lebensversicherung. Sollte ein Staat versuchen, Israel von der Landkarte zu löschen, würde dieser seine eigene Zerstörung heraufbeschwören. Als einziger Staat in der Region mit Atomwaffen genießt Israel über einen gewissen Manövrierspielraum, den andere Staaten nicht haben.

In einem Artikel für die *Welt* argumentierte Rühle, dass die technische Hilfe, die Frankreich Israel zukommen ließ, wohlbekannt war. Frankreich half, den Reaktorkomplex in der Wüstenstadt Dimona aufzubauen. Wer aber hat das Projekt finanziert? Für Rühle ist die Antwort klar: die Bundesrepublik. Der Nuklearexperte kennt die Aktenlage. Sowohl auf israelischer wie auf deutscher Seite ist in den Akten von einer »Textilfabrik« oder einer »nuklearen Entsalzungsanlage« die Rede. Eine Entsalzungsanlage in der Wüste wurde aber damals wie heute nicht gebaut, und »Textilfabrik« ist ein bekannter Deckname für die Reaktoranlage in Dimona. Rühle verweist auch auf ein Gespräch zwischen Ben-Gurion und den Redakteuren großer israelischer Zeitungen im März 1963, in dem er davon sprach, dass man Konfrontationen mit der Adenauer-Regierung vermeiden müsse, um den Bau einer für Israel wichtigen »Abschreckungswaffe« nicht zu stören (Rühle 2015).

Die für dieses Buch untersuchten Akten stützen Rühles Argumentation, ohne aber einen unzweideutigen Beweis für sie liefern zu können. Der erste deutsche Botschafter in Israel, Rolf Pauls, schrieb in recht dramatischen Worten von dem Projekt einer »nuklearen Entsalzungsanlage«. Pauls wies seine Vorgesetzten in Bonn darauf hin, dass dieses Projekt eine »epochale« Bedeutung habe und dass der deutsche Beitrag ein »positives Denkmal« Deutschlands für die Juden in der ganzen Welt sein würde. Das sind zumindest große Worte für eine Entsalzungsanlage, die es nie gab (PA AA, B130, Bd. 8824, 21. September 1965). Fazit: einen endgültigen Beweis dafür, dass die Bundesrepublik Israels Atomwaffenprogramm finanziert hat, gibt es nicht. Aber es würde Sinn machen und sich in die bisher erzählte Geschichte nahtlos einfügen. Die Bundesrepublik war in den Anfangsjahren Israels wichtigste Stütze. Die Entwicklung der Atombombe war ein elementares Verteidigungsprojekt für den jüdischen Staat – nichts spricht dagegen, dass Adenauer und Strauß von diesem Projekt wussten, es befürworteten und unterstützten.

6. Wachablösung: Die Rolle der USA

Zwischen 1962 und 1965 stärkten deutsche Waffen Israels Position im Nahen Osten – vor allem gegenüber Ägypten und Syrien, die Waffen von der Sowjetunion erhielten. Wie bereits beschrieben, umfassten die im August 1962 vereinbarten deutschen Lieferungen schwere Artillerie, Flugzeuge, U-Boote und mehr. Im Jahr 1964 kamen auf amerikanischen Wunsch noch 150 M48 »Patton«-Panzer hinzu.

Der Bundesrepublik war es wichtig, die Lieferungen an Israel geheim zu halten, um die Beziehungen mit den arabischen Staaten, besonders den nationalistischen Republiken Ägypten und Syrien, nicht zu gefährden. Wesentlich öffentlicher diskutiert als die deutsche Unterstützung für Israel wurde die Anwesenheit einiger deutscher Wissenschaftler in Ägypten Anfang der 1960er Jahre. Diese Wissenschaftler sollten für die Regierung von Gamal Abdel Nasser Raketen bauen. Nicht nur das: viele der in Kairo arbeitenden deutschen Wissenschaftler waren ehemalige Nazis. Altnazis arbeiteten also an Raketen, über deren zukünftiges Ziel – Israel – kein Zweifel bestehen konnte.

Dieser Skandal war Wind auf den Mühlen der innerisraelischen Kritik an Ben-Gurions prodeutscher Politik. Kritik, die auch aus

Ben-Gurions eigener Arbeiterpartei kam. Wie könne sich Ben-Gurion Deutschland zuwenden, wenn deutsche Nazis in Ägypten an der Vernichtung des jüdischen Staates arbeiteten? Im Gegensatz zu anderen Aspekten der deutsch-israelischen Beziehungen ist die Episode um die Raketenwissenschaftler gut erforscht. Sie liest sich wie ein Thriller aus dem Kalten Krieg (siehe die relevanten Kapitel in Jelinek 2004; Sachar 1999; Segev 1993). Israel drängte zunächst auf rechtliche deutsche Maßnahmen gegen die Wissenschaftler. Erfolglos – deutsche Stellen verwiesen darauf, dass man den Wissenschaftlern, die privat agierten, schlecht vorschreiben konnte, wo sie zu arbeiten hätten. Gezielte Angriffe des Mossad und internationale Empörung trugen dazu bei, dass die deutschen Wissenschaftler nach und nach das Land verließen. Ein Hauptgrund war allerdings auch, dass Ägypten sich das erfolglose Raketenprogramm schlicht nicht mehr leisten konnte. Keine der Raketen sollte jemals flugfähig werden, und bis 1965 suchten sich auch die letzten deutschen Wissenschaftler anderswo Beschäftigung. Die Krise um die deutschen Raketenbauer in Ägypten trug 1963 zum Sturz der Regierung Ben-Gurion bei. Sie demonstrierte einmal mehr, wie umstritten Ben-Gurions prodeutsche Politik innerhalb der israelischen Regierung und im Parlament war.

1963 besuchte der inzwischen über die *Spiegel*-Affäre gestürzte Franz Josef Strauß Israel. Die *New York Herald Tribune* zitierte in einem Artikel über diesen Besuch Shimon Peres, der sagte, die deutsche Hilfe für Israel sei nicht geringer gewesen als die, die Israel aus Frankreich erhalten habe. Peres bedankte sich bei Strauß für die »substanzielle Hilfe« und sagte, der Tag werde kommen, an dem das ganze Ausmaß dieser Hilfe bekanntgemacht werden würde (PA AA, B130, Bd. 2314, 24. Februar 1964).

Die USA hatten sich bis zu diesem Zeitpunkt noch nicht als Waffenlieferant Israels hervorgetan. Es ist unwahrscheinlich, dass die Bundesrepublik größere Mengen von Waffen an Israel lieferte, ohne dass die USA davon wussten. Selbstverständlich befürworteten die USA Lieferungen, die die militärische Balance zwischen Israel und seinen Nachbarn aufrechterhielten. Grundsätzlich unterstützten die Vereinigten Staaten die Bewaffnung Israels, wollten aber zu diesem Zeitpunkt noch nicht selbst als Rüstungslieferant auftreten, um eine weitere antiwestliche und vor allem antiamerikanische Radikalisierung des arabischen Nationalismus unter ägyptischer Ägide zu verhindern. Das sollte sich aber alsbald ändern. Die »Wachablösung« von der Bundesrepublik hin zu den USA vollzog sich Mitte der 1960er Jahre.

1962 bat Israel die USA um Panzer, was die Amerikaner aber ablehnten. 1964 besuchte Ben-Gurions Nachfolger Levi Eshkol die USA. Erneut weigerte sich Washington, Israel direkt mit Panzern zu beliefern, schlug aber einen Dreieckshandel über die Bundesrepublik vor. Ludwig Erhard, Adenauers Nachfolger, der kurz nach Eshkol in Washington zu Gast war, wurde über diesen Handel informiert. Deutschland solle die Panzer aus eigenen Beständen an Israel liefern, die USA würden dann an Deutschland die Rechnung zahlen. Erhard versuchte, sich zu weigern, und argumentierte mit der bereits erwähnten westdeutschen Hallstein-Doktrin: wenn Deutschland Israel mit Panzern beliefern würde, dann liefe man Gefahr, dass die arabischen Staaten die DDR diplomatisch anerkennen würden. Dem deutschen Kanzler wurden die Grenzen aufgezeigt: Alleinvertretung war ein diplomatisches Spiel, das Westdeutschland nur spielen durfte, solange es die von den USA definierten Gesamtinteressen des Westens nicht berührte. Bonn musste die Panzer liefern (Jelinek 2004: 414).

Die Ereignisse um die Jahre 1964-65 verdeutlichen, wie die USA nach und nach das Ruder übernahmen. Die Zeit, in der Adenauer, Strauß, Peres und Ben-Gurion die deutsch-israelische Politik bestimmten, war vorbei. Dass die Beziehungen so früh so eng, vertraulich und wichtig wurden, ist nicht nur der spezifischen Interessenlage zwischen den beiden Ländern geschuldet, sondern auch dem persönlichen Betreiben dieser vier Architekten der deutsch-israelischen Beziehungen zuzuschreiben. Die neuen Regierungen um Erhard und Eshkol führten die Beziehungen zwar fort, orientierten sich aber viel stärker noch an den USA, die allmählich begannen, immer mehr direkte Verantwortung für Israel zu übernehmen.

Im Herbst 1964 flogen die deutschen Panzerlieferungen an Israel auf und wurden in der globalen Presse diskutiert. Dies war ein Wendepunkt in den Beziehungen zwischen der Bundesrepublik und der arabischen Welt. Das Reparationsabkommen wurde von den arabischen Staaten noch notgedrungen akzeptiert. Die auf die Reparationslieferungen folgende Waffen- und Finanzhilfe konnte größtenteils geheim gehalten werden. Die Panzerlieferungen aber waren zu viel. Jetzt war Krisenzeit.

Die Stimmung in den arabischen Ländern änderte sich mit Bekanntwerden der Panzerlieferungen. Die Berichte, die deutsche Diplomaten aus den arabischen Hauptstädten nach Bonn sandten, bezeugen dies. Wurde Deutschland bis dato noch als »traditioneller Freund« gesehen, begann man immer mehr, auch die Bundesrepublik als »Kolonialmacht« in der Region zu betrachten (siehe Berichte in PA AA, B130, Bd. 6402).

Was in den Gängen des Auswärtigen Amtes »Nahostkrise« genannt wurde, war indes weniger eine Krise des Nahen Ostens, sondern eine deutsch-deutsche Krise, die sich in der Arena des arabisch-israelischen Konflikts abspielte. Von Ende 1964 bis Anfang 1965 sah sich die Bundesrepublik gezwungen, sich dem Dilemma zu stellen, in das sie sich mit der Hallstein-Doktrin selbst begeben hatte. Entweder konnte sie von sich aus die Beziehungen zu Ägypten abbrechen, um Israel weiter aufrüsten zu können. Oder aber sie konnte aufhören, an Israel Waffen zu liefern, um damit die Beziehungen zu den arabischen Staaten zu kitten.

Hätte Deutschland die Beziehungen zu Ägypten gelöst, hätte dies wohlmöglich einen Dominoeffekt ausgelöst. Syrien, Irak und andere arabische Staaten hätten ihre diplomatischen Beziehungen zur Bundesrepublik auch aufgeben müssen. Das Resultat wäre ein selbstverschuldeter westlicher Einflussverlust im Nahen Osten gewesen. Für die USA keine Option, für die deutsche Wirtschaft auch nicht. Andererseits hätte man die Panzerlieferungen stoppen und aufhören können, Israel zu bewaffnen. Damit aber hätte man die gesamte bisherige Israelpolitik über Bord geworfen und überdies gegen amerikanische Wünsche gehandelt. Also auch keine Option. Ein perfektes Dilemma.

Anders als ein Problem kann man ein Dilemma nicht lösen. Um sich eines Dilemmas zu entledigen, muss man das Fundament umstoßen, auf dem es steht, sprich, das Paradigma auflösen, aus dem das Dilemma entstand. Ein radikaler Wandel in der deutschen Nahostpolitik war demnach geboten, der aber weder die Beziehungen zu Israel noch die zu den arabischen Staaten auf fundamentale Weise in Gefahr bringen sollte. Die Lösung lag in Washington – wo sich ein Wandel in der Nahostpolitik anbahnte.

Anfang 1965 erklärten sich die USA bereit, ausstehende Panzerlieferungen selbst zu übernehmen. Diesmal würde die Bundesrepublik die Rechnung zahlen. Es handelte sich hier um einen entscheidenden Umbruch. Von nun an – und insbesondere nach dem Krieg von 1967 – würden die USA Israel offen und entscheidend unterstützen. Aus diesen Gründen wurde Deutschland zu Israels »zweitbestem Freund« herabgestuft und blieb das bis heute.

Da die USA nun die Panzerlieferungen übernommen hatten, konnte die Bundesrepublik der arabischen Welt einigermaßen glaubwürdig versichern, dass es mit der deutschen Aufrüstung Israels nun ein Ende hatte. In der Folge konnte Ludwig Erhard Israel am 7. März 1965 diplomatische Beziehungen anbieten.

So weit die Zusammenfassung der »deutschen Nahostkrise«, die von der deutschen Regierung als schwerste diplomatische Krise seit Entstehung der Bundesrepublik gesehen wurde (AAPD 1965/125). Dieser Eindruck schlägt sich auch in der Aktenlage nieder. Allein in den vom Münchener Institut für Zeitgeschichte herausgegebenen öffentlichen Akten zur Auswärtigen Politik verdrängt die Nahostkrise fast alle anderen internationalen Geschehnisse jener Zeit. Was die Krise vor allem aufzeigt, ist, wie sehr sich die deutsche Außenpolitik zu diesem Zeitpunkt in der Hallstein-Doktrin und dem Anspruch auf die DDR verfangen hatte. Gerade Erhard schlug gegenüber Israel andere Töne an als der fähigere Außenpolitiker Konrad Adenauer, der dem Anspruch auf die DDR zwar stets Lippenbekenntnisse gezollt, die Beziehungen zu Israel und zur westlichen Welt aber immer priorisiert hatte – und deswegen einen breiteren Handlungsspielraum genoss, den er zu bespielen wusste.

Im November 1964 schrieb Erhard einen Brief, in dem er Levi Eshkol an die Rangfolge der deutschen Interessen erinnerte:

> »Ich darf Sie jedoch daran erinnern, daß die Politik der deutschen Regierung bestimmt wird von dem Bewußtsein, der Verantwortung gegenüber dem Schicksal und der Zukunft des gesamten deutschen Volkes und daß wir das deutsch-israelische Verhältnis, das zweifelsohne hierbei eine wichtige Rolle spielt, nicht isoliert sehen können, sondern gezwungen sind, es in Beziehung zu setzten zu der Schicksalsfrage der deutschen Nation, der Wiedervereinigung aller Deutschen in Frieden und Freiheit.« (AAPD 1964/313)

Es ist wichtig, aufzuzeigen, wie selbstbewusst Deutschland gegenüber Israel seine Interessen vertrat. Denn in Deutschland gibt es auch heute noch zu viele Stimmen, die meinen, dass es sich um einseitige, aus Schuldgefühlen resultierende Beziehungen handelte, in denen Deutschland gibt und Israel nimmt. Das aber war nie der Fall. In Bonn, später in Berlin, handelte man nie gegen das, was man unter dem deutschem Interesse verstand.

Die deutsche Krise im Nahen Osten hatte fünf hauptsächliche Akteure: die USA, Israel, Ägypten, die Bundesrepublik und die DDR. Werfen wir einen genaueren Blick auf diese Krise, um die Interessen und Wahrnehmungen ihrer Protagonisten nachzuzeichnen.

Die Bundesrepublik spielte im Nahen Osten ein doppeltes Spiel. Einerseits versicherten westdeutsche Diplomaten den arabischen Staaten, dass man keine Waffen in »Spannungsgebiete« liefern werde – Israel erhielte also keine Waffen aus Deutschland. Dass das gelogen war, war im Amt bekannt (PA AA B130, Bd. 6402, 9. November 1964). Die Lüge war aber wichtig, um gerade die Beziehungen zu Ägypten nicht zu gefährden, welches zu jener Zeit die Führungsrolle in der arabischen Welt innehatte.

Bis zum Herbst 1964, als die deutschen Panzerlieferungen an Israel bekannt wurden, hatte Gamal Abdel Nasser nichts unternommen, um den westdeutschen Anspruch auf die DDR zu unterminieren. Im Gegenteil: Auf der Konferenz der blockfreien Länder in Kairo, die im August und September 1964 stattfand, hatte Ägypten nach Angaben der deutschen Botschaft in Kairo »nicht nur alles unterlassen, was unsere Deutschlandpolitik hätte gefährden können, sondern … positiv in unserem Sinne gewirkt« (PA AA, B130, Bd. 2198, 15. Oktober 1964; siehe auch Blasius 1998).

Wie der Historiker Rainer Blasius bereits früher und auch anhand von Akten aus der DDR feststellte, hatte Nasser zu keinem Zeitpunkt die Absicht, die DDR diplomatisch anzuerkennen (Blasius 1998). Das war selbst der Fall, als er am 24. Januar 1965 Walter Ulbricht auf Staatsbesuch in Ägypten empfing – selbst nach diesem natürlich als Provokation Richtung Bonn gedachten Besuch ließ Nasser von einer vollen diplomatischen Anerkennung der DDR ab (AAPD 1965/89).

Dennoch spielte man in Bonn Anfang März mit dem Gedanken, die Hallstein-Doktrin anzuwenden und die diplomatischen

Beziehungen mit Ägypten zu kappen. Dagegen aber intervenierten nun die USA, die von dem deutsch-deutschen Provinztheater in der strategisch elementaren Nahostregion genug hatten. Bei einem Treffen zwischen Bundeskanzler Erhard und den amerikanischen, britischen und französischen Botschaftern wies McGhee, der amerikanische Botschafter, den Bundeskanzler scharf darauf hin, dass »seine Regierung in dieser Frage nämlich eine sehr ausgesprochene Meinung habe, und zwar die, daß wir die Beziehungen nicht abbrechen sollten. Sie verstünden unser Dilemma. Sie glaubten aber, daß selbst schlechte diplomatische Beziehungen zwischen uns und der VAR [Vereinigte Arabische Republik, Anm. DM] noch wichtig seien, auch für die USA.« Natürlich konnte nur ein amerikanischer Diplomat mit Erhard so sprechen. Die Bundesrepublik, die ihre Existenz dem Kalten Krieg und interessegeleiteter amerikanischer Großzügigkeit verdankte, hatte den Bogen hier überspannt. Der französische Botschafter meinte, dass kein Russe Ulbricht hätte so herumkommandieren können wie McGhee den deutschen Kanzler (AAPD 1965/112).

Zu diesem Zeitpunkt hatte sich bereits eine Lösung der diplomatischen Krise abgezeichnet. Im Februar hatte der amerikanische Außenminister Dean Rusk dem deutschen Botschafter in Washington, Karl Heinrich Kappstein, mitgeteilt, dass man der Bundesrepublik aus ihrer Misere helfen werde. Er deutete an, dass man die Panzerlieferungen übernehmen werde (AAPD 1965/85). Zuvor noch hatte die Bundesrepublik den Israelis angeboten, ihnen anstatt der Panzer finanzielle Entschädigung zu zahlen, was diese rundheraus ablehnten. Mit dem Wissen aber, dass die USA diese Lieferungen übernehmen würden, konnte Erhard den Israelis nun diplomatische Beziehungen anbieten. Für Erhard glich die Aufnahme diplomatischer Beziehungen der Zerschlagung eines gordischen Knotens, in den sich Bundesrepublik durch ihre widersprüchliche Nahostpolitik selbst verstrickt hatte (PA AA, B130, Bd. 8824, 2. Februar 1965). Nun lag der Ball bei den arabischen Staaten.

Als die Bundesrepublik und Israel am 12. Mai 1965 offiziell diplomatische Beziehungen eingingen und Botschafter austauschten, brachen zehn arabische Staaten, unter anderem Ägypten, die Beziehungen zur Bundesrepublik ab. Dies war als gesichtswahrende Maßnahme zu verstehen. Denn weil kein arabischer Staat Beziehungen mit der DDR aufnahm, blieb eine Hintertür für die eventuelle Wiederaufnahme diplomatischer Beziehungen offen. Auch machten die arabischen Staaten klar, dass man weder Handelsbeziehungen noch Wirtschaftshilfe gefährden wolle. So sollten zwischen 1971 und 1975 die Beziehungen mit allen arabischen Staaten wieder aufgenommen werden.

Mit Aufnahme der diplomatischen Beziehungen mit Israel beendete die Bundesrepublik ihren Sonderweg im Nahen Osten: Erstens war Westdeutschland in dieser Zeit der wichtigste Alliierte, Partner und Unterstützer Israels gewesen – eine Unterstützung, die größtenteils geheim gehalten werden konnte. Zweitens konnte man durch diese Geheimhaltung die Beziehungen zu den arabischen Staaten für lange Zeit stabil halten. Drittens aber fesselte die Hallstein-Doktrin deutsche Nahostdiplomatie auf unnötige Weise – der gerade im Auswärtigen Amt obsessive Fokus auf das ostdeutsche Regime konnte nur durch amerikanische Intervention beendet werden.

Das Jahr 1965 bedeutete demnach eine Zäsur in der deutschen Israelpolitik: die Beziehungen konnten durch die diplomatische Anerkennung formalisiert werden, gleichzeitig aber verloren diese Beziehungen gerade auch für Israel an Bedeutung, da Washington statt Bonn nun zur wichtigsten Adresse werden sollte. Betrachtet man die deutsch-israelischen Beziehungen jedoch aus einer breiteren Perspektive, so kann man den Wendepunkt in der deutschen Israelpolitik auch zwei Jahre später verorten. Israel konnte den Krieg von 1967 nicht zuletzt aufgrund der westdeutschen Aufbauhilfe der Jahre zuvor gewinnen. Und dieser Krieg sollte die politische Landkarte der Region neu zeichnen.

7. Blick in den Spiegel: Deutsche Reaktionen auf den Krieg von 1967

Die Bundesrepublik war insofern in den arabisch-israelischen Krieg von 1967 verwickelt, als dass es Israel die Jahre zuvor so stark unterstützt hatte, ökonomisch, militärisch, finanziell. An der israelischen Kraftentfaltung im Nahen Osten hatte das westliche Deutschland seinen Anteil. Der erste israelische Botschafter in Deutschland, Asher Ben-Natan, sagte zu Bundeskanzler Erhard bei ihrem ersten Gespräch nach Ben-Natans Amtsantritt im September 1965: »Ein Krieg in jenem Raum werde nur wenige Tage dauern. Israel müsse deshalb immer bereit sein. Die deutsche Hilfe sei für die Entwicklung des Landes ein großer Beitrag gewesen, und auch die deutsche Militärhilfe habe für die Sicherheit Israels eine sehr große Rolle gespielt.« (PA AA, B130, Bd. 8825, 30. September 1965)

Es kam, wie der Botschafter sagte. Der Krieg dauerte nur wenige Tage, und zwar sechs, und Israel war gut vorbereitet. Am Morgen des 5. Juni 1967 flog Israel Überraschungsangriffe auf ägyptische Flugstellungen und zerstörte beinahe Ägyptens ganze Luftwaffe. Darauf folgte der mit Panzern ausgeführte Bodenkrieg in der Sinai-Wüste. Auch Jordanien und Syrien wurden schnell besiegt. Ägypten und Jordanien erklärten sich am 8. Juni zu einem Waffenstillstand bereit, Syrien am 9. Einen Tag später war der Krieg vorbei. Ein unglaublich schneller und entscheidender israelischer Sieg. Israel hielt nun die Sinai-Wüste, Gaza und die Golanhöhen besetzt. Und von Jordanien eroberte Israel das Westjordanland und Ostjerusalem, wo Tempelberg und Klagemauer liegen.

Dem israelischen Überraschungsangriff vorausgegangen waren Provokationen und Fehlkalkulationen. So hatte Nasser die Meerenge von Tiran für israelische Schifffahrt geschlossen – für Israel ein Kriegsgrund. Obendrein hatte Nasser seine Truppen im Sinai zusammengezogen und die dort seit Ende des Suezkrieges stationierten Blauhelmtruppen der Vereinten Nationen nach Hause geschickt. Zwar spricht manches dafür, dass Nasser nicht wirklich mit einem Krieg rechnete – warum zum Beispiel ließ er seine Kampfflugzeuge ungeschützt? –, aber wenn er keinen Krieg gewollt haben sollte, so hatte er sich massiv verkalkuliert.

Der Krieg von 1967 war keiner der Stellvertreterkriege mit auswärtiger Beteiligung, wie es sie im Kalten Krieg oft gab. Seine Wurzeln lagen im arabisch-israelischen Konflikt. Dass es in diesem Konflikt zu einer weiteren Kriegsrunde kommen würde, darauf hatten sich alle Seiten wie in einer sich selbst erfüllenden Prophezeiung vorbereitet. Dennoch wurde der israelische Sieg in den westlichen Hauptstädten als Sieg des Westens im Kalten Krieg gefeiert – was zeigt, wie weit sich Israel zu dieser Zeit politisch, militärisch und ideologisch in den Westen integriert hatte.

Am 8. Juni 1967, dem Tag, als Ägypten sich gezwungen sah, einen Waffenstillstand zu akzeptieren, schrieb der deutsche Botschafter in Washington über die in den USA »deutlich spürbar[e] Genugtuung über die in diesem Ausmaß und dieser Schnelligkeit nicht erwarteten militärischen Siege der Israelis und dem zunächst damit verbundenen Erfolg des Westens« (PA AA, B130, Bd. 2640, 8. Juni 1967). Für den Westen war die blamable Niederlage gerade Ägyptens und Syriens ein Erfolg, weil sie den arabischen Nationalismus entschieden schwächte, ja ihm eigentlich den Todesstoß versetzte. Wie von Adenauer erhofft, erwies Israel sich somit als Sachwahrer westlicher Interessen im Nahen Osten.

Weil der Krieg von 1967 sich nicht aus der Blockkonfrontation, sondern aus dem arabisch-israelischen Konflikt erklärte, erschöpften sich die gesamtwestlichen Interessen in der Niederlage Ägyptens und Syriens. Was die westlichen Staaten weniger tangierte, waren die israelischen Gebietsgewinne und was mit ihnen zu tun sei. Dazu später mehr.

Am 12. Juni, zwei Tage nach Kriegsende, telegrafierte der deutsche Botschafter in Israel, Rolf Pauls, an Willy Brandt, der damals Außenminister der kurzlebigen Großen Koalition war: »Generalstabsoffizier sagte mir, daß sich die von uns gelieferten modernisierten und stärker armierten M48 hervorragend bewährt hätten.« (AAPD 1967/214)

Tatsächlich lässt sich die gemeinsame militärische Bedeutung Israels von Frankreich und Deutschland am Kriegsverlauf ablesen. Israel zerstörte die ägyptische Luftwaffe mithilfe von französischen Mirage-Jets. Und der Bodenkrieg im Sinai wurde mittels besagter Panzer aus deutscher Lieferung gewonnen. Wenig überraschend war dies nochmal Anlass für arabische Diplomaten, sich über die deutsche Unterstützung Israels zu beschweren (siehe z. B. PA AA, B130, Bd. 2630, 18. Oktober 1967; PA AA, B130, Bd. 8827, 16. Mai 1968).

Zum Missfallen Israels übte sich Deutschland während des Krieges in diplomatischer Neutralität. Im Bundestag aber sprachen sich Politiker von Regierung und Opposition für Israel aus und wiesen die aggressive, teils genozidale Rhetorik arabischer Kommentatoren und Politiker zurück. Der Sozialdemokrat Erhard Eppler sprach von einer »inneren Spannung« und dass das deutsche Volk und seine Vertreter »innerlich tot« wären, würden sie nicht für einen Frieden im Nahen Osten eintreten, der die »Existenz eines Staates garantiert, an dessen Zustandekommen wir Deutsche in unserer Geschichte nicht ganz unbeteiligt waren«.

Empathieloser sprach der damalige Kanzler der Großen Koalition, der ehemalige Nationalsozialist Kurt Georg Kiesinger, der den Anlass dafür nutzte, sich nicht für Israel, sondern gegen die DDR auszusprechen: »Auf dem Hintergrund der jüngsten Geschichte unseres Volkes ist es wahrhaft tragisch, daß die Machthaber im anderen Teil Deutschlands durch ein in jeder Weise unverantwortliches Verhalten den Konflikt zu schüren versuchen.«

Rainer Barzel von der CDU/CSU verwahrte sich gegen die aus arabischen Staaten kommenden Vernichtungsandrohungen gegen Israel. Den israelischen Erstschlag auf Ägypten und Syrien empfand er als legitim, da »man auch niemanden zur Notwehr zwingen darf«. Auch die »deutsche öffentliche Meinung ist hier klar«, so Barzel. Sie habe sich »der Gleichgültigkeit der Herzen versagt«. (Bundestag 1967, 111. Sitzung, 7. Juni).

Tatsächlich lohnt es sich, an dieser Stelle einen Blick auf die öffentliche Meinung in Deutschland zu werfen. Was dort ans Tageslicht kam, ist mit dem Wort »klar« nicht unbedingt gut beschrieben.

Der Krieg in den Köpfen

»SIEG! Dajan – Der Rommel Israels« titelte damals die *Bild*. Auch *Spiegel*-Gründer Rudolf Augstein schrieb unter der Überschrift »Tötet, Tötet«, dass die israelischen Soldaten »rollten wie Rommel«. Augstein wusste um den deutschen Beitrag zum israelischen Kriegserfolg: »Voraussetzung für den Blitzsieg im Blitzkrieg war eine schlagkräftige Panzertruppe. Die Waffen für diese Truppe hatte die Bundesrepublik vor zwei Jahren in einem Dreiecksgeschäft mit den USA und Italien geliefert.«

Mehr als ein halbes Jahrhundert später stolpert man über solche Gleichsetzungen. Man muss sich eben darüber klar sein, dass die deutsche Regierung damals noch von Verbrechen sprach, die »im Namen des deutschen Volkes« verübt worden seien. Die deutsche

Gesellschaft sah sich selbst mehrheitlich als Opfer. Es galt noch der Mythos von der »weißen Weste« der Wehrmacht. Der Vergleich zwischen Wehrmacht und israelischer Armee verstand sich demzufolge als Kompliment. Die Judenvernichtung, wenn man sie überhaupt thematisierte, wurde allein Hitler und seinem inneren Zirkel zugeschrieben. Die Kriegskonstellation im Nahen Osten machte damit zwei aufeinander aufbauende Strategien der deutschen Schuldabwehr möglich. Zum einen konnte sich die westdeutsche Presse mit den Überlebenden der eigenen Verbrechen identifizieren, wodurch der Täter/Opfer-Gegensatz verwischt wurde. Zum anderen konnte die Rolle der wahren Nazis in diesem Projektionsspiel den arabischen Staaten zugedacht werden, deren Rhetorik ja tatsächlich oftmals extrem war – »der letzte Imperialist wird mit den Gedärmen des letzten Zionisten erhängt werden«, hieß es etwa bei Radio Damaskus, und die »Zionistischen Barracken in Palästina werden zerstört werden«, hieß es aus Kairo (Morris 2001: 310).

Wir wissen heute, dass trotz der grauenhaften Drohungen mancher arabischer und palästinensischer Politiker Israels Existenz im Jahre 1967 weniger stark in Gefahr war als damals angenommen. Dem israelischen Militär und den NATO-Staaten war die militärische Überlegenheit Israels über Nassers Ägypten bewusst. In der israelischen Gesellschaft jedoch existierte, aus allzu nachvollziehbaren Gründen, reale Angst vor einem zweiten Genozid. Tom Segev zeigte in seiner beeindruckenden Studie *Die siebte Million,* wie sich jene Angst aus der nahen Vergangenheit speiste und diese Vergangenheit auf die ohnehin schon harsche Realität des Nahen Osten projiziert wurde.

Auch die westdeutsche Öffentlichkeit sprach von drohender Vernichtung. Freilich waren die Gründe bei den Tätern und ihren Nachkommen andere als bei den Überlebenden. Die auflagenstarke *Stuttgarter Zeitung* schrieb am 1. Juni auf der ersten Seite: »Wenn die deutsche Öffentlichkeit wieder versagen sollte, würden die zurückliegenden Verbrechen und ihre Folgen abermals auf sie zurückfallen.« In der *Welt* las man am 6. Juni:

> »Die Welt begann, sich zu erinnern. Deutschland brauchte es nicht. Wir kennen die Gräber in Europa, über die in 25 Jahren kein Gras gewachsen ist. Durch Deutschland ging in jenen

Tagen der Bedrohung und des Kriegsbeginns ein Erstarren. Für uns waren die Haßtiraden des Senders Kairo wie ein Blick in den Spiegel unserer jüngsten Vergangenheit … Wer bis dahin noch glauben mochte, Auschwitz und der Staat der Juden seien zwei Dinge, die nichts miteinander zu tun hätten, erfuhr jetzt seinen Irrtum in einer unausweichlichen Erschütterung des Gewissens. Wenn alles geschehen durfte, dies durfte nicht geschehen, daß die Überlebenden von Hitlers Massakern in ihrer alten Heimat ausgelöscht würden.«

Am 10. Juni stand in derselben Zeitung, dass Kairo »dem Volk der Juden die totale Vernichtung« angedroht habe. Es wäre, so der Artikel weiter, »ein Verhängnis« gewesen, wenn die Westdeutschen keine Solidarität mit Israel gezeigt hätten. Der Krieg habe wie »ein reinigendes Gewitter« auf »Dunst und Schwüle ungereinigter Gesinnungen« in Westdeutschland gewirkt. Von was aber »reinigte« dieses »Gewitter« die deutsche Nachkriegsgesellschaft? Vom Antisemitismus? Oder doch eher von der Last der Vergangenheit? Einige Tage später stand in derselben Zeitung:

> »Seit 1900 Jahren werden die niederträchtigsten Lügen über das jüdische Volk verbreitet … ein Volk der Mischpoken, aber ohne Nationalgefühl; nie zum Kampf bereit, aber immer auf gefahrlosen Kriegsgewinn bedacht. Jetzt aber spricht man von dem kleinen, tapferen, heroischen, genialen Volk. Vor den Juden fast zweier Jahrtausende müssen wir nun bekennen: Wir haben uns … zu Lügen und Vorurteilen verführen und verhetzen lassen … Wir müssen zweitausend Jahre Geistesgeschichte revidieren.« (Zitiert nach Lewan 1970: 134 f.)

Davor schrieb, im selben Duktus, die *Stuttgarter Zeitung*:

> »In diesen Tagen … ist ein fast zweitausend Jahre altes Bild vom Typ des Menschen jüdischer Abstammung eingestürzt … Heute existiert natürlich der Typ des Händlers und des Intellektuellen auch noch; aber er wird überstrahlt vom Bild des Juden als militärischem Strategen und brillantem Soldaten, der sich todesmutig in das Feuer von Panzerarmeen stürzt und das erreicht, was die

> geheime Sehnsucht aller ist: den Sieg des Kleinen über die Gewaltigen, Drohenden, Erbarmungslosen. Die Identifizierungsbedürfnisse, Schuldgefühle, die in der Geschichte wurzeln, münden in eine Welle von Sympathie.« (Zitiert nach Büttner 1977: 80)

Solche Aussagen bedürfen kaum noch einer Analyse, sie geben ihre Intention bereitwillig preis. Das »alte Bild«, das man vom »Menschentyp des Juden« hatte, wird ausgetauscht durch ein neues. Die Vorurteilsstruktur des Antisemitismus bleibt dabei freilich erhalten. Das neue Bild, das man sich macht, klingt nach wunschvoller deutscher Selbstbeschreibung: der »brillante, todesmutige Soldat«, der »militärische Stratege«, die Juden als »heroisches, geniales Volk«. Der Antisemitismus hört nicht auf, sondern findet vielmehr Erleichterung in dem Gedanken, dass nun auch Juden eine kampfbereite, kriegswillige Nation gebildet haben. So gestattete Deutschland den Jüdinnen und Juden ihre Assimilation erst im Nahen Osten. Wir sehen: dass der israelische General Moshe Dayan zum Rommel stilisiert und der ägyptische Staatschef Nasser zum Hitler gemacht wurde, hatte mit der Kriegsrealität im Nahen Osten weniger zu tun als mit deutschen Entlastungsbedürfnissen. Die Empathie, die große Teile der westdeutschen Presse Israel entgegenbrachte, war narzisstisch geprägt.

Irritierend, aber ganz in der Logik des oben Zitierten, ist außerdem die alte deutsche Mischung aus Härte und Pathos, die sich 1967 in der westdeutschen Presse gegenüber den arabischen Verlierern zeigte. Der Journalist Matthias Walden schrieb deliriös in der *Welt*: »Natürlich wird es noch diese und jene geben, die in fossiler Verblendung mit dem großmäuligen, grandios bestraften Feind der Juden, Nasser, sympathisieren. Aber sie sind stumm, weggeduckt in die Winkel ihrer Gesinnungsnacht.« (Zitiert nach Büttner 1977: 78)

Rechts, links oder deutsch?

Während nicht wenige auf der rechten Seite des politischen Spektrums ihre alten Fantasien in neuer Solidarität mit Israel auslebten, war es auf der linken Seite andersherum. Die sich auch in Deutschland formierende »Neue Linke« begann, nicht zuletzt vor dem Hintergrund des Krieges von 1967, sich mit den Palästinensern zu solidarisieren.

Der in Teilen der Neuen Linken beobachtbare Antisemitismus, der sich in Extremfällen auch zu Gewalttaten gegen Juden steigerte, ist in der Antisemitismusforschung mittlerweile gut ausgeleuchtet. Die Mischung aus Antizionismus und Antisemitismus, die sich innerhalb der radikalen Linken ausbreitete, entstand auch im Zusammenspiel mit verdächtigen proisraelischen Einstellungen im rechten Spektrum. Die Neue Linke kritisierte explizit den offenen Revisionismus, der hinter der neugefundenen westdeutschen Israelbegeisterung stand. Im Juli 1967 schrieb Ulrike Meinhof hellsichtig im von der DDR finanzierten linken Magazin *konkret* über den »Blutrausch«, den der israelische Kriegserfolg in der westdeutschen Presse auslöste: »Blitzkriegtheorien schossen ins Kraut, BILD gewann in Sinai endlich, nach 25 Jahren, doch noch die Schlacht von Stalingrad.« Meinhof erfasste den Grund der Israelliebe im Hause Springer:

»Nicht die Erkenntnis der Menschlichkeit der Juden, sondern die Härte ihrer Kriegsführung, nicht die Anerkennung ihrer Rechte als Mitbürger, sondern die Anwendung von Napalm, nicht die Einsicht in die eigenen Verbrechen, sondern der israelische Blitzkrieg, die Solidarisierung mit der Brutalität, der Vertreibung, der Eroberung führte zu fragwürdiger Versöhnung. Es ist der Geist des ›Wer Jude ist, bestimme ich‹, der sich da mit Israel verbündete.« (Zitiert nach Vowinckel 2004)

Meinhofs Moment der geistigen Klarheit aber währte nur kurz. Was im Nahen Osten geschah, überforderte manche geplagte deutsche Nachkriegsseele. 1972 unterstützte Meinhof, nun Mitglied der RAF, das palästinensische Olympia-Attentat auf die israelische Mannschaft und sparte dabei nicht an Gleichsetzungen zwischen Israel und dem Nationalsozialismus (siehe Herf 2016). Und so fanden im Jahre 1967 in Deutschland die alten politischen Kräfte und Teile der Neuen Linken ihre Nation im Nahen Osten wieder. Die Folgen dessen sind auch heute noch in der deutschen Öffentlichkeit präsent.

Teil III
Normalisierung und Nahostkonflikt

Bis zu diesem Zeitpunkt war die westdeutsche Israelpolitik von einem Rehabilitationsgedanken geprägt. Die Bundesrepublik unterstützte Israel, weil sie der Absolution bedurfte.

Das Ziel eines Rehabilitationsprozesses ist aber immer die Entlassung in die Normalität. Begeht jemand ein Verbrechen und rehabilitiert sich durch Gefängnis, Zahlung oder anderweitige Buße, so darf er erwarten, nach Ableistung der Strafe wieder akzeptierter Teil der Gesellschaft zu werden. So jedenfalls dachte man in Bonn. Nach dem Botschafteraustausch von 1965 hielt die westdeutsche Regierung die Zeit für gekommen, das Verhältnis zu Israel zu »normalisieren«. In der Dienstanweisung für den deutschen Botschafter stand zu lesen:

> »Die Bundesregierung mißt der Aufnahme diplomatischer Beziehungen zu Israel große Bedeutung bei. Der Austausch diplomatischer Vertretungen zwischen beiden Ländern stellt eine wesentliche Voraussetzung für die von uns angestrebte Normalisierung des Verhältnisses der Bundesrepublik Deutschland zum israelischen Staat dar. Wir hoffen, daß dieser Schritt uns gleichzeitig neue Möglichkeiten für die Aussöhnung mit dem jüdischen Volk eröffnet.« (Politisches Archiv des Auswärtigen Amtes [PA AA], B130, Bd. 2635, 8. August 1965)

Mit der Aufnahme diplomatischer Beziehungen wurde »Normalisierung« zu einem Schlüsselbegriff des westdeutschen außenpolitischen Denkens. Dieser Begriff wird im Folgenden zumeist mit Anführungszeichen verwendet, um seinen erinnerungspolitisch fragwürdigen Gehalt zu unterstreichen. Zwei Zwecke lassen sich an ihm ablesen. Erstens wollte Bonn die Unterstützung für Israel reduzieren und sich von den militärischen Geheimbeziehungen lösen, die Adenauer und Strauß eingefädelt hatten. Zweitens verbindet sich die »Normalisierung« des Verhältnisses zu Israel mit dem übergeordneten Ziel, die Vergangenheit insgesamt aus der Gegenwart zu streichen. Wie Bundeskanzler Ludwig Erhard in seiner Regierungserklärung vom 10. November 1965 im Bundestag beinahe triumphierend sagte:

> »Für nahezu die Hälfte aller Menschen in unserem Lande sind die Jahre 1933 bis 1945 geschichtliche Vergangenheit ohne persönliche Erinnerung. Für nahezu die Hälfte aller Völker der Erde liegt die Stunde Null ihrer nationalstaatlichen Geschichte nach dem Jahre 1945. Alle Generationen unseres Volkes tragen zwar an den Folgen einer im deutschen Namen von 1933 bis 1945 geübten Politik. Die Bezugspunkte in der Arbeit des 5. Deutschen Bundestages und der Politik der Bundesregierung dürfen dennoch nicht mehr der Krieg und die Nachkriegszeit sein. Sie liegen nicht hinter uns, sondern vor uns. Die Nachkriegszeit ist zu Ende!«

Rolf Pauls, der erste deutsche Botschafter in Israel, identifizierte sich mit diesem Auftrag. Sein Ziel war es, den Israelis beizubringen, »dass Außenpolitik von ihrem Inhalt und Ziel her den Blick nach vorn zu richten hat und auch in den deutsch-israelischen Beziehungen nicht oder nicht mehr mit dem Reparationsgedanken zu identifizieren ist.« (PA AA, B130, Bd. 2567, 26. Januar 1966)

Israel war, nicht überraschend, wenig begeistert von der Idee, Deutschland aus seiner Verantwortung zu entlassen. Die Aufnahme diplomatischer Beziehungen bedeutete aus israelischer Sicht nicht die »Normalisierung« der Beziehungen. Die diplomatische Anerkennung sollte, im Gegenteil, das besondere Verhältnis zwischen beiden Ländern nochmals unterstreichen. Deutsch-israelische Beziehungen könnten niemals »normal« sein. Was geschehen war, könne zwar nicht »wieder gut« gemacht werden, aber Deutschland habe die Verantwortung, alles in seiner Macht Stehende zu tun, um die Sicherheit Israels zu gewährleisten. Israels Außenminister Abba Eban formulierte die israelische Sicht im amerikanischen Fernsehen so:

> »Die Vergangenheit spricht noch immer mit einer schrecklichen Stimme zu uns. Wir haben den Schrei von einer Million ermordeter Kinder und von sechs Millionen unserer Verwandten,

> die zu Tode gebracht wurden, nicht vergessen. Diese Erinnerung verfolgt uns, und sie wirft einen Schatten. Unserer Ansicht nach erlegt sie Deutschland Verantwortung auf, eine negative Verantwortung, nichts zu tun, was die Sicherheit Israels schwächen würde, und eine positive Verantwortung, einen Beitrag zur Sicherheit und Stabilität Israels zu leisten.« (PA AA, B130, Bd. 2566, 8. März 1965)

Aus heutiger Sicht, da die deutsche Politik nicht müde wird, die Besonderheit der Beziehungen zu Israel zu unterstreichen, mutet es befremdlich an. Aber ab 1965 bis Ende des Kalten Krieges stand die deutsche Israelpolitik unter dem Leitwort der »Normalisierung«.

Das westdeutsche Normalisierungsbestreben hatte nicht nur erinnerungspolitische, sondern auch ökonomische Gründe. Obwohl es zu kurz gegriffen wäre, das deutsche und europäische Interesse an der Nahostregion allein unter dem Wort »Öl« subsumieren zu wollen, lässt sich die europäische Nahostpolitik ohne den Faktor Öl nicht verstehen. Was Willy Brandt über den Frieden sagte, lässt sich auch über die Energieversorgung sagen: Öl ist nicht alles, aber ohne Öl ist alles nichts.

Die europäische Wirtschaft schaltete in der Nachkriegszeit von Kohle auf Öl um. 1955 deckte Kohle noch 75 Prozent des Energiebedarfs in Westeuropa ab, Erdöl hingegen nur 23 Prozent Das Verhältnis sollte sich umdrehen. Anfang der 1970er Jahre war der Kohleanteil an Westeuropas Energieversorgung auf 22 Prozent geschrumpft, der Erdölanteil hingegen auf über 60 Prozent gestiegen (Yergin 1991: 545).

Das Verhältnis zu Israel zu »normalisieren« und der palästinensischen Nationalbewegung wachsendes Verständnis entgegenzubringen – das waren in erster Linie Konzessionen an die erdölexportierenden arabischen Staaten, die nach der Nationalisierung der Ölproduktion in den 1970er Jahren ihre energiepolitische Macht entdeckt hatten und sie im OPEC-Kartell auszuspielen wussten.

Auf der diplomatischen und rhetorischen Ebene waren die deutsch-israelischen Beziehungen zwischen 1965 und den späten 1980er Jahren deswegen oft krisenhaft. Das darf aber nicht darüber hinwegtäuschen, dass unterhalb der öffentlich sichtbaren und hörbaren Beziehungen die Militärbeziehungen zwischen den beiden Ländern weitergingen. Sie stabilisierten und institutionalisierten sich, wurden vielgliedriger, komplexer. Je mehr die deutsche Wirtschaft wuchs, je selbstbewusster sich Deutschland international präsentierte, desto wichtiger wurde es auch für Israel, die Beziehungen nie wirklich zu gefährden. Es galt, was auch schon für die Nachkriegszeit der Fall gewesen ist: das große und reiche Westdeutschland, mit seinem Einfluss in Europa, war für Israel einfach zu wichtig.

Die wohl wichtigste politische Veränderung im deutsch-israelischen Verhältnis in der zweiten Hälfte der 1960er Jahre hat jedoch wenig mit den Entscheidungen zu tun, die in Bonn oder Jerusalem getroffen wurden, sondern in Washington. Wie bereits beschrieben, veränderten die USA ihre Nahostpolitik im Kontext des Krieges von 1967 fundamental: Washington schwang sich zum Sicherheitsgaranten, zum prinzipiellen Unterstützer Israels auf. Und was die USA an Militärhilfe zu geben vermochten, stellte alles, was Bonn bis zu diesem Zeitpunkt liefern konnte, in den Schatten. Deutschland wurde zu Israels »zweitbestem« Freund und blieb dies bis heute.

Weil es in der deutschen Geschichtsschreibung und Öffentlichkeit so wenig diskutiert wird, soll es hier nochmals unterstrichen werden: von der Nachkriegszeit bis zum entscheidenden Nahostkrieg von 1967 war die Bundesrepublik, und nicht die USA, die wichtigste Schutzmacht Israels. Es ist unwahrscheinlich, dass sich Israel ohne westdeutsche Hilfe so rasch in einer feindlichen Umgebung hätte konsolidieren können.

Dass dieser historische Umstand heutiger deutscher Israelpolitik nicht zum Erinnerungsstolz gereicht, hat mit der von Ralph Giordano diagnostizierten »Zweiten Schuld« zu tun, die die Bundesrepublik in der Nachkriegszeit auf sich lud, als sie mit ihren Tätern Frieden schloss und über die Vergangenheit schwieg. Die bleiernen Jahre nach 1945 bieten für eine positive Nationalerzählung zu wenig Material.

Weil die deutsche Israelpolitik nach 1967 an Dramatik und Relevanz verlor, sind die nächsten Kapitel dichter geschrieben. Weniger Detail, mehr große Linien. Doch bevor wir auf das Olympia-Attentat von 1972 oder die Nahostpolitik Willy Brandts zu sprechen kommen, lohnt sich ein genauer Blick auf die Umbruchszeit im deutsch-israelischen Verhältnis hin zur »Normalisierung«, die mit dem Botschafteraustausch von 1965 einsetzte.

8. »Die Normalisierung beginnt jetzt«: Die deutsche Israelpolitik nach 1967

Im Jahr 2015, als sich die Aufnahme diplomatischer Beziehungen zwischen Israel und der Bundesrepublik zum 50. Mal jährte, veranstalteten das Auswärtige Amt und die Bundesregierung das gesamte Jahr über Festakte und Würdigungen, sowohl in Deutschland als auch in Israel. Israel selbst feierte das Jubiläum nicht. Was es an Feierlichkeiten gab, ging auf deutsches Betreiben zurück.

Wer sich historisch und analytisch und nicht nur von einem national nützlichen Standpunkt aus mit der Diplomatiegeschichte dieser beiden Länder befasst, stellt fest, dass der distanzierte, peinlich berührte Blick, den Israel auf den ursprünglichen Botschafteraustausch einnimmt, wesentlich realistischer ist als der deutsche, der die Aufnahme diplomatischer Beziehungen als wichtigen Schritt Richtung »Versöhnung« interpretiert. Dieser Aspekt der deutschen Israelpolitik muss geradezu fehlinterpretiert werden, um ihn in das heutige Moralnarrativ einfügen zu können.

Erstens hätte Westdeutschland schon in den 1950er Jahren diplomatische Beziehungen mit Israel haben können, hätte es nicht auf dem außenpolitischen Primat der Hallstein-Doktrin, sprich, dem Anspruch auf die DDR, bestanden. Zweitens, und noch weit weniger bekannt, war der erste deutsche Botschafter in Israel, Rolf Pauls, eine belastete Figur, die nur mit einem Ziel die Reise nach Israel angetreten hatte: die Vergangenheit ad acta zu legen.

Pauls war im Zweiten Weltkrieg Offizier der Wehrmacht gewesen. Er hatte an der Ostfront einen Arm verloren und sich das Eiserne Kreuz verdient. Sein Stellvertreter in der Tel Aviver Botschaft war Alexander Török. Der gebürtige Ungar hatte ursprünglich bei der ungarischen Botschaft in Berlin gearbeitet, und zwar, als Ungarn von der faschistischen, mit den Nazis alliierten Diktatur von Ferenc Szálasi regiert wurde. Zeit seines Lebens konnte Török den Verdacht nicht ausräumen, ein früher Anhänger der faschistischen ungarischen Pfeilkreuzler-Bewegung gewesen zu sein, der daran mitgewirkt haben soll, seine Universität »judenrein« gemacht zu haben (Conze et al. 2010: 936 f.).

Bei solchen Biografien stellt sich die Frage, warum Bonn gerade diese beiden Männer nach Tel Aviv entsandte. War es Absicht oder politische Taubheit? Es hätte weniger belastete Kandidaten gegeben. In Israel wurde Franz Böhm ins Spiel gebracht. Dort wurde Böhm für seine Rolle in den Verhandlungen über das Luxemburger Abkommen geschätzt. An seiner Aufrichtigkeit gegenüber dem jüdischen Staat bestanden kaum Zweifel.

Für das Auswärtige Amt hingegen galt Rolf Pauls als der bestmögliche Kandidat. Davon zeugen seine weiteren Stationen: nach seinem Posten in Israel wurde er erst nach Washington, dann nach Peking versetzt. Für den »schwierigsten und gefährlichsten Posten der deutschen Diplomatie«, so schrieb *Die Zeit* zum Antritt des Botschafters, war niemand geeigneter als der Wehrmachtsoffizier Pauls (*Die Zeit*, 7. Januar 1966).

In Israel sah die liberale *Ha'aretz* die Dinge etwas anders. Der Journalist Shlomo Ahronson schrieb damals, dass die Ernennung von Männern wie Pauls und Török ein Symptom für eine generelle Malaise des Auswärtigen Amtes sei, wo die Vergangenheit keine Rolle zu spielen schien. Solange jemand kein verurteilter Massenmörder oder SS-Mitglied gewesen war, so Ahronson, galt er für die deutsche Diplomatie als sauber. Dass man sich als Soldat oder als Diplomat in den Dienst antisemitischer, faschistischer Regime gestellt hatte, hinderte einen nicht an einer Nachkriegskarriere, sogar dann nicht, wenn diese nach Israel führte. Ahronson schrieb über die »höfliche Kälte« von Pauls, die das Blut eines jüdischen Journalisten »zum Kochen« bringen konnte (PA AA, B130, Bd. 2556, 19. Januar 1966).

Tatsächlich steckt ein nicht geringes Maß an Brutalität in der westdeutschen Entscheidung, einen Wehrmachtsoffizier als Botschafter nach Israel zu schicken, um die Beziehungen zu »normalisieren«. Aber diese Entscheidung war ein passendes Ende der von Adenauer eingeleiteten Frühphase der deutschen Israelpolitik, die von dem Ziel geprägt war, ein kompromittiertes und moralisch bankrottes Deutschland zurück an den Tisch westlicher Nationen zu bringen. Die Entsendung Pauls' war kein Versehen, sondern Absicht – wie der bereits zitierte Artikel in der *Zeit* erklärte:

> »Nicht nur in Israel waren im vorigen Jahr Zweifel laut geworden, ob Außenminister Schröder recht daran tat, einen ehemaligen Generalstabsmajor und Ritterkreuzträger der großdeutschen Wehrmacht als Botschafter nach Tel Aviv zu schicken. Heute sind diese Zweifel verflogen. In knapp fünf Monaten schon hat sich erwiesen: Wenn irgendeiner, dann war Rolf Pauls der geeignete Mann, um viele Israelis von dem Vorurteil zu befreien, daß nur die Widerstandskämpfer gegen Hitler anständige Deutsche seien.«

Die Biografie des ersten israelischen Botschafters in Deutschland ist der historische Gegenentwurf zu Pauls. Auch hier zeigt der Lebenslauf die politische Absicht an, die hinter der Botschafterwahl stand. Asher Ben-Natan wurde als Arthur Piernikatz in Österreich geboren. Nach dem »Anschluss« von 1938 konnte er nach Palästina fliehen. Er half, verfolgte Jüdinnen und Juden in Europa nach Palästina zu schmuggeln – die britische Kolonialmacht hatte ausgerechnet zur Zeit der Judenverfolgung einen Einwanderungsstopp verhängt. Nach Kriegsende organisierte Ben-Natan die Einwanderung von Shoah-Überlebenden aus den *displaced persons Camps* Europas nach Palästina.

Asher Ben-Natan stieg schnell im militärischen Establishment auf. Vor seiner Entsendung nach Deutschland war er Generaldirektor des Verteidigungsministeriums – auch dies ein Indiz für sein Rollenverständnis als Diplomat in Deutschland. Ben-Natan kannte Deutschland, da er bei der Waffenbeschaffung aus Deutschland mitgeholfen hatte. Er war dabei, als Shimon Peres im Dezember 1957 Franz Josef Strauß in Bayern besuchte. Das Auswärtige Amt sah die Wahl von Ben-Natan kritisch. Man fürchtete die Wut arabischer Staaten, die Deutschland im Verdacht hatten, entgegen öffentlicher Verlautbarungen Israel weiter mit Waffen beliefern zu wollen. Interessanterweise drückten die Bonner Bediensteten auch ihre Sorge darüber aus, dass Ben-Natan während des Zweiten Weltkrieges Beweise über deutsche Kriegsverbrechen gesammelt hatte (PA AA, B130, Bd. 2566, 6. Juli 1965).

Jedoch wusste das Amt auch, dass sich Bonn der Berufung von Asher Ben-Natan schlecht verweigern konnte, da die israelische Geduld mit der Wahl von Rolf Pauls bereits strapaziert war:

> »Trotz dieser Bedenken erscheint es nicht möglich, das Agrémentersuchen der israelischen Regierung abzulehnen. Im Hinblick auf die Schwierigkeiten, denen sich die israelische Regierung bei der Erlangung der Zustimmung des Parlaments für Herrn MDg Dr. Pauls gegenüber gesehen hat, würde eine solche Ablehnung in der israelischen Öffentlichkeit zu erneuten negativen Reaktionen führen und sich als erhebliche Belastung unseres Verhältnisses zu Israel auswirken. Die israelische Regierung würde unter diesen Umständen sicherlich nicht in der Lage sein, ihrerseits das Agrément für Herrn Dr. Pauls zu erteilen.« (PA AA, B130, Bd. 2566, 6. Juli 1965)

Natürlich hatte Ben-Natan als israelischer Botschafter in Bonn in erster Linie israelische Interessen im Blick, was ihn aber nicht davon abhielt, justizielle und andere vergangenheitspolitische Versäumnisse in Deutschland zu kritisieren.

Beispielsweise kritisierte er den Bundestag dafür, die Verjährungsfrist für Mord lange nicht aussetzen zu wollen – was der Verfolgung von Naziverbrechern einen Riegel vorschob. Ben-Natan war ein hilfreicher Dorn im deutschen Auge, auch wenn dies damals in Bonn noch nicht so gesehen wurde.

Doch was bedeutete »Normalisierung« nun genau im Verhältnis zu Israel? Ein Blick auf die Kommunikation zwischen dem Auswärtigen Amt und der deutschen Botschaft in Tel Aviv gibt Auskunft. Die westdeutsche Regierung, die Israel aus vergangenheitspolitischen Gründen nicht mehr helfen wollte, erwartete nun konkrete Gegenleistungen für ihre Unterstützung Israels. Dazu gehörte auch der Anspruch auf die DDR. Im Amt dachte man, dass die israelische Haltung zur deutschen Frage die öffentliche Meinung der westlichen Welt im für Bonn positiven Sinne beeinflussen könnte. Die antizionistische Politik der DDR sollte den westdeutschen Anspruch auf Ostdeutschland unterfüttern. In der Vorbereitungsmappe für Rolf Pauls heißt es:

> »Die Haltung, die Israel in der Deutschlandfrage nach dem Austausch von Botschaftern einnehmen wird, ist für unsere Deutschlandpolitik von wesentlicher Bedeutung. Sollte sich Israel für unsere Deutschlandpolitik einsetzen, wäre hierdurch demons-

triert, daß unsere Politik der Selbstbestimmung auch von einem Staat anerkannt wird, der sich Deutschland gegenüber zunächst größte Zurückhaltung auferlegte. Eine Unterstützung unseres Standpunktes durch Israel … würde darüber hinaus ohne Zweifel die Haltung der Öffentlichkeit besonders in den Vereinigten Staaten, in Westeuropa und in den Commonwealthländern zugunsten unserer Deutschlandpolitik beeinflussen, d.h. in denjenigen Ländern, deren Deutschlandbild durch das deutsch-jüdische Verhältnis wesentlich mitbestimmt wird.« (PA AA, B130, Bd. 2635, 2. August 1965)

Die DDR hatte nach dem Krieg von 1967 ihren proarabischen und antiisraelischen Kurs nochmals verhärtet. Darin folgte die DDR einerseits der politischen Linie aus Moskau, investierte aber beachtliche Eigenenergie in ihre antizionistische Politik. In Westdeutschland wurde dieser Kurs von der radikalen Linken unterstützt. Für die DDR und jene Linke war die Bundesrepublik Teil einer imperialistischen Achse, die von Washington bis Tel Aviv reichte (Herf 2016). Die westdeutsche und die ostdeutsche Israelpolitik verhielten sich zueinander wie die Spiegelbilder im Kalten Krieg, die sie waren. Eine kritische Analyse verdienen beide.

Das Auswärtige Amt wollte nicht nur Israels Unterstützung in der Deutschlandfrage erwirken, auch mit der israelischen Position zu den deutschen Nachkriegsgrenzen war man unzufrieden. Für Israel hörte Deutschland an der von den Alliierten festgelegten deutsch-polnischen Nachkriegsgrenze auf – was im Amt nicht goutiert wurde (PA AA, B130, Bd. 2635, 1. August 1965). Fünf Jahre später, unter Willy Brandt, erkannte Bonn dann die Oder-Neiße-Grenze de facto als final gültige Grenze zwischen Deutschland und Polen an.

Dass es historisch mindestens taub war, gerade von Israel die Unterstützung deutscher Gebietsansprüche im Osten zu erwarten, dafür lässt sich im Auswärtigen Amt kein Bewusstsein feststellen. Deswegen überrascht es auch nicht, dass der Tonfall im Amt antisemitisch geprägt war. Wie zuvor auch Adenauer zeigte sich Botschafter Pauls davon überzeugt, dass jüdischer Einfluss auf das Weltgeschehen dem deutschen Normalisierungsbestreben Grenzen setzte. Pauls:

> »Es bleibt zu beachten, dass Israel und die Juden an den entscheidenden Weltzentren der öffentlichen Meinungsbildung entscheidenden Einfluss ausüben und für unseren good will, besonders auch was die Einstellung der Weltöffentlichkeit zur Deutschlandfrage angeht, in der außenpolitisch schweren Zeit, die vor uns liegt, von großem Gewicht sein werden. Die Einstellung des Weltjudentums zur Deutschlandfrage, die von der Qualität der deutsch-israelischen Beziehungen nicht zu trennen ist, wird nach meiner Überzeugung für die Zukunft dieses unseres wichtigsten politischen Zieles schwerer wiegen, als die noch länger dauernde Zurückhaltung oder später wieder wohlwollendere Einstellung einiger arabischer Staaten.« (PA AA, B130, Bd. 8825, 19. Oktober 1965)

Nicht nur schien Pauls davon überzeugt, dass »Israel und die Juden« einen »entscheidenden Einfluss« auf die westliche Meinung von der Bundesrepublik hätten. Dazu passend verwendete er den alten, von den Nationalsozialisten genutzten antisemitischen Kollektivsingular vom »Weltjudentum« – ein Begriff, hinter dem eine Vorstellung von einer global agierenden, die Geschicke der Welt lenkenden Figur steht.

Nicht selten zeigte Pauls sich aggressiv gegenüber israelischen Gesprächspartnern, die der westdeutschen Israelpolitik seiner Meinung nach zu negativ gegenüberstanden. So beklagte er, »dass die israelische Regierung es an der Anerkennung des guten deutschen Willens und des praktischen Ausdrucks, den er seit Jahren findet und der sich für Israel in seinem Existenzkampf als sehr wesentliche Unterstützung ausgewirkt hat, völlig fehlen lässt.« Auch kritisierte er die seiner Meinung nach zu zahme israelische Haltung gegenüber dem »Regime in Pankow«, dessen »Anti-Israelismus kaum zu übertreffen« sei, sowie die bei »jeder Generalversammlung der UNO und auch sonst vor der breitesten Weltöffentlichkeit wiederholten Anprangerung der nazistischen Teufelei.« (PA AA, B130, Bd. 2632, 19. Oktober 1965)

Pauls, der dekorierte Wehrmachtsoffizier an der Ostfront, zeigte die Wut derer, die vergessen wollten, aber an ihre Untaten erinnert wurden. Israel, weil es Erinnerung einforderte, wurde zur Zielscheibe von Pauls Aggression. Pauls:

»Die deutsch-israelischen Beziehungen stehen nicht im Mittelpunkt des israelischen politischen Interesses. Im Gegenteil hat man bisher versucht, sie auch nach Aufnahme der Beziehungen unter dem beherrschenden Gesichtspunkt des Reparationsgedankens zu halten … Die Inkonsequenz der israelischen Politik gegenüber Deutschland lag und liegt darin, dass man zwar Leistungen will und den Nutzen aus dem anderen zu ziehen wünscht, im übrigen aber seine Existenz möglichst zu übersehen bemüht ist.« (PA AA, B130, Bd. 2567, 26. Januar 1966)

Zur Aggressivität des Vergessen-Wollenden gesellt sich hier passenderweise das klassische antisemitische Vorurteil vom raffgierigen Juden. Alles, was Israel wolle, sei, von Deutschland zu profitieren, ohne aber jemals Dankbarkeit zu zeigen.

Pauls, der Auschwitz nicht in den Mund nimmt, weil er es vergessen möchte, sieht in Israel keinen Staat, der auf eine objektive deutsche Schuld besteht, sondern einen Staat, der aus den vergangenen Verbrechen Profit zu schlagen versucht. An der Figur von Pauls lässt sich einiges über die deutsche Israelpolitik lernen: Indem es Israel früh und umfassend aus Gründen der Rehabilitation unterstützte, gewährte Deutschland Israel die Macht der Absolution – und als Israel die Absolution nicht erteilen wollte, schlug die deutsche Abolutionserwartung um in Wut (siehe auch Rabinbach 1988).

Im eben zitierten Bericht erzählt Pauls von einem Vorfall. Ein israelischer Gesprächspartner habe ihm gesagt, dass Israel ein kleines Land sei, gegenüber Deutschland aber eine Großmacht. Die Antwort von Pauls: »Don't overplay your hand« (PA AA, B130, Bd. 2567, 26. Januar 1966). Dann definiert Pauls, in paternalistischer Manier, seine Sicht auf die deutsch-israelischen Beziehungen, die ihren Reparationscharakter ablegen müssten:

»Die zunächst wesentliche Aufgabe unserer Diplomatie gegenüber Israel erblicke ich darin, den Israelis zum Bewusstsein zu bringen, daß Reparationen und Außenpolitik zwei verschiedene Bereiche sind. Reparationen lenken von ihrer Kausalität her den Blick nach rückwärts. Israel muss einsehen lernen: 1. dass die Reparationen zwischen den beiden Staaten und Regierungen abgeschlossen sind und die individuellen Reparationen nach Maß-

> gabe der deutschen Gesetzgebung zuverlässig erfüllt werden; 2. dass Außenpolitik von ihrem Inhalt und Ziel her den Blick nach vorn zu richten hat und auch in den deutsch-israelischen Beziehungen nicht oder nicht mehr mit dem Reparationsgedanken zu identifizieren ist.« (PA AA, B130, Bd. 2567, 26. Januar 1966)

Während es in der Kommunikation zwischen Pauls und dem Amt in Bonn vor allem um die »Normalisierung« des deutsch-israelischen Verhältnisses ging, wurde Israel auch strategisch und in einem gesamtwestlichen Interesse wahrgenommen. Dabei handelte es sich für die deutschen Diplomaten um einen offensichtlichen Punkt, der der Erläuterung kaum bedurfte. So hieß es in der Vorbereitungsmappe für Pauls:

> »Als Brücke nach Afrika und zum Indischen Ozean, als Verbindungslinie Europas zu den Zentren des ost-asiatischen Spannungsfeldes und als wichtige Erdölquelle ist der Nahe Osten von erheblicher strategischer Bedeutung und die Aufrechterhaltung der Stabilität in diesem Raum ein entscheidendes Anliegen des Westens.« (PA AA, B130, Bd. 2635, 8. August 1965)

Pauls bekräftigte das gesamtwestliche Interesse an einem starken Israel:

> »Unübersehbar ist unser Interesse an einer Konsolidierung des ökonomischen und politischen Zustandes Israels als eines Faktors der freien Welt im Nahen Osten. Entscheidend dafür werden die nächsten 7 bis 10 Jahre sein. Dann wird Israel, wenn es in die Lage versetzt wird, in dem Tempo und mit den Ergebnissen, wie bisher, aufbauen zu können, auf eigenen Beinen zu stehen vermögen.« (PA AA, B130, Bd. 8825, 19. Oktober 1965)

Die Frage der deutschen Unterstützung nach 1965

Zweck und Ausdruck der »Normalisierung« war, die bisherige deutsche Unterstützung für Israel herunterzufahren. Gegen eine allzu »normale« Israelpolitik aber sprach der Einfluss auf die öffentliche Meinungsbildung im Westen, die von Bonner Seite Israel und jüdischen Organisationen in den USA zugesprochen wurde. Diese »Legenden von der Allmacht« (Tempel 1995) sind ein schwer messbarer, aber nicht zu unterschätzender Faktor gerade in der frühen deutschen Israelpolitik. Auch das strategische Interesse an Israel als einem prowestlichen Staat im Nahen Osten sprach dafür, das Land weiter zu unterstützen. Diese Gemengelage an westdeutschen Interessen und Wahrnehmungen bestimmte, welchen Grad der Unterstützung die Bundesrepublik Israel in Zukunft zukommen lassen wollte. Nach dem Botschafteraustausch verhandelten Westdeutschland und Israel über die Frage der zukünftigen deutschen Unterstützung Israels. Das Ergebnis dieser Verhandlungen stellte die Weichen für die deutsche Israelpolitik für den Rest des Kalten Krieges.

Die Frage nach der militärischen Unterstützung hatte sich dank amerikanischer Intervention schon größtenteils geklärt. Die USA hatten, wie bereits erwähnt, im Frühjahr 1965 von Deutschland die Panzerlieferungen übernommen. Außerdem sollten sich die USA nach 1967 zu Israels Garanten aufschwingen. Hier war Deutschland aus der Hauptverantwortung entlassen.

Die nächste Frage betraf die deutsche Finanzhilfe, also die »Operation Geschäftsfreund«. Israel pochte nach dem Botschafteraustausch zunächst darauf, dass Deutschland den Geheimkredit weiterlaufen lassen sollte. Dazu sollte die Bundesrepublik noch offizielle Entwicklungshilfe zahlen, um Israel für den plötzlichen Ausfall der Militärhilfe zu entschädigen. Ursprünglich vorgesehen war, wie erwähnt, die Zahlung von zwei Milliarden DM über einen Zeitraum von zehn Jahren. Mit Aufnahme der diplomatischen Beziehungen aber wurde die »Operation Geschäftsfreund« beendet und in offizielle Entwicklungshilfe überführt. Bis 1965 waren 644,8 Millionen DM ausgezahlt. Nach 1965 erhielt Israel Entwicklungshilfe, und zwar 2,306 Milliarden DM bis 1997 (Antwort auf Kleine Anfrage der Linksfraktion, 14.8.2012, Drucksache 17/10482). Aufgrund niedriger Zinssätze und langer Rückzahlungsdauer hatten die Kredite, inflationsbedingt, eher den Charakter von direkter Finanzhilfe als von Entwicklungskrediten.

Fest steht: mit dem Botschafteraustausch hörte Westdeutschland auf, Israel in dem Umfang zu unterstützen, wie es unter Adenauer und Strauß der Fall war. Die geheime Finanzhilfe hörte auf, ebenso wie militärische Großlieferungen. Weil bis 1965 auch die Lieferungen aus dem Entschädigungsabkommen ausgelaufen waren, ist dies das Jahr, in dem die dramatische und für Israel so existentielle Frühphase der deutschen Israelpolitik ihr Ende nahm.

Das Klein-Klein der Verhandlungen über die Neujustierung der deutschen Israelhilfe nachzuzeichnen ist nicht notwendig (siehe dazu Hansen 2002). Zu erwähnen aber ist der kühle, überlegene, bisweilen arrogante Ton der deutschen Verhandlungsseite. Deutschland verhandelte aus einer Position der Stärke, und nicht aus einem Reparationsgedanken heraus (AAPD 1965/173; siehe auch Hestermann 2016). All das widerspricht der sicher noch weit verbreiteten Annahme, nach der Deutschland gegenüber Israel stets die Position eines reuigen Sünders annahm. Das war nie der Fall. Vielmehr handelte Deutschland gegenüber Israel wie der interessenbewusste Staat, der es nach 1945 relativ schnell wieder werden durfte. Die deutsche Israelpolitik war im Grunde genommen nie proisraelisch (oder propalästinensisch) gewesen. Sie war und sie ist prodeutsch.

Gerade im Auswärtigen Amt betrachtete man das israelische Beharren auf Deutschlands moralischer Verpflichtung nicht als historisch legitim, sondern als Druckmittel und Verhandlungsinstrument. Kurt Birrenbach, der deutsche Sonderbeauftragte, der in Israel die Verhandlungen leitete, schrieb an Bundeskanzler Erhard:

> »Da die massive Forderung der Injizierung von Moral in die Finanzhilfe heute nicht wiederholt wurde, scheint es uns, als hätte auch in dieser Frage die Gegenseite nachgegeben. Auch hier möchten wir uns nur des Wortes ›scheint‹ bedienen, da diese Generalklausel sicherlich immer ein Instrument der Diplomatie dieses Landes gegenüber der Bundesrepublik sein wird.« (AAPD 1965/172)

Auch Karl Carstens, der einflussreiche Staatssekretär im Auswärtigen Amt und spätere Bundespräsident, störte sich an dem israelischen Pochen auf Deutschlands moralische Verpflichtung. »Mich stört jedoch die wiederholte Verwendung des Begriffs der ›moralischen Verantwortung‹. Wofür sollen wir moralisch verantwortlich sein? Doch gewiß nicht für die Schwierigkeiten, die Israel mit seinen arabischen Nachbarn hat.« (AAPD 1965/173) Für Carstens hatte Deutschland seine Verpflichtungen gegenüber Israel mit dem Luxemburger Abkommen und den individuellen Reparationszahlungen abgegolten. Es hatte bereits getan, was getan werden musste, und trug für Israels Sicherheitsempfinden keine weitere Verantwortung (AAPD 1965/173).

Botschafter Pauls meinte dazu in aggressivem und antisemitischem Tonfall:

> »Wir sollten den Israelis verdeutlichen, dass wir ihren ständigen Appell an unsere moralische Verpflichtung durchschauen: dass sie Moral sagen, aber Kasse meinen, nicht bereit, uns für die Leistung auch nur teilweise Entlastung zu erteilen.« (PA AA, B130, Bd. 2567, 26. Januar 1966)

Golda Meir, damalige Außenministerin und spätere Premierministerin Israels, hatte Ben-Gurions prodeutscher Politik immer kritisch gegenübergestanden. Sie war bereit, die Verhandlungen mit Deutschland notfalls abzubrechen:

> »Man könne zusammenarbeiten, ohne die Vergangenheit zu verschleiern. Niemals aber könne es zu einer ausgeglichenen Bilanz kommen ... Wenn aber die Deutschen nicht sähen, was sie Israel für die Sicherung seiner bloßen Existenz an Wirtschaftshilfe schuldig seien, dann sei sie geneigt, Ben Natan anzuweisen, überhaupt mit seinen Gesprächen aufzuhören und auf alles zu verzichten.« (AAPD 1965/420)

Es war Deutschland, das bei diesen Verhandlungen etwas zu geben hatte, nicht Israel (AAPD 1965/172). Ganz riskieren wollte man die Beziehungen zu Israel aber nicht. Ex-Wehrmachtsoffizier Rolf Pauls fürchtete, dass im Falle eines Scheiterns der Verhandlungen, »[d]ie Juden die Hunde von Jerusalem über London bis New York loslassen« werden (AAPD 1965/439). Eine solch aggressiv-antisemitische

Sprache dürfte im Auswärtigen Amt heutzutage kaum denkbar sein. 20 Jahre nach der deutschen Kapitulation aber war sie noch lebendig, waren es doch, wie im Falle Pauls, ehemalige Offiziere, Diplomaten und andere willige Bedienstete des Naziregimes, die für die deutsche Israelpolitik verantwortlich zeichneten.

Im Jahre 1966 besuchte Konrad Adenauer Israel. Obwohl er nicht mehr Bundeskanzler war, trug die Visite alle Würden eines Staatsbesuchs (Schwarz 1997: 787). Mit Recht: es gab wohl keinen anderen westlichen Politiker, der seit der israelischen Staatsgründung 1948 mehr für das Land getan hatte. Adenauer war gekommen, um ein Aufbauwerk zu betrachten, dass auch seines war – und er erwartete Dankbarkeit. Es kam jedoch zum Eklat.

Während eines Dinners zu Adenauers Ehren hielt der israelische Premierminister Levi Eshkol, Ben-Gurions Nachfolger, eine Rede, in der er Deutschland zu weiterer Vergangenheitsaufarbeitung mahnte und weitere Hilfe für Israel forderte. Eshkol sagte auch, dass das Reparationsabkommen nur eine symbolische Rückerstattung darstelle, echte Sühne könne es nicht geben. Daraufhin drohte Adenauer mit Ausreise. »Wenn guter Wille nicht anerkannt wird, dann kann daraus nichts Gutes werden«, sagte der Altkanzler und wiederholte in Gegenwart seiner israelischen Gastgeber seine bereits 1960 gegenüber Ben-Gurion geäußerte Gleichstellung von Deutschen und Juden: »Die Nazi-Zeit hat ebenso viele Deutsche wie Juden getötet ... Wir sollten diese Zeit nun in Vergessenheit geraten lassen.« (Zitiert in Jelinek und Blasius 1997: 321.) Levi Eshkol entschuldigte sich. Adenauer blieb.

Rolf Pauls war zufrieden: »Die Koinzidenz des Adenauer-Besuchs und des Abschlusses der Wirtschaftshilfe-Verhandlungen markiert einen Abschnitt in den Beziehungen ... die eigentliche Normalisierung beginnt jetzt.« (PA AA, B130, Bd. 2567, 12. Mai 1966)

9. »Politik der Ausgewogenheit«: Die Bundesrepublik und die PLO

In Bonn kam 1969 die sozialliberale Koalition von SPD und FDP an die Macht. Willy Brandt, der vor den Nazis geflohen war, übernahm das Amt von Kurt Georg Kiesinger, der unter den Nazis politische Karriere gemacht hatte, dabei unter anderem ein Mitarbeiter des Außenministers Joachim von Ribbentrop gewesen war. Die Abwahl der CDU wurde inner- und außerhalb Deutschlands als ein Abschluss der Ära Adenauer gesehen – und damit, nach erfolgter Westbindung, auch als ein weiterer Schritt in Richtung Liberalisierung, Demokratisierung und Öffnung des Landes.

Nicht nur blickte die SPD auf eine antifaschistische Vergangenheit zurück, sie war auch die einzige Partei gewesen, die sich in der Nachkriegszeit stets geschlossen für Israel ausgesprochen hatte. Das Entschädigungsabkommen wurde ratifiziert, weil die SPD als einzige Partei ohne Ausnahme dafür gestimmt hatte. Auch was die Frage der diplomatischen Beziehungen anbelangte, war die SPD auf Seiten Israels gewesen. Seit Mitte der 1950er Jahre hatte sich die SPD für diplomatische Beziehungen ausgesprochen und kritisiert, dass die CDU stattdessen an der Hallstein-Doktrin und dem Alleinvertretungsanspruch festgehalten hatte. Innerhalb der Sozialistischen Internationalen war die SPD mit der israelischen Arbeiterpartei verbunden, die bis 1977 die Geschicke Israels bestimmte. Brandts Kniefall in Warschau zeigte, dass in Bonn ein anderer Geist wehte als jener, der von Figuren wie Botschafter Pauls vertreten wurde. Kurzum: man hätte annehmen dürfen, dass sich unter der SPD die Beziehungen zu Israel noch weiter vertiefen sollten. Das war aber nicht der Fall. Warum?

Wie bereits erwähnt sollte Brandt die Politik der »Normalisierung« gegenüber Israel fortsetzen. Das äußerte sich vor allem in der deutschen Politik gegenüber den palästinensischen Flüchtlingen, die in der 1964 gegründeten PLO, der palästinensischen Befreiungsorganisation, ihre Vertretung gefunden hatten. Diese »Normalisierung« geschah weniger aus einem Wunsch heraus, die Vergangenheit zu vergessen, als aus handfesten politökonomischen Gründen, denen sich die SPD als Regierungspartei schlecht verschließen konnte (Büttner und Scheffler 1982: 145). Öl war der Treibstoff, der nicht nur die deutsche Industrie mit Energie versorgte, sondern für mehr Geschmeidigkeit auch in den deutsch-arabischen Beziehungen sorgte.

Wo die Notwendigkeit zur Rehabilitation die Israelpolitik der Adenauer-Regierung bestimmte, bestimmten energiepolitische Zwänge die Israelpolitik Brandts. Beide Regierungen, die von

Adenauer und von Brandt, verfolgten dabei deutsches außenpolitisches Interesse. Aber auch in einem tieferen Sinne lässt sich eine Kontinuität von Adenauer zu Brandt feststellen: die »Normalisierung« unter Brandt kann man verstehen als den Versuch, die Früchte von Adenauers Rehabilitationspolitik zu ernten. Keine dieser beiden überragenden deutschen Nachkriegsfiguren, weder Adenauer noch Brandt, kleideten sich gegenüber Israel im Bußhemd. Ironischerweise ließe sich noch hinzufügen, dass, weil die Regierung Brandt mit weniger Altnazis bestückt war als die ihrer Vorgänger, sie auch weniger Rehabilitationsbedarf hatte – weswegen man Israel gegenüber »normaler« auftreten konnte. Egon Bahr, Brandts außenpolitischer Berater und Co-Architekt der Ostpolitik, machte das dem israelischen Botschafter Asher Ben-Natan auf schroffste Weise klar. Weil die deutsche Regierung keine persönlichen Verbindungen mehr in die Nazizeit hatte, so Bahr, gebe es auch kein Gefühl der »Kollektivschuld« gegenüber Israel. Von daher werde die Bundesrepublik ihre »übertriebene« Unterstützung einstellen (zitiert nach Fink 2019: 121f.).

Die grundlegenden Interessen Europas gegenüber dem Nahen Osten nach vollständiger Dekolonisierung der Region sind heute in etwa dieselben wie zur Zeit Willy Brandts, weswegen es sich lohnt, sie hier kurz zu skizzieren. Zuerst ist da der bereits erwähnte und wohl wichtigste energiepolitische Faktor: Öl. Ein weiterer Faktor war der deutsche Handel mit den Staaten im Nahen Osten, deren Märkte für die deutsche Industrie immer interessanter wurden. Drittens hat Europa ein Interesse an Stabilität im Nahen Osten, weil Krieg und Konflikt in der Region Fluchtbewegungen und Terrorismusgefahr für Europa bedeuten. Aufgrund ihrer geographischen Distanz zur Nahostregion muss sich die amerikanische Nahostpolitik weniger um die Risiken und Kollateralschäden ihrer Politik sorgen als die europäische. Anders als Europa sind die USA von Konflikten in der Region selten direkt betroffen. Außerdem waren die USA – heute der weltweit größte Energieproduzent – selbst von arabischem Öl nie direkt abhängig. Europa hingegen ist damals wie heute energiepolitisch erpressbar gewesen.

Zu diesen handfesten Interessen an der Region kommt hinzu eine weniger greifbare Wahrnehmungsveränderung in Europa gegenüber dem arabisch-israelischen Konflikt. Während des Krieges von 1948 hatte man Israel noch als tapferen David gegen den arabischen Goliath wahrgenommen. Den Krieg von 1948 hatten die arabischen Nachbarstaaten angefangen, die Israel durch schiere Übermacht erdrücken wollten. 1967 schien die Sache anders gelagert. Israel hatten diesen Krieg durch einen Präventivschlag begonnen, der Krieg hatte eine weitere palästinensische Flüchtlingswelle zur Folge und Israel schien nicht gewillt, die eroberten arabischen Gebiete zurückzugeben. Dabei, so der europäische und in Einklang mit UN-Resolutionen stehende Gedanke, waren die eroberten Gebiete doch ein geeignetes Faustpfand, um Land gegen Frieden zu tauschen. In der palästinensischen Wahrnehmung sind 1948 und 1967 zwei Daten in einem historischen Kontinuum der Entrechtung. In europäischer Wahrnehmung sind diese Daten voneinander getrennt. Der israelische Gründungskrieg gegen arabische Aggression schuf den Staat und bot Obdach für Überlebende des Holocaust. Der Krieg von 1967 hingegen bot zumindest aus europäischer Sicht die Möglichkeit, den israelisch-arabisch-palästinensischen Konflikt im Rahmen eines territorialen Kompromisses zu lösen.

Heutzutage wird Brandt in Deutschland parteiübergreifend geschätzt. Die Gründe für seine heutige Wertschätzung sind dieselben, für die er seinerzeit angefeindet wurde. Während der Bundestagswahlen von 1961 und 1965, die Brandt jeweils gegen Adenauer und gegen Erhard verlor, verleumdete die politische Rechte Brandt für seine Jahre im Exil während der Nazizeit. Seinen politischen Gegnern, unter ihnen Franz Josef Strauß und Konrad Adenauer, galt er als Vaterlandsverräter.

Der Druck auf Brandt kam nicht nur von rechts, sondern auch von der außerparlamentarischen radikalen Linken, die begonnen hatte, ihre revolutionären Sehnsüchte auf die nationalen Befreiungsbewegungen der »Dritten Welt« zu projizieren. Für nicht wenige deutsche Linke boten die Palästinenser dazu einen besonderen Bonus: Feindschaft gegen Israel ohne den Preis eines schlechten Gewissens. Tatsächlich hatten selbst die Jusos, die Parteijugend der SPD, nach 1967 den palästinensischen Kampf gegen Israel für sich entdeckt.

Über die deutsche Linke und ihre oft narzisstische Auseinandersetzung mit dem jüdischen Staat wurde schon viel geschrieben. Da es in diesem Buch um deutsche Regierungspolitik geht, soll die deutsche

Linke nur deswegen erwähnt werden, weil sie sich traut, diejenigen Themen und Einstellungen offen zu artikulieren, die in der Mitte der Gesellschaft tabuisiert und unterdrückt werden. Michel Foucault untersuchte geschlossene Anstalten nicht um herauszufinden, was eine Gesellschaft unter Wahnsinn versteht, sondern wie sie Normalität konstruiert. Ähnlich verhält es sich mit der deutschen Linken: wer sich die innerlinken Israeldebatten anschaut, kann viel über deutsche Normalität lernen. Der sich im Extremfall zu erstaunlicher Gewalt steigernde »Antizionismus« mancher deutscher Linker – ob Bomben in einem jüdischen Altersheim oder die Flugzeugentführung von Entebbe, bei der jüdische von nichtjüdischen Passgieren »separiert« wurden – verweist auf ein viel breiteres und tieferes Problem, das zum Gegenstand einer produktiven Forschungsdebatte und Selbstbefragung geworden ist (Holz und Haury 2021).

Das Wesentliche hatte schon früher der marxistische Theoretiker Moishe Postone dazu gesagt. Die deutsche Nachkriegslinke, so Postone, hat den Nationalsozialismus lediglich als Faschismus und den Faschismus lediglich als Extremfall bürgerlich-kapitalistischer Herrschaft verstanden. Nach dieser Sichtweise – identisch mit derjenigen der DDR – war der Antisemitismus nicht etwa ideologischer Kernbestandteil, sondern nur eine Begleiterscheinung nationalsozialistischer Herrschaft. Weil der Nationalsozialismus mit dem Kapitalismus identifizierbar war, konnte man ihn nun überall entdecken und bekämpfen: in der Bundesrepublik, in den USA oder eben in Israel. Und da der Antisemitismus in dieser Lesart für die Nazis keine besondere Rolle gespielt hatte, musste man sich selbst auch nicht weiter mit dem eigenen Antisemitismus befassen.

Keine andere westliche Linke, so Postone, war vor 1967 so philosemitisch und so prozionistisch gewesen wie die westdeutsche. Und in keinem anderen Land vollzog sich der Wandel zum Antizionismus so extrem (nach dem Kalten Krieg sollte das Pendel für manche der studentischen Linken wieder in die entgegengesetzte Richtung ausschlagen). Zugespitzt lässt es sich so ausdrücken: während die bürgerliche Presse Israel 1967 Komplimente machte, indem sie die israelische Armee mit der Wehrmacht verglich, fanden auch die Linken, dass die Israelis eigentlich Nazis waren, meinten es aber als Kritik. Beides ist eine deutsche Entlastungsstrategie (Postone 1980, Claussen 1986).

Was also war die Haltung des links der Mitte stehenden Realpolitikers Willy Brandt zum Israel-Palästinakonflikt? In einer Rede anlässlich der christlich-jüdischen »Woche der Brüderlichkeit« in Köln im März 1971 formulierte Brandt seine Position so:

> »Israel ist – daran ändern auch die Schlagworte radikaler Gruppen nichts – der grandiose Versuch, einem Volk von weithin Heimatlosen eine gesicherte Heimat zu schaffen. Es ist bitter, daß die Geburt dieses Staates den Preis neuer Opfer und neuer Leiden verlangte. Wer wollte das verschweigen? Wer wollte das Elend der palästinensischen Araber verschweigen? Aber die Rolle des arroganten Weltmoralisten steht uns auch hier nicht zu. Wir haben vielmehr die Kette der Kausalität von Leid und Unrecht an ihrem Ursprung zu erkennen: hier im Herzen Europas. Die Bundesrepublik, der glücklichere der beiden deutschen Staaten, die aus den Trümmern des Jahres 1945 hervorwuchsen, nahm sich in die Pflicht für die Überlebenden. Das seinerzeitige Wiedergutmachungs-Abkommen mit Israel ist eine der Leistungen Konrad Adenauers und der damaligen sozialdemokratischen Opposition, die wir als Grundsteine unseres staatlichen Selbstverständnisses betrachten.« (Schmidt 2018: 83)

In dieser Rede erkennt Brandt den diskursiven Einfluss der Neuen Linken an, weil er es für nötig befindet, Israel gegen die »Parolen radikaler Gruppen« zu verteidigen. Das »Elend der palästinensischen Araber« leugnet Brandt dabei jedoch nicht. Weil die Kausalkette des Leids aber in Europa ihren Ursprung nahm, dürfe man sich nicht zum »Weltmoralisten« aufspielen. Die deutsche Verantwortung gelte zuerst Israel, und Brandt bekennt sich zur Entschädigungspolitik Adenauers.

Israel keine moralischen Belehrungen darüber zu machen, wie es sich gegenüber den arabischen Staaten oder den Palästinensern zu verhalten hatte, war bis zu diesem Zeitpunkt ohnehin deutsche Politik gewesen. Die Palästinenserinnen und Palästinenser, die 1948 in die umliegenden Länder geflohen waren, waren bis zur Gründung der PLO im Jahr 1964 kaum politisch organisiert. Ihre Sache wurde von den arabischen Staaten vertreten. Mehr schlecht als recht, wie die Schmach von 1967 zeigte. Erst nach 1967 begannen die Palästinenser, ihren Kampf gegen Israel in die eigenen Hände zu nehmen. Über die Ausübung von Gewalt machten sie sich zu politischen Subjekten. Mit Ausnahme von Jordanien, das palästinensischen Flüchtlingen die Staatsbürgerschaft gewährte, lebten palästinensische Flüchtlinge staatenlos und verstreut in Israels Nachbarländern, oft abhängig von humanitären Zuwendungen des für sie zuständigen Hilfswerks der Vereinten Nationen.

Jene Hilfe war für das Auswärtige Amt ein Instrument gewesen, um guten Eindruck bei den arabischen Staaten zu schinden. Nach der Aufnahme der diplomatischen Beziehungen mit Israel ging es für die Bundesrepublik zunächst darum, die Beziehungen zu denjenigen arabischen Staaten wiederaufzunehmen, die in der Folge die Beziehungen zu Deutschland abgebrochen hatten. Im Auswärtigen Amt wurde deswegen vorgeschlagen, den nach 1967 geflüchteten Palästinensern humanitäre Hilfe zuzusagen, um die Wiederannäherung an die arabischen Staaten zu erleichtern (siehe Akten im PA AA, B130, Bd. 2563).

Am 20. September 1967 beschloss das Bundeskabinett eine »besondere deutsche Hilfe« für die »Palästina-Flüchtlinge« in Höhe von 50 Millionen DM. Diese »Hilfe soll unsere Anteilnahme an dem Schicksal der arabischen Flüchtlinge ausdrücken und zugleich eine Geste gegenüber der gesamten arabischen Welt sein, die uns die Wiederaufnahme der diplomatischen Beziehungen mit der Mehrzahl der arabischen Länder erleichtern soll. Zu diesem Zweck müssen die zu errichtenden Vorhaben klar als deutsche Projekte erkennbar sein.« Dabei sei es allerdings wichtig, alles zu »vermeiden, was von den Arabern als eine Anerkennung einer besonderen deutschen Verantwortung gegenüber den Palästina-Flüchtlingen gewertet werden könnte.« Die arabischen Staaten bestanden nämlich auf einer solchen Verantwortung Deutschlands, und zwar aufgrund »der unter Hitler betriebenen antijüdischen Politik und der dadurch ausgelösten massiven jüdischen Einwanderung nach Palästina sowie später aufgrund seiner massiven Unterstützung Israels« (PA AA, B130, Bd. 2797, 7. März 1968).

Humanitäre Hilfe ja, politische Einmischung nein. Die Bundesrepublik unterstützte Israel, wie es ihr aus vergangenheitspolitischen Gründen dienlich und richtig erschien. Was sie vermeiden wollte, war, in den israelisch-palästinensischen Konflikt hineingezogen zu werden. Die Verantwortung für Israel sollte eine Verantwortung für diejenigen, die für den israelischen Staat weichen mussten, nicht einschließen. Diese Vermeidungsstrategie aber erwies sich als unhaltbar. Der Konflikt kam nach Deutschland.

Die Palästinafrage in Deutschland: Die Olympischen Spiele 1972 in München

In der Nacht zum 5. September 1972 drangen acht Mitglieder des palästinensischen Terrorkommandos »Schwarzer September« ins Olympische Dorf in München ein. Sie töteten zwei israelische Athleten und nahmen neun weitere als Geiseln. Am nächsten Morgen, nach einer gescheiterten deutschen Rettungsaktion, die diesen Namen nicht verdiente, waren alle Geiseln tot. Ein deutscher Polizist und fünf der acht Palästinenser starben ebenfalls bei der Schießerei auf dem Flugplatz Fürstenfeldbruck bei München. Der israelisch-palästinensische Konflikt fand nun auf deutschem Boden statt. Das Geiseldrama rückte die Palästinafrage in den Mittelpunkt der deutsch-israelischen Beziehungen.

Es waren die ersten Olympischen Spiele in Deutschland seit den Nazi-Spielen von 1936.

Damals wollte Deutschland der Welt die ganze Macht des nationalsozialistischen Staates präsentieren. Die Spiele in München von 1972 sollten den Kontrapunkt zu 1936 liefern und der Welt zeigen, wie friedfertig, demokratisch und weltoffen Deutschland geworden war. München war die Geburtsstadt des Nationalsozialismus gewesen. Das Konzentrationslager Dachau lag vor den Toren der Stadt.

Die Einladung an Deutschland, die Spiele auszurichten, war ein symbolischer Akt: die Wiederaufnahme in den Kreis friedliebender Nationen. Die Bundesrepublik tat alles, um dieser Einladung gerecht zu werden – außer, sich um die Sicherheit der israelischen Athleten zu sorgen, die unter dem Davidstern an der Eröffnungsfeier teilgenommen hatten (Large 2012, auch Schiller/Young 2010). »Die heiteren Spiele«, lautete das Motto von München. Um maximale historische Distanz zu den schwarzgekleideten SS-Männern herzustellen, die 1936 die Spiele patrouilliert hatten, waren die Sicherheitsbeamten in München unbewaffnet und in hellem Blau gekleidet. Warnungen auch von ausländischen Geheimdiensten, die Sicherheitsmaßnahmen zu erhöhen, wurden ignoriert. Nichts sollte die deutsche Feier stören.

Das palästinensische Attentat lässt sich somit auch als ein Anschlag auf die politische Intention hinter den Spielen lesen. Der »Schwarze September«, eine mit der al-Fatah-Partei von Yassir Arafat verbundene Terrororganisation, benannte die Operation nach zwei palästinensischen Dörfern, Ikrit und Biram, deren Bewohner 1948 gewaltsam vertrieben worden waren. München und Dachau, Ikrit und Biram wurden so gewaltsam in Beziehung, in eine historische Gleichung gesetzt. Ein Terrorattentat, das seinen Ursprung im Nahen Osten hatte, bekam in München eine andere Bedeutung: auch im »neuen Deutschland« konnten sich Juden ihres Lebens nicht sicher sein. Nicht unerwähnt bleiben sollte der Fakt, dass sich der Schwarze September in den Vorbereitungen auf das Attentat auch von einem deutschen Neonazi helfen ließ, wenngleich die weitaus größere und prominentere Solidarität mit der palästinensischen Sache aus dem linksradikalen und studentischen Lager kam.

Terrorismus ist Gewalt gegen Zivilisten, um politische Ziele zu erreichen. Es geht um maximale Wirkung bei minimalem Mitteleinsatz. Im Oscar-prämierten Dokumentarfilm *One Day in September* von 1999 gab der letzte damals noch lebende Terrorist ein Interview, in dem er sagte, dass nach dem Attentat die ganze Welt von der palästinensischen Sache gewusst habe. Der Schwarze September schoss Palästina auf die Tagesordnung.

Israel war über das amateurhafte Verhalten der deutschen Sicherheitsbehörden schockiert. Nicht nur, dass es kaum Schutzvorkehrungen gegeben hatte. Auch die Handhabung der Geiselnahme hätte katastrophaler nicht sein können. »Die deutsche Polizei«, so Zvi Shamir, der damalige Chef des israelischen Auslandsgeheimdienstes Mossad, »unternahm nicht die geringsten Bemühungen, Leben zu retten.« (Israel State Archives 2012) Bizarr: die Spiele liefen fast während der gesamten Geiselnahme weiter.

Während die Stimmung in der israelischen Öffentlichkeit gegenüber Deutschland kippte, hielt sich die Regierung noch zurück, da sie einen diplomatischen Konflikt mit dem wichtigen Partner zu diesem Zeitpunkt noch vermeiden wollte. Das sollte sich aber im Nachgang zum Geiseldrama ändern.

Die drei überlebenden palästinensischen Terroristen, nun in deutscher Haft, waren für Bonn eine politische Belastung. Freilassen konnte man sie nicht. Ein Prozess und eine Verurteilung aber hätten die Beziehungen zur arabischen Welt belastet. Die Bundesrepublik wollte keine Schiedsrichterrolle im israelisch-palästinensischen Konflikt einnehmen. Eine Lösung bot sich am 29. Oktober an, als Mitglieder des Schwarzen September einen Lufthansa-Flug von Damaskus nach Frankfurt kaperten, um die drei inhaftierten Attentäter frei zu pressen. Die israelische Regierung bat Deutschland, nicht mit den Terroristen zu verhandeln. Bonn widersetzte sich israelischer Antiterrorpolitik und ließ die Attentäter frei, denen in Libyen ein Heldenempfang bereitet wurde.

Nun brach sich auch innerhalb der israelischen Regierung die Wut Bahn. Brandt, persönlich beleidigt, schrieb einen Brief an seine Genossin Golda Meir, in dem er sich verbat, dass zwischen seinem Deutschland und Nazideutschland Parallelen gezogen würden. Auf israelischen Kabinettssitzungen ging es hoch her. Ein Minister fragte, ob deutsche Geheimdienste und der Schwarze September die Entführung der Lufthansa-Maschine nicht inszeniert hätten, um die »Mörder loszuwerden, die nicht auf dem deutschen Gewissen, sondern auf den deutschen Geschäftsinteressen in der arabischen Welt lasteten« (Israel State Archives 2012).

Was wie eine Verschwörungstheorie klingt, wurde auf deutscher Seite tatsächlich bestätigt. Ulrich Wegener, zur Zeit des Geiseldramas beim Bundesgrenzschutz, war in die Geschehnisse involviert und baute im Anschluss die Spezialeinheit GSG9 auf, um terroristischen Herausforderungen künftig besser begegnen zu können. Im bereits zitierten Dokumentarfilm sagte Wegener, dass es zwischen Deutschland und der PLO einen Deal gegeben habe: Bonn würde der PLO erlauben, die drei Attentäter freizupressen. Im Gegenzug würde die PLO der Bundesrepublik zusichern, künftig auf Anschläge auf deutschem Territorium zu verzichten.

Wer sich hier auf Spurensuche begibt, verliert sich auch 50 Jahre nach dem Attentat im Dickicht des deutschen Staatsapparats. Die bis dato ertragreichste Recherche wurde 2012, zum 40. Jahrestag des Anschlags, von einem Investigativ- und Historikerteam des *Spiegel* vorgelegt (Bohr et al. 2012). Laut dem *Spiegel* gab es in der Tat Kontakte zwischen der deutschen Regierung und der PLO. Für die

PLO kam jeder Kontakt zur Bundesregierung einer diplomatischen Aufwertung gleich. Deutsche Beamte redeten jetzt mit, nicht über Palästinenser. Im Auswärtigen Amt und im Innenministerium wurden palästinensische bewaffnete Gruppierungen übrigens als »Widerstandsgruppen« geführt – ein bemerkenswert wohlwollender Begriff (Slobodian 2013: 207).

Dennoch sollte man das deutsche Wohlwollen für die palästinensische Seite nicht überschätzen. Wie der Historiker Joseph Ben-Prestel jüngst zeigte, offenbarten der deutsche Rechtsstaat und deutsche Leitmedien das demokratisch gerade noch mögliche Ausmaß an Härte und dabei auch nicht wenig Xenophobie: die palästinensischen Studenten- und Arbeitervertretungen GUPS und GUPA wurden verboten. Etwa 200 in Deutschland lebende palästinensische Migranten wurden ausgewiesen. Die deutsche radikale Linke solidarisierte sich mit der bedrängten palästinensischen Bevölkerung, über München hingegen schwieg sie lieber – nur die RAF bejahte das Attentat deutlich (Slobodian 2013: 209). Aus den arabischen Hauptstädten gab es Proteste, vor deutschen Botschaften versammelten sich Demonstranten. Das von Hans-Dietrich Genscher geleitete deutsche Innenministerium verfuhr hart, aber nicht ohne Grundlage: GUPS und GUPA hatten terroristische Gewalt öffentlich unterstützt. Medial flankiert wurde der innenpolitische Durchgriff unter anderem vom *Spiegel*, der am 17. September 1972 titelte: »Der Araber – dem ist nicht zu trauen« (Prestel 2022).

Brandt in Jerusalem und der arabisch-israelische Krieg von 1973

Die Wogen von München waren noch kaum geglättet, als das nächste Großereignis deutscher Israelpolitik anstand: Im Juni 1973 besuchte Willy Brandt als erster amtierender deutscher Kanzler Israel. Für die Bundesrepublik kein opportuner Zeitpunkt, war man doch gerade dabei, die Beziehungen zu den arabischen Staaten zu verbessern. Zwischen 1971 und 1975 konnten die diplomatischen Beziehungen zu allen arabischen Staaten wiederhergestellt werden (Büttner und Hünseler 1981: 133). Von einem Besuch in Israel versprach sich Brandt zu jenem Zeitpunkt nicht viel, konnte die Einladung aber auch schlecht abschlagen, weil sie ohne Absprache öffentlich ausgesprochen worden war (Schmidt 2014: 14).

München zum Trotz wollte Israel die Beziehungen zur Bundesrepublik vertiefen. Golda Meir war Brandt zwar persönlich gewogen, seiner berühmten »Ostpolitik« gegenüber allerdings kritisch eingestellt. Die israelische Regierung fürchtete, dass ein konzilianterer Ton gegenüber der Sowjetunion auch mit einer proarabischen Politik einhergehen könnte, war doch die Sowjetunion zu diesem Zeitpunkt der wichtigste militärische Unterstützer von Syrien und Ägypten.

Gleichzeitig aber war Meir am deutschen Gesprächskanal nach Moskau interessiert, da die Emigration jüdischer Sowjetbürger von grundlegendem Interesse für Israel war. Außerdem war die Anbindung an den sich stetig weiter integrierenden Wirtschaftsraum Europa für Israel notwendig, war der jüdische Staat im Nahen Osten doch ökonomisch weitgehend isoliert. Frankreich hatte nach dem arabisch-israelischen Krieg von 1967 eine proarabische Kehrtwende vollzogen, was die Partnerschaft mit Deutschland für die israelische Europapolitik umso wichtiger machte. Frankreich war seit der 1962 erreichten algerischen Unabhängigkeit keine Kolonialmacht im arabischen Raum mehr und sorgte sich um seinen Einfluss in Nordafrika und im Nahen Osten. Dazu kam das französische Bestreben, eine von den USA unabhängige europäische Politik zu verfolgen. Die sich infolge des Krieges von 1967 ergebende Situation bot an, sich proarabischer zu positionieren, ohne in einen existenziellen Gegensatz zu Israel treten zu müssen: Frankreich wurde in Europa die mächtigste Stimme für den Ansatz, von Israel 1967 erobertes Territorium gegen Friedensverträge mit seinen Feindstaaten einzutauschen. Je offener Frankreichs Ohr für die arabischen Staaten wurde, desto wichtiger war es für Israel, die Beziehungen mit Deutschland so freundschaftlich wie möglich zu gestalten.

Brandt empfand den anstehenden Besuch in Israel als eine seiner »schwierigsten Aufgaben«. Zwar wollte der Kanzler den historisch besonderen Charakter der Beziehungen zu Israel nicht verneinen – aber ein von einem Reparationscharakter geprägtes Verhältnis wollte er auch nicht. Damit setzte die sozialliberale Koalition die nach 1965 eingeschlagene Normalisierungspolitik fort. Brandt agierte nicht viel anders als Adenauer während seines Besuchs in Israel sieben

Jahre zuvor, nur dass der Sozialdemokrat weniger geneigt war als sein Vorgänger, deutsche mit jüdischen Opfern gleichzusetzen. Auch in Jerusalem setzte Brandt auf die »Normalisierung«. Sein Kniefall vor dem Ehrenmal des Warschauer Ghettos sollte in Israel keine Entsprechung finden. Brandt kniete nicht: in der Gedenkstätte Yad Vashem legte er stattdessen einen mit den deutschen Nationalfarben geschmückten Kranz nieder. Dann rezitierte er, auf Deutsch, Psalm 103, der von der Vergebung der Sünden handelt: »Barmherzig und gnädig ist der Herr ... Er wird uns nicht für immer Vorwürfe machen und nicht ewig zornig sein ... So fern der Osten vom Westen ist, hat er unsere Verfehlungen von uns entfernt.« (Fink 2019: 241)

Die Bundesrepublik und der arabisch-israelische Krieg von 1973

Nur wenige Monate nach dem Besuch Brandts in Israel griffen Ägypten und Syrien den jüdischen Staat an. Der Überraschungsangriff geschah am wichtigsten jüdischen Feiertag, Jom Kippur, und traf das Land unvorbereitet. Nach dem Sieg von 1967 hatte sich in Israel die Stimmung von Existenzangst in eine, wie es sich herausstellte, ungerechtfertigte militärische Überheblichkeit gewandelt. Syrien macht auf den Golanhöhen raschen Vormarsch, ägyptische Truppen überwanden den Suezkanal und stießen in den von Israel besetzten Sinai vor. Für einige Tage wandelte Israel am Rande der Katastrophe. Ohne amerikanische Militärhilfe, geliefert über Luft und Wasser, hätte Israel kaum bestehen können. Zwar war auch der arabisch-israelische Krieg von 1973 kein Stellvertreterkrieg, aber in keine der Kriegsrunden waren die beiden Supermächte so sehr involviert. Genau wie zuvor im Krieg von 1967 erklärte Deutschland offiziell seine Neutralität, wobei Brandt aber davon sprach, dass es eine »Neutralität der Herzen« nicht geben könne.

Die israelische Tageszeitung *Ma'ariv* hingegen schrieb, dass die deutsche Neutralität einen neuen Genozid fördere, da sie nur dazu diene, arabische Öllieferungen zu sichern. Während die Deutschen früher aus ideologischen Gründen gemordet hätten, so mordeten sie heute wegen des Öls (Büttner 2003: 145).

Die deutsche Rolle im Krieg von 1973 sorgt auch heute noch für kleinere Kontroversen. So hat der Historiker und Publizist Michael Wolffsohn die Israelpolitik Brandts heftig kritisiert (Wolffsohn 2018). Der schwerwiegendste Vorwurf: Brandt hätte den Angriff Ägyptens und Syriens verhindern können. Die Vorwürfe gegen Brandt sind ein guter Anhaltspunkt, um die damaligen deutschen Positionierungen und Möglichkeiten genauer zu erfassen.

Laut Wolffsohn hätte Brandt mehr tun müssen, um den Krieg zu verhindern. Während seines bereits erwähnten Besuchs in Israel fragte Golda Meir, ob Brandt nicht zwischen Israel und Ägypten vermitteln könne. Israel sei bereit, auf einen großen Teil des 1967 eroberten Sinai zu verzichten. Zwar könne von einem Rückzug auf die Grenzlinien von 1948 keine Rede sein, aber Israel sei zu großen Konzessionen bereit. Das von Wolffsohn nicht diskutierte Problem war allerdings, dass für Ägypten und Syrien nur eine vollständige Rückgabe der Gebiete in Frage kam – und zwar bevor man über irgend etwas anderes verhandeln könne. Der entscheidende Punkt war, dass Verhandlungen zwischen Israel und Ägypten oder Syrien blockiert waren. Es gab keinen Raum für einen Kompromiss, den Brandt hier hätte ausloten können. Zum Vergleich: auch die USA haben es bis heute nicht vermocht, einen territorialen Kompromiss zwischen Israel und der palästinensischen Bevölkerung zu schließen, weshalb aber kaum jemand auf die Idee kommen würde, den USA eine antiisraelische Politik zu unterstellen.

Ein zweiter nachträglicher Vorwurf gegen Brandt lautet, dass das Außenministerium unter Walter Scheel es den USA verbieten wollte, Israel von deutschem Boden aus mit Militärgütern zu beliefern (siehe auch Jander 2017). Dieser Vorwurf hat zur eher dünnen Grundlage, dass am 22. Oktober, nachdem bereits ein Waffenstillstand zwischen Ägypten und Israel vereinbart wurde, die deutsche Regierung dagegen protestiert hatte, dass Schiffe unter israelischer Flagge in Bremerhaven mit amerikanischen Militärgütern beladen wurden.

Weder wäre Bonn fähig noch willens gewesen, den USA die Unterstützung Israels auch über amerikanische Bestände in der Bundesrepublik zu verbieten (Schmidt 2014; Blumenau 2010; Gerlach 2006). Die Bonner Regierung wusste, dass die USA Israel von deutschem Territorium aus mit Waffen und Material versorgten, Außenminister Scheel wurde darüber vom amerikanischen Botschafter in Kenntnis gesetzt. Scheel zeigte dafür Verständnis, ihm war aber wichtig, dass die arabischen Staaten davon nichts erfahren sollten (Blumenau 2010: 127). Der nach dem Waffenstillstand erfolgte Protest sollte vor allem arabischen Protesten entgegenwirken, hatte aber für den Kriegsverlauf selbst keine praktischen Konsequenzen (Hubel 2004: 72). Im Übrigen gingen nach dem Protest die Lieferungen über Bremerhaven ungehindert weiter (Schmidt 2018: 61).

Ein Faktor, der die unterschiedliche Haltung der USA und Deutschlands zum Krieg von 1973 erklärt, ist, dass die BRD von arabischen Öllieferungen abhängig war, die Vereinigten Staaten hingegen nicht. Wie ein interner Bericht des Auswärtigen Amtes damals vermerkte, importierte Deutschland etwa 71 Prozent seines Öls aus arabischen Ländern, darunter Libyen und Ägypten. Die USA hingegen bezögen nur 6 Prozent ihres Öls aus dem Nahen Osten. Deswegen mussten die arabischen Staaten den Eindruck gewinnen, dass Europa in diesem Konflikt eine neutrale Rolle einnahm, so das Amt (Blumenau 2010: 125).

Die nachträgliche historische Kritik an Brandt hat ihre Gründe zwar in der Politik der Gegenwart. Dennoch weist Wolffsohn auf einen wichtigen Umstand hin: Die Bundesrepublik hat 1973 eine Israelpolitik betrieben, die die energiepolitischen Interessen an der arabischen Welt nie aus dem Blick verlor. Vor dem Krieg von 1967 hat die Bundesrepublik für Israel eine immens wichtige Rolle gespielt. Nach dem Krieg von 1967 wurden die USA – mit Abstand – der wichtigste Schutzpatron des jüdischen Staates. Willy Brandt verfolgte keine proisraelische und keine proarabische Politik, sondern eine prodeutsche. In dieser Politik spielte das Existenzrecht Israels zwar eine wichtige Rolle, bedingungslose Unterstützung aber erfuhr Israel nicht.

Wer zu einer realistischen Einschätzung der deutschen Israelpolitik jener Zeit kommen will, darf nicht nur darauf schauen, was besprochen, sondern auch, was geliefert worden ist. Der für die Willy-Brandt-Stiftung arbeitende Historiker Wolfgang Schmidt weist in seiner Verteidigung Brandts auf ein Gespräch zwischen dem Kanzler und dem britischen Premierminister Edward Heath nach dem Jom-Kippur-Krieg hin, in welchem Brandt sagte, dass »das Maß der Unterstützung höher« war, »als man in der Öffentlichkeit zugeben könne« (Schmidt 2018: 70).

Ein mysteriöses von Deutschland geliefertes »wichtiges elektronisches Gerät« sei beispielsweise für die israelische Kriegsführung wichtig gewesen (Schmidt 2018: 69). Laut dem israelischen Militärexperten Shlomo Shpiro verdankte die israelische Marine ihre Überlegenheit im Jom-Kippur-Krieg vorhergehenden deutschen Schiffslieferungen (Shpiro 2003: 321).

Bei allen diplomatischen Schwierigkeiten, die sich aus der Bonner Normalisierungspolitik ergaben, sollte man den materiellen Unterbau der deutsch-israelischen Beziehungen nicht vergessen. Unterhalb von Diplomatie und Tagespolitik arbeiteten das israelische und das deutsche Militär beispielsweise in Forschung und Entwicklung eng zusammen. So erbeutete Israel nach dem Krieg von 1973 einige der neuesten sowjetischen T-62-Panzer. Der deutsche Standardpanzer Leopard 2 wurde mit Blick auf den T-62 konzipiert und mit einer neuen Kanone ausgestattet, die den T-62 durchdringen konnte – was die bis dato von den NATO-Streitkräften eingesetzten Kanonenrohre nicht vermochten. Israelische Ingenieure wiederum nahmen sich den Leopard 2 zum Vorbild, um den Merkava-3-Panzer zu entwickeln (Shpiro 2003: 323). Das ist nur ein Beispiel dafür, wie wichtig die deutsch-israelischen Militärbeziehungen auch abseits spektakulärer Großlieferungen waren. Die alltägliche Zusammenarbeit, die gemeinsame Entwicklung von Waffensystemen, das Teilen von Wissen und geheimdienstlichen Informationen: all das ist Teil des weniger sichtbaren Unterbaus der deutsch-israelischen Beziehungen, der von kleineren und größeren diplomatischen Krisen unberührt bleibt. In den USA war man über die deutsch-israelische Zusammenarbeit nicht immer erfreut, nahmen die Waffenschmieden beider Länder doch Marktanteile von amerikanischen Firmen weg.

Israelische und deutsche Experten messen ferner dem damaligen CERBERUS-Projekt große militärische Bedeutung bei. Hinter dem Codenamen steht die Entwicklung damals neuartiger Systeme elektronischer Kriegsführung, mit denen feindliche Flugabwehranlagen gestört und getäuscht werden konnten. Ohne das Parlament einzuweihen, gab das Bundesverteidigungsministerium über zwei Milliarden DM für das streng geheime Projekt aus. Die unter vermutlich erheblicher Mittelverschwendung produzierte Technologie wurde im europäischen Tornado-Flugzeug verbaut, die israelische Luftwaffe wandte sie 1982 bei seiner Invasion des Libanon an. Auch im Kosovo kam sie zum Einsatz (Nassauer und Steinmetz 2003; Shpiro 2013; Shpiro 2003).

Zur materiellen Substanz deutscher Israelpolitik gehört auch die Unterstützung der israelischen Wirtschaft. Aufgrund seiner regionalen Isolation braucht Israel den Handel mit Europa. 1970 und 1975 schlossen die Europäische Gemeinschaft (EG) und Israel Handelsabkommen, die Israels Zugang zum europäischen Wirtschaftsraum erleichterten. Die Abkommen bauten Zölle für Güter der israelischen Industrie und Landwirtschaft ab. Weil umgekehrt die Zölle für Güter aus Europa nach Israel langsamer abgebaut wurden, konnte die israelische Wirtschaft sich auf die Handelsliberalisierung graduell einstellen. Diese und weitere für Israel günstige Konditionen hätten ohne die Bundesrepublik nicht durchgesetzt werden können, standen doch gerade die europäischen Mittelmeerländer in einem landwirtschaftlichen Konkurrenzverhältnis zu Israel (Weingardt 2002: 267 f.).

Weil die Beziehungen auf militärischer und wirtschaftlicher Ebene stabil waren, konnte Deutschland die ein oder andere Verstimmung auf der diplomatisch-rhetorischen Ebene verkraften. Zum größten Belastungstest für die deutsche Israelpolitik aber sollte die nach 1973 einsetzende gemeinsame Nahostpolitik der EG werden.

Deutschland, Europa und der Nahe Osten nach dem arabisch-israelischen Krieg von 1973

Im Rahmen des Jom-Kippur-Krieges verhängte Saudi-Arabien einen Ölboykott gegen die USA und die Niederlande, die Israel offen unterstützt hatten. Dass Deutschland nicht boykottiert wurde, war ein Resultat der Normalisierungspolitik gegenüber Israel. Zwar war Deutschland aufgrund seines politischen und wirtschaftlichen Gewichts für Israel ein wesentlich wichtigerer Partner als die Niederlande. Dennoch ist es bezeichnend, dass mit der »Normalisierung« gegenüber Israel auch eine Normalisierung gegenüber den arabischen Ölproduzenten einherging. Dass die OPEC auf Betreiben vor allem der radikalen Staaten Algerien und Libyen hin – beide für Deutschland wichtige Öllieferanten – den Ölpreis erhöhte, bedeutete jedoch auch für Deutschland das Ende des Zeitalters des billigen Öls.

Der Angriff auf Israel endete mit einer militärischen Niederlage Ägyptens und Syriens, politisch aber fühlten sich die beiden Staaten als Sieger. Israel hatte schwere Verluste hinnehmen müssen. Der Krieg ebnete damit den Weg für das Friedensabkommen zwischen Ägypten und Israel sechs Jahre später. Der Achtungserfolg von 1973 gab dem ägyptischen Präsidenten Anwar Sadat gerade genug Rückhalt in der Bevölkerung, um das unpopuläre Friedensabkommen mit Israel durchzusetzen.

Israel gab die Sinai-Halbinsel an Ägypten zurück. Ägypten gab dafür den Kriegszustand mit Israel auf, wandte sich vom sowjetischen Lager ab und den USA und dem Westen zu. Das Abkommen stärkte Israels militärische Position in der Region, da die Flanke Richtung Ägypten nun geschützt war. Ägypten hingegen wurde vorübergehend aus der Arabischen Liga ausgeschlossen und verlor seinen arabischen Führungsanspruch – ohnehin hatte sich in den 1970er Jahren die regionale Macht in Richtung der ölproduzierenden Golfstaaten verschoben. Sadats Weg nach Jerusalem war ein Alleingang, dem vorerst nur Jordanien folgen sollte.

Der Separatfrieden mit Ägypten schloss eine Lösung der palästinensischen Frage nicht mit ein, was auch den Europäern missfiel, die sich nach dem Krieg von 1973 eine Gesamtlösung sowohl des arabisch-israelischen wie auch des israelisch-palästinensischen Konflikts gewünscht hatten.

Die Länder der Europäischen Gemeinschaft hatten Anfang der 1970er Jahre die palästinensische Frage für sich entdeckt, nicht zufälligerweise zur selben Zeit, als die Staaten am Persischen Golf sowie Libyen und Algerien ihre Macht als Öllieferanten auszuspielen begannen. An der palästinensischen Frage erprobte Europa seine gemeinschaftliche Außenpolitik. Ihr erstes, noch inoffizielles und informelles Nahostpapier erstellten die EG-Länder 1971. Das geschah auf französische Initiative und nach französischer Lesart der Sicherheitsratsresolution 242, nach der Israel sich aus allen 1967 besetzten Gebieten zurückzuziehen hatte. Israel reagierte empört, Deutschland distanzierte sich von dem nach dem französischen Außenminister benannten »Schumann-Papier«.

Als die OPEC nach dem Krieg von 1973 die Ölmenge reduzierte und Preise in die Höhe trieb, verschärfte Bonn jedoch seine Position. Die Erklärung vom 6. November 1973, die nach dem Krieg abgegeben wurde, war am Prinzip »Land für Frieden« orientiert, das auf besagte UN-Sicherheitsresolution 242 zurückging. Die EG-Staaten betonten die Unzulässigkeit von gewaltsamem Gebietserwerb und forderten Israel auf, die Besatzung von 1967 zu beenden. Das Papier erkannte Israels Recht auf eine gesicherte Existenz in gesicherten Grenzen an, fügte aber hinzu, dass für eine Friedenslösung die »legitimen Rechte der Palästinenser« berücksichtigt werden müssten (Büttner 2003: 145). Dieses Mal machte Bonn keinen Rückzieher. Im Gegenteil. 1974 sprach der deutsche Botschafter bei den Vereinten Nationen, Rüdiger von Wechmar, von einem palästinensischen Recht auf Selbstbestimmung. Der Botschafter stellte dieses Selbstbestimmungsrecht in einen Vergleich mit dem deutschen Recht auf Selbstbestimmung, sprich, dem westdeutschen Anspruch auf die DDR (Weingardt 2002: 276).

Die Londoner Erklärung von 1977 und die Erklärung von Venedig von 1980 markierten weitere Schritte der EG in Richtung der Palästinenser, die für die arabischen Staaten und die PLO allerdings zu wenig und für Israel viel zu weit gingen. In der Londoner Erklärung von 1977 war mehrfach von einem »palästinensischen Volk« die Rede, das das »legitime Recht« habe, seiner »nationalen Identität« Ausdruck zu verleihen und ein »homeland« zu bekommen (Büttner 2003: 146 f.; siehe auch Persson 2015: 89). Die historische Anspielung auf die Balfour-Erklärung, in der das Vereinigte Königreich 60 Jahre zuvor dem jüdischen Volk eine Heimstatt versprochen hatte, war unverkennbar.

Im Jahre 1979 traf Ex-Kanzler Willy Brandt zusammen mit dem österreichischen Bundeskanzler Bruno Kreisky Yassir Arafat in Wien. Brandt, damals noch Mitglied des Bundestages, nahm am Treffen zwar in privater Funktion teil, natürlich aber wurde die Zusammenkunft als diplomatischer Erfolg für die PLO bewertet.

Die Erklärung von Venedig ging noch einen Schritt weiter als die von London, weil sie forderte, dass die PLO in Friedensverhandlungen eingebunden werden müsse. Die israelische Linie dazu war klar: die PLO war eine Terrororganisation, und mit Terroristen verhandelte man nicht. Man bekämpfte sie. Auch wenn die Bundesrepublik gegenüber Frankreich eine noch stärkere propalästinensische Positionierung verhinderte, trug sie die Erklärung von Venedig mit. Westdeutschland wandte sich damit gegen den israelischen Siedlungsbau in den 1967 besetzten Gebieten und die De-facto-Annexion Ostjerusalems.

Israels Antwort: eine Stellungnahme, die die Erklärung von Venedig mit dem Münchener Abkommen von 1938 gleichstellte, diesmal mit den Palästinensern in der Rolle der Nazis und den Europäern als Chamberlain. Außerdem erließ Israel ein Gesetz, das die Annexion Ostjerusalems offiziell machte (Leber 2015).

Die Schärfe der israelischen Reaktion erklärt sich auch, aber bei weitem nicht ausschließlich, aus einem einschneidenden Jerusalemer Machtwechsel. 1977 hatte die rechtsgerichtete Likud-Partei erstmals die Regierung von der Arbeiterpartei übernommen, die die Geschicke des Staates seit 1948 geführt hatte. Premierminister war nun niemand anderes als Menachem Begin, der bereits 1952 aus der Opposition heraus gegen das Abkommen mit Deutschland mobilisiert hatte. Israels Deutschlandpolitik wurde nun wesentlich härter im Ton. Allerdings lehnte auch die Arbeiterpartei die Erklärung von Venedig ab, und das israelische öffentliche Empfinden rangierte zwischen Gleichgültigkeit und Verachtung.

Die europäische Außenpolitik hatte ein Glaubwürdigkeitsproblem, und sie hatte ein Machtproblem. Erstens erschien das europäische Interesse an einer Lösung des arabisch-israelisch-palästinensischen Konfliktgeflechts als zu derivativ, zu unehrlich – ging es in Wahrheit nicht einfach darum, arabische Öllieferungen zu tolerablen Preisen sicherzustellen (Garfinkle 1983: 17)? Und zweitens: egal wie das europäische Interesse gelagert war, es fehlte das politische Gewicht, es durchzusetzen. Niemand im Nahen Osten glaubte, dass die Staaten der EG in der Lage gewesen wären, ohne die USA eine Friedenslösung auszuhandeln und ihre Umsetzung zu garantieren. Schon 1974 hatte US-Präsident Nixon unmissverständlich klargemacht, was er von europäischen Alleingängen hielt: »Wir werden uns nicht in eine Situation bringen, in der die neun europäischen Länder sich gegen die USA verbünden – die USA, die ihre Sicherheit garantieren. Das wird nicht passieren.« (Zitiert nach Persson 2015: 77.)

Die Begin-Schmidt Kontroverse

Anfang der 80er Jahre bewegte der Streit zwischen Menachem Begin und Helmut Schmidt die Gemüter in Bonn und Jerusalem. Was war passiert? Yitzhak Rabin hatte als erster Premierminister Israels Deutschland im Jahre 1975 besucht. Brandts Nachfolger Helmut Schmidt jedoch hatte während seiner Amtszeit auf einen gegenseitigen Besuch verzichtet. Stattdessen erklärte er, eine Nahostpolitik betreiben zu wollen, die »nicht länger ... von Auschwitz überschattet« werden sollte (Wolffsohn 1993: 33). Diese Absicht drückte sich unter anderem in dem Vorhaben aus, Leopard-2-Panzer an Saudi-Arabien zu verkaufen. Begin stellte Schmidt als reuelosen Nazi dar, was in der deutschen Öffentlichkeit wiederum manch beleidigt-nationalistische und nicht immer ressentimentfreie Kritik Richtung Jerusalem nach sich zog. Nicht zuletzt aufgrund parteiinterner Kritik verzichtete die Regierung Schmidt letzten Endes auf den Verkauf der Panzer (Shafir 2008; siehe auch Leber 2015).

Helmut Schmidts Verhältnis zu Israel ist repräsentativ für einen breiten Teil der deutschen Bevölkerung. Bis zum Krieg von 1967 stand Schmidt Israel wohlwollend gegenüber, auch, weil er in Israel einen prowestlichen Staat im von den Supermächten umkämpften Nahen Osten sah. Schmidts Wohlwollen für Israel kühlte ab, je länger die israelische Besatzung nach 1967 andauerte (Shafir 2008).

Der Streit zwischen Begin und Schmidt war nicht zuletzt persönlicher Natur. Menachem Begin war der einzige Premierminister Israels gewesen, der von der Shoah unmittelbar betroffen war. Begin hatte seine Eltern an die Deutschen verloren und mit der Freien Polnischen Armee gegen die Besatzer gekämpft. Sein deutsches Gegenüber hingegen war sowohl in der Hitlerjugend als auch in der Wehrmacht gewesen, war in beiden Organisationen aufgestiegen. Schmidt, bis zu seinem Tod ein die Bundesrepublik prägender *elder statesman*, war belasteter, als die meisten Deutschen es bis zuletzt wahrhaben wollten (Pamperrien 2014). Begins Biographie hingegen sprach gegen Beziehungen zu Deutschland. Letzten Endes war Begin jedoch mehr proisraelisch als er antideutsch war: aller persönlichen Abneigung gegen Schmidt und Deutschland zum Trotz ließ er es nie so weit kommen, dass die militärischen und ökonomischen Beziehungen zwischen Deutschland und Israel gefährdet würden (Leber 2015).

Libanon 1982

Auf der gesellschaftlichen Ebene erreichten die die deutsch-israelischen Beziehungen einen Tiefpunkt, als Israel in den libanesischen Bürgerkrieg eingriff, um die PLO zu vertreiben, die aus dem Süden Libanons heraus gegen Israel operierte. Nicht nur war die israelische Invasion brutal, im Gedächtnis blieb vor allem das Massaker von Sabra und Schatila, bei dem die mit Israel verbündeten christlichen Phalange-Milizen unter der Aufsicht der israelischen Armee reihenweise Männer, Frauen und Kinder in zwei palästinensischen Flüchtlingslagern umbrachten. Als Folge der Libanon-Invasion bildete sich in Israel die massenbasierte Friedensbewegung »Peace Now« heraus.

Innerhalb der deutschen Öffentlichkeit hingegen wurde eine Verdammung Israels laut, die die Grenze zum Antisemitismus überschritt. Vergleiche zwischen Israel und Nazideutschland schossen ins Kraut. Was sich gerade auch in der deutschen Linken erneut zeigte, war eine weitverbreitete Unfähigkeit, die Konflikte im Nahen Osten losgelöst von der eigenen Vergangenheit und der Schwierigkeit ihrer Aufarbeitung zu betrachten (Büttner 2003: 114f.; siehe auch Kloke 2008 oder Wetzel 1983).

Auch in Israel wurden Nazivergleiche gezogen. Für Premierminister Begin, der in seinem Leben gegen die Deutschen, die Briten und die Palästinenser gekämpft hatte, war Arafat, der sich in einem Bunker in Beirut versteckte, ein Wiedergänger Hitlers in den letzten Tagen von Berlin (Segev 1993: 400).

Das diplomatische Drama um die Erklärung von Venedig, die Begin-Schmidt-Kontroverse, die Invasion des Libanon: all diese Ereignisse zeigten, dass der deutsche Versuch, die Politik gegenüber Israel zu »normalisieren«, letzten Endes zum Scheitern verurteilt war. Zumal, wenn man diese »Normalisierung« darüber erreichen wollte, Zugeständnisse an die PLO zu machen, die bis zum Oslo-Vertrag 1993 Israel nicht anerkannt hatte. Allerdings muss man erwähnen, dass die Bundesrepublik die PLO diplomatisch erst aufgewertet hatte, als auch Israel mit dem Oslo-Vertrag von 1993 die PLO anerkannt hatte. Offizielle Beziehungen hatte es davor nicht gegeben (Jäger 1995: 5). Erst als Israel 1993 die PLO als Verhandlungspartnerin anerkannte, wurde die PLO auch für die Bundesrepublik zu einer legitimen Ansprechpartnerin.

Das Ende der nach 1965 eingeleiteten Normalisierungspolitik hatte auch mit größeren politischen Umbrüchen zu tun, ohne die auch die deutsch-israelischen Beziehungen sich nicht erklären ließen. Die iranische Revolution von 1979 brachte ein klerikales, antiamerikanisches und antiisraelisches Regime dort an die Macht, wo vormals der proamerikanische Shah geherrscht hatte. Relativ zu diesem westlichen Einflussverlust in der Region verloren auch der arabisch-israelische Konflikt und die palästinensische Frage an Bedeutung. Überdies hatte der Friedensvertrag mit Ägypten einem Mehrfrontenkrieg gegenüber Israel den Riegel vorgeschoben, was den arabisch-israelischen Konflikt noch weiter in den Hintergrund rücken ließ. Die europäischen Staaten hatten ihre Ölimporte diversifiziert, was sie für den zweiten, durch die iranische Revolution verursachten Ölschock von 1979 weniger empfindlich gemacht hatte. Die Ölpreise stabilisierten sich zudem schnell, weil sowohl der Irak als auch Iran ihren Krieg gegeneinander finanzieren mussten, einen Krieg, der zwischen 1980 und 1988 einen immensen und vollkommen sinnlosen Blutzoll kostete. Erst mit der palästinensischen Intifada von 1987 sollte der Palästinakonflikt wieder auf die westliche Tagesordnung kommen.

Spielarten der Versöhnung

Der 1982 erfolgte westdeutsche Machtwechsel von SPD zu CDU, vom Schmidt zu Kohl, bedeutete keine erinnerungspolitische Rückkehr in die 1950er Jahre. Das lag aber weniger an Kohl als an einer demokratisch gereiften Republik. Widerspruch und Streit waren jetzt der Motor, der die deutsche Befassung mit der Vergangenheit vorantrieb. Der 1930 geborene Helmut Kohl beanspruchte für sich die »Gnade der späten Geburt«. Von dieser Gnade sprach er auch bei seinem Staatsbesuch in Israel, durchaus zur Irritation seiner Gastgeber, zumal bei seiner ersten Israelreise 1984 auch Kurt Ziesel Teil der Delegation war. Ziesel, ein ehemaliger Nazi, hatte nach 1945 eine Karriere als stramm rechter Journalist hingelegt.

Kohls Erinnerungspolitik verfolgte ein Doppelziel: die Versöhnung der Deutschen mit sich selbst und ihrer Tätervergangenheit, sowie, damit verbunden, die Umdeutung des deutschen Vernichtungskriegs im Osten hin zu einem gesamtwestlichen Kampf gegen den Bolschewismus. Historisch betrachtet war diese Erinnerungsfigur zwar Unsinn, im Kalten Krieg hatte sie ihren politischen Zweck, konnte sie doch Deutschland gleichermaßen entlasten und ideologisch in den Westen integrieren.

Öffentlich demonstriert wurde diese geschichtspolitische Umdeutung am 5. Mai 1985, als Kohl und sein Gast, der amerikanische Präsident Ronald Reagan, den Soldatenfriedhof in Bitburg besuchten. In Bitburg lagen amerikanische Soldaten begraben, sowie Soldaten der Wehrmacht und Mitglieder der Waffen-SS, die im französischen Dorf Oradour-sur-Glane ein Massaker begangen hatten. Der Besuch und die Kranzniederlegung ehrte alle dort begrabenen Toten als Opfer, stellte amerikanische Befreier und deutsche Täter auf eine Stufe. Dass Kohl und Reagan in letzter Sekunde auch einen Besuch im Konzentrationslager Bergen-Belsen auf die Tagesordnung setzten, vermochte die Proteste gegen diese Geschichtsklitterung nicht zu lindern. Der CDU-Fraktionsvorsitzende Alfred Dregger eskalierte die Situation mit einem Brief an eine Gruppe von US-Senatoren, die sich gegen den Besuch ausgesprochen hatten. In diesem Brief schrieb er, dass die Wehrmacht und die Waffen-SS am gemeinschaftlichen westlichen Kampf gegen den Kommunismus partizipiert hätten und deswegen einer gemeinsamen Ehrung würdig seien (Rabinbach 1988: 1821 f.).

Dass sich die liberalen alliierten Mächte mit der Sowjetunion verbündet hatten, um den Nationalsozialismus zu besiegen, dass der Nationalsozialismus sowohl antiliberal als auch antikommunistisch war – diese faktische Grundkonstellation des Zweiten Weltkriegs sollte durch den Besuch in Bitburg umgedeutet werden. Mit dem symbolischen Freispruch von Wehrmacht und Waffen-SS verteidigte Kohl das Narrativ, nach dem für die deutschen Verbrechen nur der in Nürnberg verurteilte innere Kreis der NS-Führung verantwortlich gewesen war.

Im Bundestag bezog nur die neugegründete Partei Die Grünen eindeutig Stellung gegen den Besuch in Bitburg. Der Entstehungskontext dieser Partei aus den neuen sozialen Bewegungen der 1960er und 70er Jahre spiegelte sich auch in den frühen Positionierungen zum Israel-Palästina-Konflikt wider, die eindeutig propalästinensisch waren. Kritik an deutscher Vergangenheitspolitik bei gleichzeitiger Parteinahme für die palästinensische Seite: diese

Grundfigur linken Denkens haben die Grünen seitdem aufgegeben. Sie lässt sich heute wohl nur noch in Teilen der marginalen Linkspartei finden und hat sich eigentlich mit dem Zusammenbruch der DDR überlebt, die sich außenpolitisch auf die arabische Seite schlug und die im Systemwettkampf mit Westdeutschland stets auf braune Kontinuitäten in der Bundesrepublik hinzuweisen wusste.

Während die Regierung Kohl versuchte, die Grenzen zwischen Tätern und Opfern, Befreiern und Vernichtern zu verwischen, hatte ein allmählicher Gesinnungswandel auch in breiteren Schichten der Gesellschaft stattgefunden. Der Historiker Frank Bösch widmet in seinem Bestseller über das Jahr 1979 ein Kapitel der amerikanischen Miniserie *Holocaust*, die in jenem Jahr auch in Westdeutschland ausgestrahlt wurde und von einem Drittel der deutschen Bevölkerung geschaut wurde. Viele der Nachgeborenen wurden vor dem Fernseher mit einer Wahrheit konfrontiert, die ihre Eltern und Großeltern noch zu verschweigen suchten: dass der Holocaust nicht das Werk einzelner Täter war, sondern eine Großoperation, an der viele deutsche Hände beteiligt waren. Im Anschluss an jede Folge beantwortete eine Gruppe von Historikern im Fernsehen live Fragen der Zuschauer. Es war ein nationaler Gesprächskreis, in dem das, was so lange unterdrückt gewesen war, zur Sprache kam, sich Schock, Wut, Trauer und Unglaube erstmals in gesellschaftlicher Breite äußerten. In diesem Jahr wurde »Holocaust« zum Wort des Jahres gewählt und fand Eingang in die deutsche Alltagssprache. Das eigene Verbrechen hatte einen Namen bekommen.

Nicht aus Zufall erschien kurz nach der Ausstrahlung von *Holocaust* eine deutsche Übersetzung von Raul Hilbergs monumentaler Studie *Die Vernichtung der europäischen Juden*. Es spricht Bände über deutsche Abwehrmechanismen, dass diese Studie beinahe 30 Jahre lang in Deutschland keinen Verlag gefunden hatte. Hilberg hatte sein Werk 1955 fertiggestellt, aber fünf Jahre gebraucht, um einen amerikanischen Verlag zu finden. Ironischerweise war es das unter alliierter Besatzung gegründete Münchener Institut für Zeitgeschichte, das eine Übersetzung von Hilbergs Werk mindestens zweimal verhinderte (Aly 2017). Die Ausgabe von 1982 erschien bei einem linken Kleinverlag und fand keine breitere Beachtung. Erst 1990, also 35 Jahre nach der englischen Ersterscheinung, wurde das Buch in einer dreiteiligen Taschenausgabe des S. Fischer-Verlags veröffentlicht.

Die Veröffentlichung von Hilbergs Studie koinzidierte mit dem Ausklingen des berühmten Historikerstreits, ausgefochten zwischen dem erzkonservativen Ernst Nolte und dem linksliberalen Jürgen Habermas. Im damaligen Historikerstreit ging es, wie teilweise auch in seiner Neuauflage seit 2020, um die Frage der Singularität des Holocausts. Nolte argumentierte, dass der sowjetische Gulag das Original, die deutschen Konzentrationslager nur eine Kopie waren. Habermas argumentierte, dass die deutschen Verbrechen für sich standen und singulär waren.

Noltes erinnerungspolitischer Vorschlag war eine Ausgeburt des Kalten Krieges, gerade in seiner rhetorisch überhitzten Endphase. Der Vergleich mit dem Gulag verlor mit dem Zusammenbruch der Sowjetunion seinen Referenzpunkt in der Gegenwart. Habermas gewann den Erinnerungsstreit für sich – und wurde damit zum Mitbegründer einer neuen Art des Erinnerns, die die Befassung mit der Vergangenheit ins Zentrum postnazistischer nationaler Identität stellen sollte. Dass Jürgen Habermas nicht nur für den linksliberalen Teil der Öffentlichkeit sprach, sollte die berühmte Rede von Bundespräsident Richard von Weizsäcker 40 Jahre nach Kriegsende zeigen.

Erlösende Erinnerung

Weizsäckers Rede zum 8. Mai 1985, dem Tag des alliierten Sieges über Nazideutschland, war ein Kontrapunkt zum Besuch Kohls in Bitburg, der nur drei Tage vorher stattgefunden hatte. Dieser Tag der deutschen Niederlage wurde bis dato auch als solcher bezeichnet. Weizsäcker benannte ihn um: zu einem Tag der Befreiung. Was seinerzeit auch im Ausland als Fortschritt gewertet wurde, ist doppeldeutig. Denn natürlich war die Niederlage von Hitler-Deutschland eine Befreiung, aber eben nicht für die Mehrheit der Deutschen, die den 8. Mai als das erlebt hatten, was er sein wollte: ein totaler Sieg über ein gebrochenes Deutschland. Passend zu seiner Rede von der Befreiung zog auch Weizsäcker den Täterkreis eng. Von einer gesellschaftlich breiten Verantwortung und Schuld sprach er nicht, auch er machte die Spitze des NS-Staates für die Verbrechen verantwortlich. Unausgesprochen wurde so auch die Mehrheit der Deutschen von der Naziherrschaft befreit. Allerdings sprach Weizsäcker auch eine

Wahrheit aus, nämlich, dass die Verbrechen in aller Öffentlichkeit stattgefunden hatten. Der bequemen Nachkriegslüge, nach der man nichts gewusst habe, widersprach Weizsäcker.

Der Kern von Weizsäckers Rede war, dass er der deutschen Gesellschaft ein integratives Erinnerungsangebot machte, das sowohl das linksliberale wie das konservative Spektrum einschloss (Beljan und Lorenz 2015). Weizsäcker, selbst Mitglied der CDU, schaffte es, den erinnerungspolitischen Standpunkt eines Ernst Nolte zu überwinden, dabei aber gleichzeitig gemeinschaftsstiftend, sprich konservativ, zu argumentieren. Der Schlüssel zur Erlösung von der lastenden Schuld sollte nun nicht mehr das Vergessen sein, sondern die Erinnerung. Dabei argumentierte er theologisch, aber im Sinne einer jüdischen Tradition, die er für postnazistische Zwecke einzuspannen suchte:

> »Das jüdische Volk erinnert sich und wird sich immer erinnern. Wir suchen als Menschen Versöhnung. Gerade deshalb müssen wir verstehen, daß es Versöhnung ohne Erinnerung gar nicht geben kann. Die Erfahrung millionenfachen Todes ist ein Teil des Innern jedes Juden in der Welt, nicht nur deshalb, weil Menschen ein solches Grauen nicht vergessen können … die Erinnerung gehört zum jüdischen Glauben. ›Das Vergessenwollen verlängert das Exil, und das Geheimnis der Erlösung heißt Erinnerung.‹ Diese oft zitierte jüdische Weisheit will wohl besagen, daß der Glaube an Gott ein Glaube an sein Wirken in der Geschichte ist. Die Erinnerung ist die Erfahrung vom Wirken Gottes in der Geschichte. Sie ist die Quelle des Glaubens an die Erlösung. Diese Erfahrung schafft Hoffnung, sie schafft Glauben an Erlösung, an Wiedervereinigung des Getrennten, an Versöhnung. Wer sie vergißt, verliert den Glauben.«

Am 27. Januar 2015 jährte sich die Befreiung von Auschwitz zum 70. Mal. An diesem Tag sagte einer von Weizsäckers Nachfolgern, der frühere Bundespräsident Joachim Gauck, in seiner Gedenkrede, dass es ohne Auschwitz keine deutsche Identität gäbe. Diese Verbindung von nationaler Identität mit Auschwitz geht auf die Rede Richard von Weizsäckers zurück, die gleichsam das Ende der deutschen Normalisierungspolitik einläutete: sowohl hinsichtlich der NS-Vergangenheit als auch gegenüber Israel.

Teil IV
Staatsräson

Man kann die deutsche Israelpolitik seit Gründung der Bundesrepublik in drei Abschnitte unterteilen. Der erste Abschnitt trägt die Überschrift »Rehabilitation« und währte von der Nachkriegszeit bis 1965. Nach 1965 setzte eine Phase ein, die sich mit »Normalisierung« übertiteln lässt, und die mit dem Kalten Krieg zu Ende ging. Die Israelpolitik seit der Wiedervereinigung lässt sich mit dem Wort »Staatsräson« beschreiben.

Israels Sicherheit ist deutsche Staatsräson, sagte die damalige Kanzlerin Angela Merkel im israelischen Parlament, der Knesset, im Jahr 2008. Das Wort verweist auf etwas, das tiefer liegt als wandelbares Interesse. Das Eintreten für Israels Sicherheit ist einer der Grundpfeiler, auf dem die Bundesrepublik steht. Natürlich – das haben die vorigen Kapitel gezeigt – war die Bundesrepublik immer ein wichtiger Partner Israels gewesen, der vermutlich wichtigste vor 1967, der zweitwichtigste nach den USA seitdem. Aber was sich seit der Wiedervereinigung gewandelt hat, ist die Einstellung und das öffentliche Reden über Israel. Die deutsche Israelpolitik, oder zumindest das Reden über die Israelpolitik, ist moralischer geworden, und auch, um ein neueres Wort politischer Debatten zu gebrauchen, identitätspolitischer. Auch entzieht sie sich gewissermaßen dem demokratischen Diskurs, stammt der Begriff der »Staatsräson« doch aus dem vordemokratischen Absolutismus.

In der Einleitung zu diesem Buch wurde aus einer Bundestagsdebatte von 2018 zitiert, die den 70. Jahrestag der israelischen Staatsgründung zum Thema hatte. Die Grünen-Politikerin Katrin Göring-Eckardt sagte dort, dass das Existenzrecht Israels »unser eigenes« sei. Diese deutsche Identifikation mit dem jüdischen Staat lässt sich nicht nur bei den Grünen beobachten, sondern quer durch die Parteienlandschaft, auf offen instrumentelle Weise gerade auch bei der AfD. Die deutsche Israelpolitik seit der Wiedervereinigung zeigt, wie prägend Richard von Weizsäckers Erinnerungsgebot wirklich war. Auch das deutsche Bekenntnis zu Israel hat etwas von einer Erlösungshoffnung – oder zumindest einer Entlastungshoffnung. Anders ist der oft sakrale Tonfall, wenn es um Israel geht, kaum zu erklären. Das macht die deutsche Israelpolitik nicht per se richtig oder falsch, sondern verdeutlicht lediglich, wie sehr der nationale Diskurs um Israel eben auch, oder vor allem, ein Diskurs um nationale Selbstvergewisserung ist.

Parallel zu den miteinander verwobenen Entwicklungen deutscher Vergangenheits- und Israelpolitik fand, in den 90er Jahren, der sogenannte Oslo-Prozess statt, der zu einer israelisch-palästinensischen Friedenslösung führen sollte. Deutschland investierte in den Oslo-Prozess nicht nur Hoffnung, sondern auch Geld. Dieser Prozess scheiterte im Jahr 2000, als die Verhandlungen zwischen dem israelischen Premier Ehud Barak und dem PLO-Anführer Yassir Arafat in Camp David ergebnislos zu Ende gingen. Nichtsdestotrotz bleibt Deutschland Geldgeber der mit den Oslo-Verträgen geschaffenen Palästinensischen Autonomiebehörde und wird nicht müde, die Notwendigkeit einer verhandelten Zweistaatenlösung zu betonen, auch wenn die *facts on the ground* für eine solche Lösung seit langem kaum noch Anhaltspunkte bieten.

In den nächsten beiden Kapiteln geht es um diese beiden Themen. Zuerst wird die Frage behandelt, wie Israels Sicherheit zu deutscher Staatsräson wurde, und wie sich diese Staatsräson in Taten und nicht nur in Worten ausdrückt. Danach wird, in einem kürzeren Kapitel, die deutsche Rolle im Oslo-Prozess behandelt, und damit die deutsche Rolle in der Dreiecksbeziehung mit Israel und den Palästinensern. Die Frage hier lautet, warum trotz deutschem Geld und Diplomatie eine Zweistaatenlösung heute in weiterer Ferne liegt als in den 90er Jahren.

10. Identität und Israelpolitik

Das Ende des Kalten Krieges, die Integration der DDR in die Bundesrepublik, der Wandel im innerdeutschen Vergangenheitsdiskurs gingen einher mit einer stetigen Vertiefung der deutsch-israelischen Beziehungen auf allen Ebenen. Deutschland war bis 2009 Israels zweitwichtigster Handelspartner nach den USA, danach wurde es von der aufstrebenden Wirtschaftsmacht China auf Platz drei verdrängt. In Europa ist Deutschland Israels wichtigster Handelspartner.

Auch die deutsch-israelische Wissenschaftskooperation hat sich intensiviert und verstetigt. Vor allem von deutscher Seite aus wird aktiver Jugendaustausch betrieben, oftmals im Sinne historischer Sühnearbeit. Die Stiftungen der deutschen Parteien sind in Israel und den palästinensischen Gebieten aktiv, Israel ist ein beliebtes Reiseland für deutsche Touristen, ob für Partys in Tel Aviv oder Touren im Pilgerbus zu den heiligen Stätten. Das deutsche Interesse an Israel ist leichter zu erklären als das israelische an Deutschland. So ist Berlin, ironischerweise, zum Exil nicht zuletzt linker Israelis geworden (dazu Oz-Salzberger 2016).

Aber blicken wir zurück. Die Wiedervereinigung oder, genauer, die auch von der Mehrheit der Ostdeutschen gewünschte Annexion der DDR durch die Bundesrepublik, veränderte die europäische Machtbalance zu deutschen Gunsten und damit auch in Richtung potenzieller Instabilität. Dass ein vergrößertes, mächtigeres Deutschland seine Normalisierungspolitik gegenüber Israel für eine proisraelische Identitätspolitik austauschen würde, war keinesfalls gegeben, lässt sich aber, zumindest teilweise, auch aus diesem Machtzuwachs erklären. Dass Deutschland erneut zum mächtigsten Land in Europa wurde, machte es notwendig, der Außenwelt Friedfertigkeit und Demokratiefestigkeit zu signalisieren. Das Bekenntnis zu Israel muss nicht zuletzt in diesem Zusammenhang interpretiert werden.

Rein machtpolitisch besehen handelte es sich bei der Wiedervereinigung um einen Vorgang vergleichbar mit dem Einigungskrieg gegen Frankreich von 1871, als aus dem größten der deutschen Staaten, Preußen, das Deutsche Reich hervorging. Das 1871 geschaffene Reich war zu groß, um ein Staat unter Gleichen zu sein, aber nicht groß genug, um unbestrittener Hegemon über Europa zu werden. Die Pentarchie – das Gleichgewicht der europäischen Großmächte – war 1871 durcheinandergeraten, konnte nur durch Bismarcks anschließende Defensivdiplomatie für eine gewisse Zeit aufrechterhalten werden.

So, wie in den 1980er Jahren kaum jemand das baldige Ende des Kalten Krieges vorhergesehen hatte, so hatte auch kaum jemand geglaubt, dass weniger als ein Jahr nach dem Mauerfall vom 9. November 1989 die Wiedervereinigung vollzogen sein würde. Die USA stimmten der Wiedervereinigung unter der Vorgabe zu, dass das »neue Deutschland« Mitglied der NATO bleiben würde, wofür es, interessanterweise, eine Zustimmung von nur 20 Prozent innerhalb der deutschen Bevölkerung gab. Die mit ihrem Zerfall beschäftigte Sowjetunion willigte in die Aufgabe der DDR ein, wobei ein demütigender Entwicklungskredit aus Berlin half. Deutschlands Nachbarstaaten und Großbritannien, die der Wiedervereinigung misstrauisch bis ablehnend gegenüberstanden, hatten keine andere Wahl, als sich zu fügen (Wiegrefe 2010).

Wie reagierte Israel auf die deutsche Einigung? Laut der Historikerin Jenny Hestermann gab es in Israel vor allem zwei Sorgen: einmal, dass die proarabische und antiisraelische Politik der DDR in die Politik des wiedervereinigten Deutschlands einfließen würde, zweitens, dass das »neue Deutschland« die demokratische Maske abstreifen könne, um sein hässliches altes Gesicht wieder zu offenbaren. Premierminister Yitzhak Shamir vom Likud äußerte seine Vorbehalte im amerikanischen Fernsehen deutlich: »Die große Mehrheit des deutschen Volkes beschloss, Millionen von Juden zu ermorden, und jeder bei uns könnte denken, dass, hätten die Deutschen wieder eine Gelegenheit, der stärkste Staat in Europa beziehungsweise der Welt zu sein, sie es wieder versuchen würden.« (Hestermann 2014) Die Regierung Kohl zeigte sich von derlei Verlautbarungen irritiert. Eine Reihe offizieller deutscher Besucher in Israel versuchte, die geäußerten Sorgen zu lindern, nicht zuletzt mit dem bewährten Mittel der Scheckbuchdiplomatie (Pallade 2005: 136).

Zur erstgenannten Sorge über die antiisraelische Politik der DDR lässt sich sagen, dass von der Außenpolitik der alten DDR im neuen Deutschland nichts übrigblieb. Überdies hatte die von der Auflösung begriffene DDR ihren Ton gegenüber Israel schon vorher gemildert.

Im April 1990 verabschiedete die erste und letzte frei gewählte Volkskammer der DDR eine Resolution, in der folgende Selbstkritik zu lesen war: »Wir bitten die Juden in aller Welt um Verzeihung. Wie bitten das Volk in Israel um Verzeihung für Heuchelei und Feindseligkeit der offiziellen DDR-Politik gegenüber dem Staat Israel und für die Verfolgung und Entwürdigung jüdischer Mitbürger auch nach 1945 in unserem Land.« (Voigt 2008) Zu spät: Ein halbes Jahr später war die DDR Geschichte.

Die Wechselwirkung zwischen Vergangenheitspolitik und Israelpolitik sollte sich, anders als von Yitzhak Shamir befürchtet, zu Israels Gunsten entwickeln. Zunächst aber wurde die Frage der Wiedervereinigung vom Zweiten Golfkrieg überschattet, den die USA und ihre Verbündeten gegen den Irak führten, der 1990 das winzige benachbarte Kuwait überfallen hatte.

Deutsches Gas

Die Jahre nach dem Kalten Krieg – die 1990er und die frühen 2000er – standen weltpolitisch im Zeichen amerikanischer Hegemonie. Militärisch demonstrierten die USA diese Macht im Golfkrieg von 1991. Nachdem der Irak das benachbarte Kuwait überfallen und besetzt hatte, bildeten die USA eine internationale Koalition, die selbst ehemalige Feindstaaten im Nahen Osten wie Syrien beinhaltete. Deutschland entschloss sich zur militärischen Enthaltsamkeit, finanzierte per Scheckbuchdiplomatie den Krieg aber mit. Der Irak, der über die viertgrößte Armee der Welt verfügte, wurde in kürzester Zeit geschlagen. Saddam Hussein wurde an der Macht gelassen, aber das Land unter harsche Sanktionen gesetzt, die den Wiederaufbau des Landes verhinderten und akademischen und UN-Schätzungen zufolge über eine halbe Million Todesopfer forderten, viele davon Kinder.

In den ersten Tagen des Golfkrieges feuerte Saddam Husseins Armee Raketen auf Israel ab, nicht zuletzt, um die arabische Koalition gegen den Irak zum Bröckeln zu bringen. Deutsche Unternehmen waren zuvor am irakischen Chemiewaffenprogramm beteiligt gewesen. Chemiewaffen, die unter anderem auch gegen die kurdische Zivilbevölkerung im Irak eingesetzt wurden. Das 1988 gegen die kurdische Bevölkerung angerichtete Massaker von Halabja, das tausende Todesopfer und Schwerverletzte forderte, trug auch eine deutsche Handschrift.

Die SCUD-Raketen, die aus dem Irak auf Israel abgefeuert wurden, versetzten Israel in ein kollektives Trauma. Nie zuvor, schrieb der israelische Historiker Tom Segev, hatten so viele Israelis eine so jüdische Erfahrung geteilt (Segev 1993: 507). Israelis saßen mit Gasmasken im Bunker, während Raketen auf das Land prasselten.

Husseins Vernichtungsrhetorik und die Beteiligung deutscher Unternehmen am irakischen Raketenbau ergaben ein eindrückliches Bild: Erneut beteiligten sich deutsche Firmen an einem Mordversuch gegen Juden. Der Golfkrieg hatte den Holocaust wieder in das Zentrum israelisch-deutscher Beziehungen gerückt.

Als unmittelbare Antwort flog Außenminister Genscher nach Israel und überreichte einen Scheck über 255 Millionen DM für humanitäre Hilfe. Außerdem wurden zwei in Deutschland stationierte amerikanische Patriot-Raketenabwehrsysteme geliefert. Es folgte eine israelische Wunschliste für Militärgüter aus der Bundesrepublik. Darauf standen acht Fuchs-Panzer, Finanzhilfe für ein verbessertes Patriot-Flugabwehrsystem sowie drei U-Boote, von denen weiter unten noch die Rede ist (Pallade 2005: 151-5).

Dass Deutschland eine der größten Rüstungsschmieden der Welt ist und deutsche Firmen bei der Wahl ihrer Handelspartner – siehe Irak unter Hussein – nicht gerade nach menschenrechtlichen Vorgaben vorgehen, steht im Kontrast zum bemerkenswert moralischen Tonfall in der deutschen Außenpolitik, der von Interessen gerne schweigt.

Die Rand-Corporation, eine Denkfabrik, die die amerikanischen Streitkräfte berät, zeigte sich nach dem bereits erwähnten Golfkrieg überrascht über die deutsche nahostpolitische Debatte. Kurz nach dem Krieg legte sie eine Analyse der deutschen Außenpolitik vor. Die Analyse liest sich so, als hätte sie auch zehn oder 20 Jahre später veröffentlicht werden können. Strategische Fragen spielten in der deutschen Debatte um den Golfkrieg keine Rolle, so der Bericht. Stattdessen ging es um die Frage, ob die Bundesrepublik den USA etwas für die Unterstützung bei der Wiedervereinigung »schuldete«, oder darum, wie sich Deutschland aufgrund seiner historischen Verantwortung gegenüber Israel zu verhalten habe. Deutschland, so der Bericht, war, was den Nahen Osten anging, passiv – ein starker Kontrast zu seiner Rolle in Europa, wo es seine Interessen aktiv vertrat. Der Bericht attestierte Deutschland mangelnde geopolitische Reife, und führte dies auf historische und psychologische Faktoren zurück (Asmus 1992: vi).

Außenpolitik und Moral

Um zu verstehen, warum die deutsche Rede über Außenpolitik durchdrungen ist von Begriffen wie Schuld und Verantwortung, sie also eine moralische Rede ist, obwohl man das von der Praxis nicht unbedingt behaupten kann, muss der Blick auf die Verschränkung von Vergangenheitspolitik, nationaler Identität und Israel geworfen werden.

Ausländerfeindliche Gewalt, gipfelnd im Pogrom von Rostock-Lichtenhagen, die im Bundestag gesungene Nationalhymne – dass die Wiedervereinigung im benachbarten Ausland und im kritischen Teil des Inlands nicht nur für Resonanzfreude sorgte, überrascht nicht. Wer aber glaubte, dass der deutsche Nationalismus sich wieder in alter Hässlichkeit aufrichten würde, hatte sich verschätzt.

Die heftigen Debatten über Erinnerung und nationale Identität, die seit der Wiedervereinigung bis heute geführt werden, zeugen davon, dass eine Antwort auf die Frage, wie eine deutsche nationale Identität nach Auschwitz zu konstruieren sei, nicht endgültig, vielleicht auch gar nicht zu beantworten ist (Zuckermann 2004). Einen prominenten Antwortversuch gab Martin Walser im Oktober 1998 in der Paulskirche anlässlich seiner Auszeichnung mit dem Friedenspreis des Deutschen Buchhandels. In seiner Dankesrede verwahrte sich der Schriftsteller gegen die »Moralkeule« Auschwitz und forderte eine Abkehr vom ritualisierten, öffentlichen Gedanken. Walser erhielt viel Beifall. Ignatz Bubis, Präsident des Zentralrats der Juden in Deutschland, nannte Walser hingegen einen »geistigen Brandstifter«, der die demokratische Mitte für rechtsradikales Gedankengut öffne.

Wer ein Vierteljahrhundert später auf die Walser-Bubis-Kontroverse zurückblickt, stellt fest, dass der nationale Drang zum Vergessen sich nicht durchgesetzt hat, zumindest nicht im öffentlich-politischen sowie im medialen Diskurs. Dort gewann eher das Postulat Weizsäckers: Erlösung durch Erinnerung. Die Erinnerung an die Vergangenheit, präziser: an den an den Jüdinnen und Juden Europas verübten Genozid, diese Erinnerung ist sinnstiftend zumindest für die staatliche Konstruktion deutscher Gemeinschaft, sprich, der Nation. Zwar sind mit dem Aufstieg der AfD die nie weggewesenen und gesellschaftlich in der Breite vorhandenen Rufe nach einer Entsorgung der Vergangenheit wieder laut geworden, das Staatsverständnis berühren sie jedoch (noch) nicht.

Die Debatten um das Holocaust-Mahnmal in Berlin deuten an, wie Auschwitz für deutsche nationale Identität nutzbar gemacht werden kann. Gerhard Schröder, Bundeskanzler zur Zeit der Planung der Gedenkstätte, wollte, dass das Mahnmal ein Ort sei, »zu dem man gerne geht« (Leggewie und Mayer 2005). Der Historiker Eberhard Jäckel, einer der Initiatoren des Mahnmals, fand, dass das Mahnmal es Deutschen erlaube, wieder »aufrecht zu gehen« und dass andere Länder Deutschland um diese Gedenkstätte beneiden würden (Thünemann 2013). Wem diese Aussagen paradox erscheinen, möge sie dialektisch verstehen: als Umdeutung des schlimmsten Teils deutscher Geschichte in eine Ressource für die Zukunft der Nation. Was sich hier andeutet, ist nicht zuletzt ein nationaler Stolz darüber, wie gut die vergangene Barbarei doch verarbeitet worden sei.

Staatliche Erinnerung kann nicht unpolitisch sein – sie verbindet sich stets mit staatlichen Zwecken. Außenminister Joschka Fischer argumentierte 1999, dass sich Deutschland nicht trotz, sondern wegen Auschwitz an der NATO-Intervention im Kosovo beteiligen müsse. Deutschland trage nicht einfach die Verantwortung zu militärischer Enthaltsamkeit, sondern auch zur Bekämpfung von Faschismus und Genozid über seine eigenen Landesgrenzen hinweg.

Dass Fischer sowohl seinen früheren Pazifismus als auch seinen Interventionismus mit Auschwitz begründen konnte, zeigt, wie variabel Vergangenheit für politische Zwecke eingespannt werden kann. Eine Entscheidung für den Krieg lässt sich schwerlich nur rational und interessegeleitet begründen. Ohne Pathos und Nation, ohne die Unterscheidung zwischen Gut und Böse, ist es schwer, eine Gefolgschaft für den Krieg zu begeistern. Interessant im deutschen Zusammenhang ist es dennoch, dass es die Toten von Auschwitz sind, die anstelle von Strategie, Taktik und Kosten-Nutzen-Kalkulation für außenpolitische Debatten herhalten müssen. Ob das wirklich »moralischer« ist, ist eine Frage, die in Deutschland diskutiert werden müsste.

Interventionismus im Namen von Auschwitz ist allerdings keine rein deutsche Angelegenheit. Die sogenannten »humanitären Interventionen«, eine Innovation der 1990er Jahre, gründeten sich nicht zuletzt auf einem gesamtwestlichen »Nie wieder« (Barkawi und Laffey 2006: 341). In diesem Sinne lässt sich die deutsche Beteiligung an der NATO-Intervention auch als Form weiterer Westintegration nach dem Kalten Krieg verstehen.

Militärische Beziehungen nach der Wiedervereinigung: Ein Überblick

Dass Deutschland Israel mit Waffen, vor allem mit den Dolphin-U-Booten belieferte, weil zuvor deutsche Firmen an Iraks Raketenprogramm mitgearbeitet hatten, bedeutete eine Rückkehr zur Frühphase der deutschen Israelpolitik, als militärische Großlieferungen die Norm waren. Zwischen 1965 und dem Ende des Kalten Krieges waren die Militärbeziehungen zwischen beiden Ländern nicht von solchen Großlieferungen geprägt – auch das ein Ausdruck der seitdem überwundenen Normalisierungspolitik. Die U-Boot-Lieferungen, die im Gegenzug für die deutsche Beteiligung am irakischen Chemiewaffenprogramm erfolgten, erinnerten auch an den direkten Tauschcharakter, der sich für die Israelpolitik der Nachkriegszeit beobachten lässt. So hatte Adenauer noch den für die Bundesrepublik günstigen Ausgang des Eichmann-Prozesses abgewartet, bevor er eine Großlieferung für die israelische Armee abnickte (siehe auch Fischer 2019: 30).

Israel hatte den Kauf der deutschen U-Boote schon vor dem Golfkrieg geplant, musste aber aus finanziellen Gründen von einem bereits unterzeichneten Kaufvertrag Abstand nehmen. Die U-Boote der Dolphin-Klasse sind der bisher teuerste deutsche Militärexport nach Israel. Genau beziffern lassen sich die Kosten nicht, wohl aber hat die Bundesrepublik mehr als 85 Prozent der Kosten – rund 1,1 Milliarden DM – für die ersten drei der sechs ausgelieferten U-Boote getragen. Die verbliebenen 15 Prozent wurden vermutlich in Form von Sachleistungen aus der israelischen Rüstungsindustrie gezahlt (Nassauer und Steinmetz 2003: 20). Die gesamte deutsche Hilfe für Israel während des Golfkrieges lag bei etwa zwei Milliarden DM (Pallade 2005: 153).

In den Jahren 2005 und 2006 sagte die Bundesrepublik U-Boote Nummer vier, fünf und sechs zu, bei denen sich Deutschland mit einem Drittel an den Kosten beteiligte. 2015 stimmte Berlin dem

Verkauf von vier Korvetten zu, die die israelische Gasförderung im Mittelmeer absichern sollten. Im Januar 2022 schließlich wurde – nach langen Querelen um Korruptionsvorwürfe im Rahmen des Dolphin-Geschäfts – ein Vertrag über drei weitere U-Boote unterschrieben. Die speziell nach israelischen Bedürfnissen angefertigten Dolphins sind das Rückgrat der israelischen Marine. Weil sie atomar bestückt werden können, sind sie ein essenzielles Abschreckungsmittel gegenüber einem iranischen Regime, das nach der Atomwaffe strebt (Bergmann und Stark 2017; Nassauer 2017).

Dass Deutschland die Kosten dieser U-Boote entweder fast komplett trägt, wie das bei den ersten drei Dolphins der Fall war, oder sich mit erheblichen Kosten zumindest beteiligt, wie das bei den späteren U-Booten oder auch den erwähnten Korvetten der Fall ist, erklärt sich auch, aber nicht allein aus einem deutschen historischen Verantwortungsgefühl heraus. Israel betont den Reparationscharakter deutscher Waffenlieferungen bisweilen stärker als Deutschland es tut, weil öffentliche Debatten über diese Waffenlieferungen hierzulande leicht zu entgleisen drohen – siehe das weiter unten angesprochene Gedicht von Günter Grass. Israel argumentierte beispielsweise, dass das wiedervereinigte Deutschland die ersten drei Dolphins finanzieren sollte, weil die DDR nie Reparationen an den jüdischen Staat gezahlt hatte (Aruch 2012: 17).

Für die Bundesrepublik lohnt sich das vom Steuerzahler bezahlte Geschäft allein aus industriepolitischen Gründen: Die Produktion der extra für Israel angefertigten U-Boot-Klasse sorgt dafür, dass Deutschland seinen Wettbewerbsvorteil im maritimen Sektor ausbaut. Derartige Geschäfte kommen einer Subventionierung der Rüstungsindustrie gleich, sorgen also für Beschäftigungs- und Produktionsstabilität.

Mehr als nur U-Boote

»Seit Beginn der Zusammenarbeit mit Israel ist es ständige Praxis aller Regierungen gewesen, diese Kooperation möglichst wenig öffentlich zu gestalten oder zu formalisieren«, so das Bundesverteidigungsministerium im Jahre 1991 (zitiert in Nassauer, Steinmetz und Pallade 2002). Eine genaue Auflistung der deutsch-israelischen

Rüstungskooperation seit Ende des Kalten Krieges ist für die Zwecke dieses Buchs weder möglich noch nötig. Wichtiger ist, zu einer realistischen Einschätzung der Größenordnung, der beidseitigen Relevanz und der Gründe für diese Beziehungen zu gelangen.

Der Politikwissenschaftler Yves Pallade hat in seiner Dissertation die geheimdienstlichen und militärischen Beziehungen zwischen Israel und Deutschland in den 1990er und frühen 2000er Jahren detailreich aufgearbeitet. Laut Pallade ist die militärische und geheimdienstliche Kooperation zwischen beiden Ländern zur politischen Routine geworden, sie ist stabil und in den jeweiligen staatlichen Bürokratien verankert, funktioniert also weitgehend unabhängig davon, welche politischen Kräfte in beiden Ländern die Regierungen bilden (Pallade 2005: 243). Die Stabilität der militärischen Beziehungen bildet das Fundament, auf dem diplomatische Krisen, die mehr Aufmerksamkeit erfahren, leichter gelöst werden können. Weder Israel noch Deutschland haben ein Interesse daran, die sicherheitspolitische Zusammenarbeit zwischen den Ländern zu gefährden, die im militärischen, rüstungspolitischen und geheimdienstlichen Bereich so verzahnt ist wie die zwischen den Staaten der NATO. Außer der Ukraine ist wohl kein anderes Nicht-Mitglied so engmaschig in die NATO integriert wie Israel.

Die militärische Zusammenarbeit umfasst Forschung, Entwicklung, Ausbildung und gemeinsame Truppenübungen (Pallade 2005: 136-240; Nassauer und Steinmetz 2003). Beispielsweise übergab Israel nach den Kriegen von 1967, 1973 und 1982 erbeutete Waffen aus sowjetischer Produktion an Deutschland – für den Rüstungswettlauf mit der Sowjetunion wichtig. Im Gegenzug versandte Deutschland nach der Wiedervereinigung militärisches Material aus der DDR nach Israel.

Neben der technologischen Entwicklung ist die Komponentenlieferung wichtiger Bestandteil des rüstungspolitischen Tagesgeschäfts. Zum Beispiel sind die israelischen Merkava IV-Panzer mit deutschen 400 MTU-Motoren ausgestattet. Komponentenlieferungen tauchen in den seit 1999 veröffentlichten deutschen Rüstungsexportstatistiken nicht auf, weshalb ihre Relevanz leicht unterschätzt wird (Nassauer und Steinmetz 2003: 23).

Israelische und deutsche Militärs geben über ihre Zusammenarbeit selten Auskunft. Dass die militärische wie auch die geheimdienstliche Zusammenarbeit zwischen Deutschland und Israel abgeschirmt von der Öffentlichkeit stattfindet, macht sie für allerlei Geraune anfällig. Umso interessanter ist eine Reportage im Deutschlandfunk aus dem Jahr 2002, in der der israelische General Reuven Benkler, damals Militärattaché in der israelischen Botschaft in Berlin, über die Zusammenarbeit mit Deutschland nach dem Kalten Krieg Auskunft gab:

> »Zwischen beiden Armeen gibt es sehr wenig Geheimnisse. Die Dinge liegen offen auf dem Tisch, und wir teilen mit der deutschen Armee fast ununterbrochen und direkt jede Erkenntnis, die wir aus den praktischen Erfahrungen im Einsatz unserer Armee gewinnen. Und wir sind eine Armee mit sehr reichen Erfahrungen. Die deutsche Armee ist eine von wenigen, die sich von uns ein Gesamtbild machen können: wie wir kämpfen, was wir tun, was wir gelernt haben aus unseren Einsätzen und was wir richtig gemacht haben. Als Ergebnis von alledem hat die Bundeswehr Anteil an allem, was wir entwickeln – und ich denke, wir sind keine schlechte Armee – an allen Erkenntnissen und Konsequenzen aus der Praxis.« (zitiert nach Engelbrecht 2002.)

Helmut Willmann, ein ehemaliger Inspekteur der Bundeswehr, erhielt als erster ausländischer Soldat überhaupt eine Ehrenauszeichnung der Israel Defense Forces (IDF), die seine Verdienste für die israelischen Streitkräfte würdigte. Willmann erklärte die Zusammenarbeit mit Israel einerseits aus historischen, andererseits aus militärpraktischen Gründen. Für Willmann war es wichtig, dass deutsche Soldaten Yad Vashem besuchen, bevor sie zusammen mit der israelischen Armee trainierten:

> »Mich hat natürlich auch die Armee fasziniert. Das ist eine Einsatzarmee, eine Armee, die ständig im Einsatz ist. Das ist ein Land, das ja eigentlich ständig um seine physische Existenz kämpfte. Das heißt also: Wir, die wir gerade im Umbruch waren, das deutsche Heer in den 90er Jahren von der Friedens- zur Einsatzarmee, suchten natürlich auch den Kontakt zu Armeen, die da schon mehr Erfahrungen hatten als wir. Und da war ich natürlich professionell schon sehr beeindruckt von der israe-

lischen Armee. Und mir war klar, dass die Zusammenarbeit mit der israelischen Armee natürlich auch professionell uns Vorteile bringt.« (Zitiert nach Engelbrecht 2002.)

Deutschland verfügt gegenüber Israel nicht zuletzt im militärischen Bereich über Hebel und Druckmittel. Überlegungen, die Hilfe für Israel abhängig zu machen von friedenspolitischen Konzessionen – beispielsweise einem Stopp des von Deutschland kritisierten Siedlungsbaus –, finden aber nur selten statt und gelten als unrealistisch. Aus demselben Jahr wie die gerade zitierten Interviews stammt dieses unmissverständliche Statement vom damaligen Kanzler Schröder: »Ich will ganz unmissverständlich sagen: Israel bekommt das, was es für die Aufrechterhaltung seiner Sicherheit braucht, und es bekommt es dann, wenn es gebraucht wird.« (Zitiert nach Nassauer, Steinmetz und Pallade 2002.)

Die Ursprünge der Staatsräson

Seitdem Angela Merkel 2008 das von Schröder bereits artikulierte Selbstverständnis vor dem israelischen Parlament wiederholt hat – dass die Sicherheit Israels für Deutschland nicht verhandelbar und Teil der Staatsräson ist –, erfährt dieses Bekenntnis in Deutschland verhaltene Kritik. Diese Kritik läuft meist auf dasselbe hinaus: Deutschland mache sich vom israelischen Sicherheitsverständnis abhängig und verpasse es damit, eine eigene, souveräne und menschenrechtskonformere Politik gegenüber dem Israel-Palästina-Konflikt zu verfolgen.

Wie dieses Buch hoffentlich zeigen konnte, redet eine solche Kritik an der Wirklichkeit vorbei: Deutschland hat seine Israelpolitik stets nach nationalem Eigeninteresse ausgerichtet. Das heutige Deutschland ist Israel nicht verbunden, weil Israel das deutsche Schuldempfinden auszunutzen weiß, sondern weil die Beziehungen mit Israel zum integralen Bestandteil deutscher Vergangenheitspolitik seit Ende des Kalten Krieges geworden sind.

Die Zusammenhänge zwischen Vergangenheitspolitik und Nahostpolitik sind komplex. Eine direkte, monokausale Verbindung zwischen beiden existiert nicht. Die Verbindungen verlaufen nicht nur von deutscher Erinnerungskultur Richtung Israel, sondern auch vom Konflikt selbst Richtung Deutschland.

Der Satz, dass Israels Sicherheit deutsche Staatsräson sei, geht nicht auf Merkels berühmte Rede vor der Knesset zurück, sondern stammt aus der Zeit der Zweiten Intifada und wurde geprägt vom damaligen deutschen Botschafter in Israel, dem Sozialdemokraten Rudolf Dreßler.

Dreßler beginnt seinen 2005 verfassten Aufsatz, in dem er seine Position formuliert, mit einer Schilderung der Schrecken der palästinensischen Selbstmordattentate. Er rechnet die israelischen zivilen Opfer auf die deutsche Gesellschaft hoch und fragt, wie die deutsche Bevölkerung auf eine vergleichbare Situation reagiert hätte. Danach kommt Dreßler auf den Nationalsozialismus zu sprechen und erklärt, dass er wegen des Holocausts in die Politik gegangen sei. Sein Plädoyer für eine fortwährende kritische Auseinandersetzung mit der deutschen Vergangenheit stellt er in den Kontext der deutsch-israelischen Beziehungen, die »nie besser« gewesen seien (Dreßler 2005). Dreßler teilt seiner deutschen Leserschaft mit, dass er als erster deutscher Botschafter überhaupt an der Holocaust-Gedenkfeier in Yad Vashem hatte teilnehmen dürfen. Er schreibt über die militärischen Beziehungen und berichtet, wie deutsche Marinesoldaten mit ihren israelischen Kolleginnen und Kollegen »freundschaftlich« trainieren und wie er sich persönlich mit der Aufstandsbekämpfung der israelischen Armee vertraut machen konnte. Israel, so der Botschafter, betrachte Deutschland als seinen zweitwichtigsten Verbündeten nach den USA. Im militärischen Bereich seien die Verbindungen so eng wie sonst nur mit Staaten der NATO. Dreßler endet seinen Aufsatz mit einem Appell:

> »Ich habe mir in meinem Leben nie Gedanken machen müssen über die Existenzberechtigung meines Landes, obwohl Deutschland im vorigen Jahrhundert die Welt zweimal an den Abgrund brachte. Meine Sozialisation unterscheidet sich grundlegend von derjenigen eines Israelis. Keine tägliche Bedrohung! Keine Aberkennung der Existenzberechtigung! Kein Kampf um den eigenen Staat! Deshalb gebrauche ich das Wort ›Sicherheit‹ als Schlüsselbegriff für einen Wiedereinstieg in einen konstruktiven Nahostprozess. Die Staatengemeinschaft muss für Israel

> Sicherheit erarbeiten … Deutsche Regierungen haben nie Zweifel daran gelassen, dass sie Israel dabei helfen wollen. Unsere Hilfe steht unter der Maxime, die deutsche Regierungsvertreter, die alle Fraktionen des Bundestages immer wieder deutlich gemacht haben: Die gesicherte Existenz Israels liegt im nationalen Interesse Deutschlands, ist somit Teil unserer Staatsräson.« (Dreßler 2005)

Der Konflikt zwischen den zwei nationalen Kollektiven, Israel und Palästina, ist moralisch ambivalent und historisch mehrdeutig. Für den Holocaust gilt das nicht: die deutsche Vernichtungspolitik war das Böse, und dieses Böse war absolut. Staatsräson bedeutet nicht zuletzt, den israelisch-palästinensischen Konflikt durch die Brille des Holocaust zu betrachten. Das erleichtert für Deutschland zwar die Solidarisierung mit Israel, kann aber auch dazu verleiten, die politischen Gründe für palästinensischen Widerstand – ob in terroristischer, aufständischer oder gewaltfreier Form – nicht nur nicht beurteilen, sondern sie, vor jeglicher Beurteilung, überhaupt erst einmal nachvollziehen zu können.

Staatsräson in Aktion: Das iranische Atomprogramm und die Abschreckung made in Germany

Das Selbstverständnis, wonach Israels Sicherheit deutsche Staatsräson ist, hat ihre Ursprünge auch in der Zweiten Intifada, also im israelisch-palästinensischen Konflikt. In ihrer Rede vor der Knesset im Jahre 2008 aber sprach Angela Merkel wesentlich mehr über die iranische anstatt über die palästinensische Bedrohung für Israels Sicherheit. Warum, ist leicht zu verstehen: der bewaffnete palästinensische Kampf gegen Israel, seit dem Oslo-Prozess verkörpert vor allem von der Hamas, stellt für Israel zwar eine akute Bedrohung dar, jedoch keine, die die israelische militärische Übermacht ernsthaft in Frage stellen könnte (das ist auch der Grund, warum es die Boykottbewegung gegen Israel – BDS – gibt. Wenn man Israel militärisch nicht besiegen kann, dann eben per Narrativ). Anders verhält es sich im Falle des Iran, vor allem, wenn dieser in den Besitz nuklearer Waffen gelangen sollte. In ihrer Knesset-Rede von

2008 wandte Merkel sich gegen die Drohungen des Iran »gegen Israel und das jüdische Volk« und unterstrich, dass das iranische Nuklearprogramm in erster Linie eine Gefahr für Israel darstelle (Merkel 2008).

Der damalige Präsident des Iran, Mahmud Ahmadinedschad, war ein plumper Antisemit, der 2006 eine Konferenz in Teheran ausrichten ließ, an der etwa der französische Holocaustleugner Roger Faurrison oder der ehemalige Anführer des Ku-Klux-Klan, David Duke, teilnahmen.

Das iranische Nuklearprogramm brachte Deutschland in eine missliche Lage, hatte es am Iran doch starke wirtschaftliche Interessen. Deswegen, und auch aus der deutschen außenpolitischen Überzeugung heraus, dass Verhandlungen besser sind als Konfrontation, unterstützte Berlin die Bemühungen der amerikanischen Regierung von Barack Obama um das Nuklearabkommen mit Iran, dass 2015 abgeschlossen wurde, um nur drei Jahre danach von der Nachfolgerregierung Donald Trumps einseitig aufgekündigt zu werden, woraufhin der deutsche Handel mit Iran um die Hälfte einbrach.

Der deutsche Glaube an eine Verhandlungslösung mit Iran wird in Israel nicht geteilt. Israel war, gerade in der langen zweiten Amtszeit von Benjamin Netanjahu, der entschiedenste Gegner der Verhandlungen mit Iran, wobei Netanjahu gewiss nicht nur für die Anhänger seiner eigenen Partei sprach. Warum Kompromisse schließen mit einem Staat, für den die Dämonisierung Israels integraler Bestandteil der Herrschaftsideologie ist? Warum einer Regierung, für die Holocaustleugnung und Vernichtungsandrohung zur politischen Normalität gehören, Schritte in Richtung potenzieller nuklearer Bewaffnung erlauben?

Deutschlands Bereitschaft zu Verhandlungen mit Iran ist, für jene, die solcher Beweise noch bedürfen, ein weiterer Beleg dafür, dass die deutsche Nahostpolitik sich nicht nach israelischen, sondern deutschen Interessen und Vorstellungen ausrichtet. Es stellt sich aber die folgende Frage: warum hat Israel während der Verhandlungen mit Iran so sehr gegen die USA, nicht aber gegen Deutschland opponiert? Die Antwort schwimmt unter Wasser und kann mit nuklearen Sprengköpfen bestückt werden: die Dolphin-U-Boote, die Deutschland seit Ende der 1990er Jahre an Israel liefert. Diese U-Boote sind der materielle Ausdruck der Rede von der Staatsräson. Sollte sich Iran jemals dazu befähigen, Israel atomar bedrohen zu können, so garantieren die deutschen U-Boote atomare Zweitschlagfähigkeit. Die erste Bombe, die Iran abwerfen würde, wäre gleichzeitig auch die letzte.

Dass sich die »Staatsräson« gerade in der Abschreckung gegenüber Iran manifestiert, wurde in Recherchen für dieses Buch auch mehrfach von deutscher Regierungsseite bestätigt – wobei die Interviewpartner anonym bleiben wollten. Wie weiter oben bereits beschrieben ist die Wahrscheinlichkeit hoch, dass die Bundesrepublik das israelische Nuklearprogramm mitfinanziert hat. Vor diesem Hintergrund würde die Ausstattung der israelischen Marine mit nuklearschlagfähigen U-Booten die Fortsetzung einer längeren Geschichte bedeuten.

Die Entschlossenheit, mit der das junge Israel sein unrealistisches, beinahe undenkbares Atomwaffenprogramm verfolgt hatte, ist ohne das Trauma des Holocaust kaum erklärbar. In einer feindlichen Umwelt sind Nuklearwaffen Lebensversicherungen. Es verwundert deswegen nicht, dass in Israel Deutschlands Unterstützung in diesem Bericht als Reparationsleistung gewürdigt wird. In einem Leitartikel der *Jerusalem Post* hieß es 2006:

> »Die Haltung der deutschen Regierung unterstreicht einen radikalen Gesinnungswandel in der deutschen Gesellschaft. Während die Großeltern-Generation den Holocaust verübt hat, und während die Eltern-Generation Reparationen für die Opfer gezahlt hat, so hilft diese Generation, einen zweiten Holocaust zu verhindern, indem sie die israelische Armee mit einigen der wichtigsten Defensivwaffen in ihrem Arsenal unterstützt.« (Zitiert in Achcar 2010: 395.)

Natürlich kann ein Leitartikel nicht das israelische Meinungsspektrum abbilden, aber die hier geäußerte Logik ist interessant. Deutschland helfe, einen zweiten Holocaust zu verhindern, indem es Israel mit Verteidigungsmitteln gegen eine existenzielle Bedrohung ausstattet. Mehr Schuldentlastung lässt sich kaum formulieren. Dennoch aber hängt die deutsche Regierung Waffenlieferungen an Israel nicht an die große Glocke. Zwar redet man gerne von

Moral und historischer Verpflichtung, aber worin diese Verpflichtung besteht, ist eine Debatte, die sich in Deutschland nur schwer führen lässt – was ein 2012 erschienenes Gedicht des späten Günter Grass auf so eindrückliche wie merkwürdige Weise demonstrierte (dazu auch Schirrmacher 2012).

Das Gedicht, das in der *Süddeutschen Zeitung*, aber in Übersetzung auch in Italien und Spanien, veröffentlicht wurde, handelt von den deutschen U-Boot-Lieferungen, von Iran und von Israel. Der antisemitische Gehalt des Gedichts wurde schnell herausgearbeitet: Die von Grass vorgenommene Zuschreibung völkermörderischer Intentionen an Israel war eine Umkehr von Tätern und Opfern, war es doch Iran, das seit der Revolution von 1979 regelmäßig damit gedroht hatte, Israel von der Landkarte zu tilgen. Dazu kam, dass Grass kurz zuvor erst zugegeben hatte, in den letzten Zügen des Zweiten Weltkriegs Mitglied der Waffen-SS gewesen zu sein. Grass beschuldigte Israel, nichts weniger als den »Weltfrieden« zu gefährden, und unterstellte der deutschen Gesellschaft, Kritik an Israel zu tabuisieren.

Interessant ist weniger das Gedicht selbst, das sich ohne ein akutes Gefühl der Fremdscham nicht lesen lässt, als der Umstand, dass eine öffentliche Diskussion in Deutschland über die U-Boot-Lieferungen nur in Form eines solch verquasten Gedichtes stattfinden konnte. Das Gedicht von Grass wurde vom iranischen Regime, einigen deutschen Neonazis und vielen anonymen deutschen Leserinnen und Lesern begrüßt. Kanzlerin Merkel verzichtete auf einen Kommentar.

Während die deutsche Regierung auf ritualisierte, formelhafte Weise über Israel spricht, sind die öffentlichen Debatten verworrener, widersprüchlicher, zerstrittener. Die Mehrheit der deutschen Gesellschaft scheint das Regierungsverständnis nicht zu teilen, worauf Studien immer wieder hinweisen. Laut einer aktuellen Befragung der Bertelsmann-Stiftung finden 57 Prozent der Israelis, dass Deutschland eine besondere Verantwortung für den Staat Israel hat – eine Einstellung, die von lediglich 27 Prozent der Befragten in Deutschland geteilt wird. 61 % der befragten Israelis finden, dass Deutschland im israelisch-palästinensischen Konflikt ausschließlich Israel unterstützen sollte, wofür sich auf deutscher Seite lediglich 12 % der Befragten aussprachen. Mit 64 Prozent empfinden fast zwei Drittel der deutschen Studienteilnehmer, dass beide Seiten im Konflikt zu Kompromissen bereit sein müssten. In Israel findet die Mehrheit der Befragten, dass es die Palästinenser sind, die Konzessionen erbringen müssten (Bertelsmann 2022).

Diese Kluft zwischen gesellschaftlichen Einstellungen und Regierungspolitik reicht bis zu Konrad Adenauers Entscheidung zurück, Reparationen an Israel zu leisten, wofür es 1952 keine gesellschaftliche Mehrheit gab. Schuldabwehr-Antisemitismus spielt bei der mangelnden gesellschaftlichen Identifikation mit dem proisraelischen Regierungsstandpunkt sicherlich eine Rolle. Eine ähnliche Kluft zwischen Regierungshandeln und gesellschaftlichen Einstellungen ist jedoch auch in Großbritannien oder den USA zu beobachten.

So ist ein weiteres in diesem Zusammenhang zu beobachtendes Problem das einer kognitiven Dissonanz, die vom deutschen Regierungsdiskurs eher verstärkt als abgeschwächt wird. Die Bilder, die der israelisch-palästinensische Konflikt produziert, zeigen eine klare Machtverteilung: eine israelische Luftwaffe, die Gaza bombardiert, Siedlungen, die das potenzielle palästinensische Staatsgebiet immer weiter verkleinern, israelisches Militär, das die größten Teile des Westjordanlandes kontrolliert und dort gegen weitgehend unbewaffnete Zivilisten agiert, mit entsprechend gelagerten Todeszahlen.

Die Bilder, die der israelisch-palästinensische Konflikt produziert, kontrastieren mit der offiziellen deutschen Israelpolitik, die ihre Legitimation aus einer deutschen Geschichte bezieht, die Jüdinnen und Juden zu Opfern eines antisemitischen Staates machte. Es ist diese Vergangenheit, die der Zionismus durch die Schaffung eines wehrhaften jüdischen Staates unwiederholbar zu machen versucht.

Israel und Schuldabwehr

Ob nun staatlicherseits, in der medialen Öffentlichkeit oder im privaten Raum: wenn in Deutschland über Israel geredet wird, geht es meistens um die deutsche Vergangenheit und Fragen deutscher Identität in der Gegenwart. Das psychologische Entlastungsbegehren nach Auschwitz kann in Deutschland dabei viele Formen annehmen, die sich nur oberflächlich voneinander unterscheiden. An den politischen Rändern lässt sich in Deutschland ein Changieren zwischen antiisraelischen und proisraelischen Positionen ausmachen, die die Bewegung von »Normalisierung« in Richtung »Staatsräson« in größeren Pendelbewegungen mitvollzieht.

Bei den radikalen Linken hat sich der militante Antizionismus der Nachkriegszeit überholt und wurde von den sogenannten »Antideutschen« in sein Gegenteil verkehrt. Diese politische Subgruppe, die es nur in Deutschland geben kann, identifiziert sich im Namen eines »Nie wieder« besonders stark nicht mehr gegen, sondern mit Israel. Damit sind die »Antideutschen«, ihrem Namen zum Trotz, inhaltlich auf Regierungslinie. Innerhalb der mittlerweile marginalen Linkspartei existiert bis heute ein erbitterter Kampf zwischen israelkritischen und proisraelischen Fraktionen, der auf diese Weise nur innerhalb einer deutschen Linken existieren kann und damit anschauliches Material für das Problem bereitstellt, ob und wie sich eine deutsche nationale Identität nach Auschwitz konstruieren lässt.

Am rechten Rand wiederum hat die AfD den tumben Antisemitismus offen rechtsradikaler Parteien ersetzt durch eine Identifikation mit Israel, die sich bei fast allen neuen rechten Parteien der westlichen Länder beobachten lässt. Diese Identifikation ist antimuslimisch, und sie ist Anti-Aufarbeitung: Wer für Israel ist, so der Gedanke, darf die deutsche Vergangenheit als »Fliegenschiss der Geschichte« bezeichnen.

Zwischen dem linken und rechten Rand setzt die politische Mitte auf Staatsräson. Im bürgerlichen Milieu lässt sich in Deutschland stärker als anderswo eine ausgeprägte Identifikation mit Israel und allem, was als jüdisch gilt, beobachten. Im intensiven deutschen Kreisen um diese Dinge zeigt sich nicht zuletzt eine nachvollziehbare, aber unerfüllbare Erlösungshoffnung.

Es obliegt aber nicht Israel oder der jüdischen Bevölkerung in Deutschland, den Nachgeborenen der Nazis ihre Erinnerungslast abzunehmen. Erinnerungsarbeit ist am produktivsten dort, wo sie am meisten schmerzt: in der eigenen Familie (Frie 2017). Dort herrscht in Deutschland der größte Nachholbedarf. In einer von der Wochenzeitung *Die Zeit* in Auftrag gegebenen Befragung aus dem Jahr 2020 stimmen 64 Prozent der Studienteilnehmer der Aussage zu, dass ihre Eltern, Großeltern oder Urgroßeltern während der NS-Zeit keine nationalsozialistischen Verbrechen begangen hätten. Nur 3 Prozent meinten, dass der Großteil ihrer Familie Befürworter des Nationalsozialismus gewesen sei. Demgegenüber sind 30 Prozent der Meinung, dass der Großteil der eigenen Familie Gegner des Nationalsozialismus gewesen war. Als Konrad Adenauer 1951 im Bundestag davon sprach, dass die meisten Deutschen ihren jüdischen Mitbürgern freudig geholfen hätten, sprach er anscheinend nur aus, was viele heute noch zu glauben scheinen (policy matters / ZEIT 2020).

11. Viel Geld, kein Staat: Deutschland in den palästinensischen Gebieten

Amnesty International umgab lange das Image eines unbestechlichen neutralen Beobachters. Die Menschenrechtsorganisation prangerte Menschenrechtsverletzungen an – egal, wo sie passierten. In Israel gilt Amnesty als alles andere als neutral. Anfang 2022 legte die Organisation einen Bericht vor, in dem sie Israel als »Apartheidstaat« bezeichnete.

Der Bericht beschreibt den Alltag in den palästinensisch bewohnten Gebieten, die Israel 1967 eingenommen hatte, also Ostjerusalem, das Westjordanland und Gaza. Wer diese Gebiete kennt, war von den Zustandsbeschreibungen nicht überrascht: Die Grenzen um Gaza sind größtenteils geschlossen, die humanitäre Lage dort ist katastrophal. Im Westjordanland und in Ostjerusalem herrschen zwei Rechtssysteme, eines für israelische Staatsbürger, eines für staatenlose Palästinenserinnen und Palästinenser. Bewegungsfreiheit, Zugang zu Trinkwasser, politische Rechte – all das und mehr ist für jene, die keine israelische Staatsbürgerschaft haben, stark eingeschränkt.

Nicht nur in Israel, auch in Deutschland stieß der Bericht auf vehemente Kritik. Typischerweise wurde auf die im Bericht beschriebenen Zustände oder die Frage, wie diese zustande kamen, nicht eingegangen. Dafür fehlte den meisten Journalisten und Politikern, die an der Debatte teilhatten, auch schlicht die regionale Expertise. Stattdessen ging es um das »A-Wort«: Israel, den Staat der Holocaustüberlebenden, in dieselbe Kategorie wie Südafrika zu stecken, das auf einem System weißer Herrschaft aufgebaut war, käme einer Täter-Opfer-Umkehr gleich.

Die Überlegung, ob und zu welchem Grad in den palästinensischen Gebieten politische Verhältnisse existieren, die sich mit Apartheid beschrieben lassen, ist weder neu, noch bedeutet sie zwangsweise eine Gleichsetzung Israels mit Südafrika. Die für die Stiftung Wissenschaft und Politik (SWP) arbeitenden Muriel Asseburg und Jan Busse legten 2016 ein knappes Buch vor, das den arabisch-israelischen und israelisch-palästinensischen Konflikt prägnant, faktenorientiert und mit Wissen um beide Konfliktnarrative darlegt. Asseburg und Busse schreiben, dass die von ihnen konstatierte »Einstaatenrealität« durchaus Schnittmengen mit der völkerrechtlichen Definition von Apartheid im Römischen Statut des Internationalen Strafgerichtshof besitzt (Asseburg und Busse 2016: 158).

Eine an den Fakten orientierte Auseinandersetzung um den Bericht von Amnesty fand in Deutschland jedoch nicht statt. Dabei wäre sie nötig gewesen, um den Vorwurf, den Amnesty erhob, argumentativ und nicht lediglich per Skandalisierung entkräften zu können. Denn eines übersieht die Faktenbeschreibung und Abgleichung mit der Rechtsdefinition des Römischen Statuts schon: die politisch relevante Frage der Intentionalität und dass, wer von Apartheid spricht, über den impliziten historischen Vergleich mit Südafrika kaum schweigen kann.

Dass in Südafrika während des Kalten Kriegs institutionalisierte System weißer Herrschaft beruhte auf der expliziten Annahme, dass schwarze Menschen weißen Menschen rassisch unterlegen seien, und es beruhte auf der weißen Ausbeutung schwarzer Arbeitskraft. Apartheid in Südafrika war sowohl rassistische als auch ausbeuterische Absicht. Ist das aber in Israel und den palästinensischen Gebieten der Fall? Die Antwort auf diese Frage lautet: nein. Vielmehr lässt sich die menschenrechtlich tatsächlich unhaltbare Realität im Westjordanland, in Ostjerusalem und in Gaza aus dem Scheitern des Oslo-Friedensprozesses erklären. Das Scheitern des Friedensprozesses ist aber nicht das Resultat eines bösen Plans. Die meisten Israelis hätten lieber eine räumliche Trennung und Frieden mit den Palästinensern als die aktuelle Realität, wie auch immer man sie benennen möchte. Umgekehrt gilt das auch. Warum ist es dazu nicht gekommen? Und wie hat sich Deutschland zum Friedensprozess und seinem Scheitern positioniert?

Der Friedensprozess und sein Scheitern

Israel und die PLO unterzeichneten 1993 und 1995 die zwei Oslo-Verträge, über die sie sich zuvor in Geheimverhandlungen geeinigt hatten. Ziel dieser Verträge war, einen Friedensprozess zwischen Israel und der PLO in Gang zu setzen, im Einklang mit dem »Land für Frieden«-Prinzip der Resolution 242 des UN-Sicherheitsrats, die nach dem Krieg von 1967 verabschiedet worden war. Die PLO erkannte erstmals das Existenzrecht Israels an. Im Gegenzug akzeptierte Israel ein palästinensisches Recht auf Selbstbestimmung und wandelte seine Position zur PLO, die es nun als legitimen Gesprächspartner sah, um die »Endstatus«-Fragen auszuhandeln: Grenzen, Flüchtlinge, Jerusalem, Trinkwasserzugang und Siedlungsbau. Ziel war, all diese Fragen in einem Zeitraum von fünf Jahren zu lösen. Gelöst wurde keine. Im Jahr 2000 brach der Friedensprozess in Camp David zusammen, als sich Ehud Barak und Yassir Arafat auf kein Abkommen einigen konnten.

Wer heute auf den gescheiterten Friedensprozess zurückblickt, vergisst leicht die anfängliche Hoffnung, die er ausgelöst hatte. Diese Hoffnung existierte nicht nur vor Ort. In Deutschland, und in Europa allgemein, herrschte die Vorstellung, dass der Friedensprozess zu einer Zweistaatenlösung führen würde. Das Leitbild: aus einem Territorium mit zwei verfeindeten Nationen mache zwei getrennte Nationalstaaten. Was leicht vergessen wird, ist, dass in den Osloer Verträgen von einer Zweistaatenlösung nichts steht. Es wurde bewusst offengelassen, wie das verhandelte Ende des Israel-Palästina-Konflikts aussehen sollte. Dennoch war man in Europa der Ansicht, dass ein palästinensischer Staat das Ergebnis des Friedensprozesses sein müsse (Pardo und Peters 2010: 17).

Diese Ansicht besteht noch heute. Eine verhandelte Zweistaatenlösung sei das deutsche Ziel, informiert das Auswärtige Amt auf seiner Webseite. Wer über die deutsche Rolle im Oslo-Prozess schreibt, sieht sich aber dem Problem ausgesetzt, dass die Rede von der Zweistaatenlösung an der Einstaatenrealität im Westjordanland oder Ostjerusalem vorbeigeht. Von »Frieden« oder »zwei Staaten« ist die Situation vor Ort weit entfernt.

Dieses Problem zeigte sich anschaulich in einer Reihe von Interviews, die in dieses Buch eingeflossen sind. Deutsche Entwicklungshelferinnen oder Regierungsvertreter boten mir beinahe immer zwei Interview-Versionen an: entweder eine »offizielle«, die ich aufzeichnen durfte, oder aber eine »inoffizielle«, bei der Anonymität gewahrt werden musste. Ich entschied mich stets für die zweite Option. Das Thema ist offensichtlich sensibel. Experten, die die *facts on the ground* kennen, zögerten, lokal generiertes Wissen in einen deutschen Diskurs hineinzutragen, der über Israel und Palästina zwar viel zu sagen hat, ohne aber viel über sein Thema wissen zu müssen. Obwohl die Osloer Verträge immer noch die deutsche Außenpolitik gegenüber dem Konflikt einrahmen, lachten die von mir Befragten, wenn ich in Interviews die Worte »Zweistaatenlösung«, »Oslo« oder »Frieden« verwandte.

Warum verwendet man in Berlin immer noch das Vokabular von Oslo, obwohl die 1990er Jahre von der Gegenwart längst überholt wurden? Und was wären die Alternativen? Eine Rekonstruktion der deutschen Rolle im Oslo-Prozess mag Antwort geben.

Deutsche Friedenshoffnung

Die gegenseitige Anerkennung von Israel und der PLO – vielmehr als das war der Vertrag von 1993 in seiner Substanz nicht – sorgte für erleichtertes Aufatmen im deutschen Bundestag. Der CDU-Abgeordnete Karl Lamers sagte, dass »daß wir uns zuweilen in einem schmerzlichen Zwiespalt fühlten, weil es so schien, als sei das Wohlergehen Israels mit dauernder Heimatlosigkeit der Palästinenser verbunden.« (Bundestag, Sitzung 176, 12. Nov. 1993)

Parteiübergreifend bestand Konsens darüber, dass die Befürworter des Friedensprozesses auf beiden Seiten großzügig unterstützt werden mussten. Nur Hans Modrow von der aus der SED hervorgegangenen Partei des Demokratischen Sozialismus (PDS) sprach mahnende und im Rückblick hellsichtige Worte: »Wir verstehen die Sorge der Menschen, die befürchten, daß der erzielte Kompromiß als Status quo festgeschrieben und damit weitere Schritte auf dem Weg einer umfassenden Nahost-Friedensregelung blockiert werden könnten ... Der in Gang gekommene Prozeß darf nicht dazu führen, daß die Schaffung eines unabhängigen souveränen Staates der Palästinenser, die Entscheidung über den Status von Jerusalem und der Rückzug der israelischen Truppen aus allen seit 1967 okkupierten Gebieten in weite Ferne rücken.« (Siehe dazu auch Said 1993.)

Die EU im Allgemeinen und Deutschland im Besonderen wurden die wichtigsten Geldgeber des Oslo-Prozesses. Die PLO wurde aufgewertet: Die PLO-Mission in Bonn erhielt Botschaftsstatus, Arafat wurde zu einem offiziellen Besuch geladen und die Bundesrepublik war eines der ersten Länder, das ein Vertretungsbüro in Ramallah eröffnete (Müller 2011: 393 f., siehe auch Frangi 2002).

Die Rolle eines politischen Vermittlers im Israel-Palästina-Konflikt hat Europa nie einnehmen können. Dafür war Europa aus israelischer Sicht zu propalästinensisch, aus palästinensischer Sicht zu proisraelisch, und aus Sicht von beiden im Vergleich zu den USA zu schwach. Die einzige Rolle, die Europa im Konflikt verblieb, war die des Geldgebers. Einstmals geschaffene Formate wie das bereits vergessene »Nahost-Quartett«, bestehend aus den USA, Russland, den Vereinten Nationen und der EU, sind zahnlose Papiertiger, die eine politische Rolle der EU im Endeffekt nur vortäuschen (und europäische Diplomaten in rasendem Stillstand beschäftigt halten).

Den politischen Takt gaben, vom Camp-David-Abkommen zwischen Ägypten und Israel 1978 bis heute, die USA vor. Die USA beanspruchten die Rolle des »ehrlichen Maklers« für sich allein, was Israel entgegenkam, da es sich von seinem amerikanischen Verbündeten mit Recht eine entgegenkommendere Haltung als von Europa erhoffte.

Die palästinensische Gesellschaft brauchte wirtschaftliches Wachstum, der Friedensprozess eine ökonomische Dividende und die USA waren froh, dass jemand anderes die palästinensischen Rechnungen beglich (al-Fattal 2010: 7; siehe auch Hollis 1997: 21).

Nicht zufällig stellte Deutschland seine jährlichen »Entwicklungskredite« an Israel, das schon lange kein Entwicklungsland mehr war, 1996 ein, und leitete das Geld weiter an die im Rahmen der Oslo-Verträge neugegründete Palästinensische Autonomiebehörde. Die Autonomiebehörde ist bis heute für die palästinensische Selbstverwaltung in den palästinensischen Ballungszentren im Westjordanland verantwortlich. Sie bildet, so zumindest die europäische Erwartung, den Nukleus eines zukünftigen palästinensischen Staates.

Eine scharfsinnige Analytikerin hat die entwicklungspolitische Rollenverteilung in den palästinensischen Gebieten einmal so beschrieben: »Die USA entscheiden, die Weltbank setzt um, die EU zahlt, die Vereinten Nationen ernähren.« (Le More 2005: 995) Die Rolle als Geldgeber war die einzige, die Europa in der israelisch-palästinensischen Konfliktarena spielen konnte – die einzige Möglichkeit, Einfluss auszuüben. Diese Scheckbuchdiplomatie brachte Bundeskanzler Gerhard Schröder bei Amtsantritt 1998 so auf den Punkt:

> »Im Friedensprozeß zwischen Israel, den Palästinensern und den arabischen Nachbarstaaten können und wollen wir nicht die Rolle des Paten im Friedensprozeß spielen. Dieser Part kommt den Vereinigten Staaten von Amerika und den internationalen Organisationen zu. Aber wir Europäer können und sollten durch gezielte Wirtschaftshilfe, durch Öffnung der Märkte und durch die Beteiligung an Infrastrukturmaßnahmen dazu beitragen, den Friedensprozeß unumkehrbar zu machen. Damit können wir unserer historischen Verantwortung gerecht werden – auch und gerade für Israel und für den Frieden.« (Bundestag 1998, 3. Sitzung, 10. Nov.)

Dieser marktwirtschaftliche Friedensansatz kam der Bundesrepublik insofern zugute, als dass sie sich hinter vermeintlich neutraler Wirtschaftshilfe verstecken konnte, ohne sich politisch in den Prozess zwischen Israel und der PLO einzumischen, der ein Prozess zwischen zwei ungleichen Kräften war. Deutschland war innerhalb der EU der Motor für diesen Ansatz. Die EU ist seit Anfang der 1990er Jahre der wichtigste Geldgeber für die palästinensischen Gebiete, wobei Deutschland am meisten zahlt (Müller 2011).

Die Bundesrepublik unterstützt die palästinensischen Gebiete über diverse Kanäle auch bilateral. Nirgendwo ist die Pro-Kopf-Entwicklungshilfe höher, und nirgendwo hat sie weniger politischen und wirtschaftlichen Ertrag für die Zielbevölkerung gebracht. Nach Angaben des Bundesministeriums für Zusammenarbeit und Entwicklung hat Deutschland »bisher insgesamt 1,4 Milliarden Euro für bilaterale Entwicklungszusammenarbeit zugesagt und ist damit einer der größten Geber in den Palästinensischen Gebieten«. Hier sind die deutschen Zuwendungen an das UNRWA-Hilfswerk und andere UN- sowie Nichtregierungsorganisationen noch nicht mit eingerechnet (siehe »Palästinensische Gebiete« auf der Länderliste des Bundesministeriums für Zusammenarbeit, letzter Zugriff am 3. Nov. 2022).

Dieses Geld fließt aber nicht in die dringend benötigte wirtschaftliche Entwicklung der palästinensischen Gebiete, sondern alimentiert vor allem die Palästinensische Autonomiebehörde, die in den palästinensischen Gebieten der wichtigste Arbeitgeber ist. Dabei wandert viel Geld auch in korrupte Taschen. Die von Kanzler Schröder geäußerte Hoffnung, deutsche Gelder würden vor allem für Infrastruktur und den Aufbau einer funktionstüchtigen Marktwirtschaft verwandt werden, zerstob bereits Mitte der 90er Jahre. Von deutschem Geld werden palästinensische Gehälter und humanitäre Hilfe bezahlt – wirtschaftliche Entwicklung findet hingegen nicht statt (Le More 2005: 992). Diese Entwicklung setzte sich in den 2000ern fort.

Die deutsche Finanzhilfe hat den Friedensprozess nicht »unumkehrbar« gemacht, sondern das institutionelle Gefüge der Osloer Verträge auf Dauer gestellt, ohne aber zu einer Lösung des Konflikts beitragen zu können. Mit Gerhard Schröders Vision eines marktwirtschaftlich flankierten Friedensprozesses hatte das nichts zu tun. Auf palästinensischer Seite sind die einzigen Profiteure dieses Sachverhalts Politiker, die Zugang zu den europäischen und deutschen Fleischtöpfen haben und ihr Ziel von der »Befreiung Palästinas« gegen persönliche Bereicherung eingetauscht haben – leichter zu erreichen ist es allemal.

Der gelegentlich innerhalb der deutschen Politik vor allem rechts der Mitte geäußerte Vorschlag, die Subventionierung der Autonomiebehörde einzustellen, ist nachvollziehbar, aber schwer durchzusetzen, hat Israel doch selbst ein Interesse am Erhalt der Autonomiebehörde, die heute in den palästinensischen Städten des Westjordanlandes, von Ramallah bis Nablus, für Ordnung sorgt. Gäbe es die Autonomiebehörde nicht, so müsste Israel diese Aufgabe selbst übernehmen. Faktisch ergibt sich daraus der paradoxe

Umstand, dass Deutschland Israels Besatzung mitsubventioniert. Ironischerweise ist es gerade die in Deutschland geschasste BDS-Bewegung, die die Auflösung der Autonomiebehörde aus ebendiesen Gründen mehrheitlich fordert.

Der Oslo-Prozess geriet bereits Mitte der 1990er Jahre ins Stocken, als Extremisten auf beiden Seiten eine Friedenslösung zu verhindern suchen. In Hebron richtete der israelische Siedler Baruch Goldstein ein Massaker an, ein anderer israelischer Ultranationalist ermordete den israelischen Premierminister Yitzhak Rabin, ohne dessen politischen Mut und Gewicht es den Osloer Prozess nicht gegeben hätte. Auf palästinensischer Seite sorgte die neugegründete Hamas mit Selbstmordanschlägen auf israelische Zivilisten dafür, dass viele Israelis das Vertrauen in die Aufrichtigkeit der anderen Seite verloren.

Als nach der Ermordung Rabins 1996 erstmals der Oslo-Gegner Benjamin Netanjahu an die Macht kam, war der Friedensprozess auf Eis gelegt. Während sich andere europäische Staaten frustriert zeigten, plädierte Deutschland aber für eine noch engere Zusammenarbeit mit Israel und den USA, um israelischen Sicherheitsbedürfnissen entgegenzukommen. Deutschland wollte den Oslo-Prozess am Leben erhalten, auch gegen andere, kritischere europäische Stimmen (Müller 2011).

Das Scheitern des Friedensprozesses

Im Jahr 2000 nahm der Oslo-Prozess unter amerikanischer Schirmherrschaft einen letzten Anlauf. Der neue israelische Premier Ehud Barak und PLO-Führer Yassir Arafat verhandelten in Camp David über die in den Osloer Verträgen offengelassenen Endstatusfragen.

Die Diskussion darüber, zu welchen Konzessionen beide Seiten sich in den Geheimverhandlungen bereit gezeigt haben, ist an dieser Stelle müßig. Als gesichert darf gelten, dass Ehud Barak so viel zu geben bereit war, wie noch kein anderer israelischer Regierungschef vor ihm. Er war jedoch nicht bereit, Arafats Minimalziel zu erfüllen: ein palästinensischer Staat im gesamten Westjordanland, Ostjerusalem und Gaza.

Kurz nach dem Scheitern von Camp David brach die Zweite Intifada aus. Anders noch als die Erste Intifada, die 1987 begann und ihren Beitrag dazu leistete, Israel an den Verhandlungstisch zu bringen, war die Zweite Intifada von Anfang an gewaltvoll. Für die israelische Gesellschaft begann der Horror der Selbstmordattentate. In den Kontext der Zweiten Intifada fällt der bereits diskutierte Essay des damaligen deutschen Botschafters Rudolf Dreßler. Die Intifada führte dazu, dass sich Deutschland sicherheitspolitisch mit Israel solidarisierte und die israelische Interpretation des Konflikts verstärkt übernahm.

Nachdem auch die USA 2002 öffentlich ihre Unterstützung für einen palästinensischen Staat in nicht näher definierten Grenzen zugesagt hatten – die EU hatte dies bereits 1999 getan –, begann Deutschland, das sogenannte »statebuilding« mitzufinanzieren, was im Endeffekt vor allem auf eine Umbenennung bereits existierender Hilfe hinauslief. 2006 fanden die letzten palästinensischen Wahlen statt. Die Wahlen für den Legislativrat – das Parlament der Palästinensischen Autonomiebehörde – gewann die Hamas, die zu Anfangszeiten des Friedensprozesses noch eine Randerscheinung der palästinensischen Politik gewesen war. Die EU hatte die Wahlen im Vorfeld unterstützt und sie als frei und fair eingestuft, entschied sich aber nach dem Sieg der Hamas dafür, das Ergebnis der Wahlen nicht anzuerkennen. Dieser Schritt war der europäischen Glaubwürdigkeit nicht eben zuträglich, lag aber darin begründet, dass die EU sich ansonsten gegen die Linie ihres israelischen Partners Israels gestellt hätte. Vor allem Deutschland machte sich die israelische Regierungslinie zu eigen und plädierte innerhalb der EU für die Isolierung der Hamas, die im Gazastreifen die Regierung übernahm. Während des ersten Gazakrieges (2008-09) stellte die Bundesregierung sich unzweideutig auf die Seite Israels, nicht ohne Kritik aus dem Bundestag, und lehnte in der Folge des Krieges auch den unabhängigen Goldstone-Bericht ab, der beide Seiten für Kriegsverbrechen verantwortlich machte.

Viel Prozess, kein Frieden

Anstatt sich zu fragen, welche Zusammenhänge es zwischen dem Aufstieg der Hamas und dem Scheitern des Friedensprozesses gab, der weder wirtschaftlichen Aufschwung noch politische Freiheit gebracht, sondern zu wachsender Unfreiheit geführt hatte, wurde

Deutschland in Europa zur treibenden Kraft für die Rettung ebendieses »Friedensprozesses«. Die Hamas wurde beiseitegeschoben und in Gaza isoliert. Im Westjordanland hingegen existierte noch ein »Partner«, mit dem man »statebuilding« betreiben konnte (Asseburg und Busse 2011: 708).

Das Ergebnis ist bekannt. Die Zustände im Westjordanland, in Ostjerusalem und Gaza wurden zu Beginn dieses Kapitels angesprochen. Weil diese Zustände untragbar sind, stellt sich für manche Beobachter die Frage – oder die Forderung – an die Bundesrepublik, doch mehr für eine Zweistaatenlösung zu unternehmen. Was Deutschland alles tun könnte, um einer Zweistaatenlösung entgegenzuwirken, ist der Gegenstand von nicht wenig Politikberatungsliteratur, was aber vom Thema dieses Buchs zu weit wegführen würde (siehe z. B. Lintl 2018, darin v. a. Wildangel 2018).

Stattdessen ist es hilfreicher, die prinzipielle deutsche Rolle in der Dreiecksbeziehung zwischen Israel, der palästinensischen Bevölkerung und Deutschland zum Abschluss noch einmal knapp zu umreißen. Das können wir in Form eines Gedankenspiels tun: was müsste Deutschland tun, um das erklärte Ziel einer Zweistaatenlösung zu erreichen – und warum wird es das nicht tun?

Wer einen palästinensischen Staat zumindest im Westjordanland und in Ostjerusalem schaffen will – der Gazastreifen ist nochmal ein anderes Thema –, müsste das gegen den ausdrücklichen Willen Israels tun, weil sich Israel von einem palästinensischen Staat weniger erhoffen kann, als es befürchten müsste. Israel würde Territorium und Kontrolle aus der Hand geben, um einer feindseligen Bevölkerung ein politisches Zuhause zu geben. Warum sollte es tun, was kein anderer Staat an dieser Stelle tun würde? Deutschland wird unter keinen Umständen versuchen, Israel an den USA vorbei per Sanktionsandrohung an einen Verhandlungstisch zu zwingen, an dessen anderem Ende vermutlich der altersgreise und antisemitismusanfällige Mahmoud Abbas sitzen würde, dessen Autonomiebehörde bereits viel deutsches Geld aufgesogen hat. Die palästinensische Bevölkerung hätte Deutschland nichts zu geben außer Dankbarkeit. Nichts, wofür Deutschland seine Beziehungen zu Israel riskieren müsste.

Die nüchterne Wahrheit ist eine andere: Deutschland hat im Oslo-Prozess und seinem über zwei Jahrzehnte währenden Nachleben eine finanzielle Rolle eingenommen, weil es eine andere nicht gab. Der Friedensprozess ist gescheitert, nicht, weil Israel den finsteren Plan verfolgte, einen Apartheidstaat aufzubauen, sondern weil es für Israel keine ausreichenden Gründe gab, den palästinensischen Minimalforderungen entgegenzukommen: ein Staat in den 1967 besetzten Gebieten (hierzu auch Thrall 2017).

Und so ergibt sich, um den verstorbenen israelischen Soziologen Baruch Kimmerling zu zitieren, etwas Schlimmeres als Apartheid: Zwei verfeindete Nationen existieren auf demselben Territorium und sind bis aufs Blut verfeindet (Kimmerling 2006). In diesem Konflikt hat Israel die meisten Machtmittel in der Hand, weswegen es in der Lage ist, die palästinensische Gesellschaft größtenteils zu kontrollieren und militärisch in Schach zu halten. Deutschland wäre eines der ersten Länder, das einen erneuten, verhandelten Friedensprozess unterstützen würde. Es wäre eines der letzten Länder, das einen solchen Prozess erzwingen würde. Das Ergebnis ist eine für alle Seiten unhaltbare Situation, aus der es vorerst kein Entrinnen gibt.

Fazit

Lesenotiz: Dieses Fazit wurde im Sommer 2023 geschrieben, vor der Terrorattacke der Hamas vom 7. Oktober und dem anschließenden Krieg in Gaza. Sie finden im Anschluss ein kurzes Postskript, das auf die aktuellen Entwicklungen eingeht.

»Herr Professor, vor zwei Wochen schien die Welt noch in Ordnung«, begann einmal ein berühmtes Interview mit Theodor Adorno. »Mir nicht«, schnitt der Theoretiker den fragenden Journalisten ab. Ähnliches läßt sich über dieses Buch sagen, das vor knapp zehn Jahren als Promotion an einer Londoner Universität begonnen wurde.

Damals, im Jahr 2014, wirkte der israelisch-palästinensische Dauerkonflikt insofern dringlicher, da die Welt des Westens noch in Ordnung schien. Das war kurz vor dem Brexit, vor der Eskalation des Krieges in Syrien und dem Aufstieg des Islamischen Staats, vor der Flucht von Millionen Menschen nach Europa, vor dem Aufstieg rechtsextremer Parteien, vor der Wahl Donald Trumps, vor der Pandemie, vor der westlichen Niederlage in Afghanistan, vor der Zuspitzung des amerikanisch-chinesischen Hegemonialkonflikts, vor dem russischen Angriff auf die Ukraine.

Natürlich aber war die Welt auch 2014 schon nicht in Ordnung – es wirkte im Westen nur so. In der arabischen Welt wütete zu dieser Zeit bereits ein regionalisierter Bürgerkrieg mit auswärtiger Beteiligung. Um die Jahreswende zu 2011 hatte sich eine Massenbewegung aufgemacht, ihre fossilierten Diktaturen zu stürzen, und um Brot, Freiheit und Menschenwürde einzufordern. Von Tunesien bis nach Syrien reichte die revolutionäre Welle, die alsbald an der Brutalität der eingesessenen Regime und islamistischer Kräfte zerschellte. In Ägypten, später auch Tunesien, wurde der autoritäre Status quo wiederhergestellt. In Libyen, Yemen und Syrien zerfiel der Staat in Bürgerkriege mit regionaler und internationaler Beteiligung. Dieser Ordnungszerfall, an dessen Beginn auch die Kriege in Afghanistan und Irak stehen, erreichte mit dem russischen Angriff auf die Ukraine Europa. Die liberale Einfriedung nach dem Kalten Krieg, versehen mit dem trügerischen Etikett vom Ende der Geschichte, ist aufgebrochen.

Was lässt sich vor dieser Kulisse einer sich immer schneller entspinnenden, auseinanderfallenden Weltpolitik zu einem Konflikt sagen, in den Deutschland historisch, politisch und moralisch auf besondere Weise involviert ist: den zwischen Israel und dem palästinensischen Kollektiv?

Auch vor dem Hintergrund des gerade skizzierten Ordnungsverfalls verwundert es nicht, dass auswärtige Lösungsbemühungen des bei weitem nicht einzigen, aber des berühmtesten Nahostkonflikts abgenommen haben.

Die letzten, gescheiterten Verhandlungen zwischen Israel und der palästinensischen Führung in den palästinensischen Gebieten des Westjordanland fanden 2013 unter der Ägide des damaligen amerikanischen Außenministers John Kerry statt.

Während der Präsidentschaft des stark prosiraelischen Donald Trump wurden die »Abraham Accords« ausgehandelt: Normalisierungsabkommen zwischen Israel und den Mini-Golfstaaten Bahrain und den Vereinigten Arabischen Emiraten, bald gefolgt von Marokko und dem Sudan. Die Palästinensische Autonomiebehörde, die Quasi-Regierung der »Area-A« Bereiche im Westjordanland, weigerte sich, unter Trumps Schirmherrschaft mit Israel zu verhandeln. Ihr war klar, dass mit Trump kein Deal auszuhandeln war, der der palästinensischen Bevölkerung schmackhaft gemacht werden könnte. Zeichen dessen war, dass die Regierung Trump zuvor Jerusalem als Israels alleinige Hauptstadt anerkannt und die amerikanische Botschaft von Tel Aviv dorthin verlegt hatte.

In Israel haben sich unterdessen die Machtverhältnisse zugunsten der nationalistischen und religiösen Kräfte nachhaltig verändert. Benjamin Netanjahu, Likud, hält seit Ende 2022 als Premierminister eine Koalition des rechten Lagers zusammen, die zumindest zum Zeitpunkt dieser Niederschrift noch steht. Im Koalitionsrahmenvertrag ist gleich am Anfang zu lesen: »Das jüdische Volk hat ein exklusives und unveräußerliches Recht auf alle Teile des Landes Israel […] – Galiläa, Negev, den Golan und Judäa und Samaria.« (zitiert nach Lintl 2023: 7)

Peter Lintl von der Stiftung Wissenschaft und Politik konstatiert: »Daher ist diese Regierung auch weit davon entfernt, nach einem Kompromiss mit den Palästinensern zu suchen. Vielmehr geht es darum, den Konflikt so weit wie möglich unilateral zu entscheiden und die Kontrolle über weite Teile des palästinensischen Gebiets, insbesondere die C-Gebiete, zu verstetigen.«

Netanjahu selbst hatte seine politische Karriere in den 1990er Jahren als Gegner der Oslo-Verträge begonnen (die, das sei hier nochmals erwähnt, einen palästinensischen Staat nie explizit vorgesehen hatten).

Freilich haben auch die liberaleren Kräfte in Israel die Zweistaatenlösung nicht (mehr) zum Ziel. Der Anfang der 1990er Jahre eingeleitete Friedensprozess ist nicht vor Kurzem, sondern bereits seit dem Jahr 2000 und der darauffolgenden Zweiten Intifada gescheitert.

Auch auf der palästinensischen Seite sind diejenigen Kräfte, die sich zu einer territorialen Kompromissformel wie der Zweistaatenlösung bekennen, schwach geworden. Die Palästinensische Autonomiebehörde wird immer noch vom greisen Autokraten Mahmoud Abbas angeführt. Der Mangel an Demokratie, die Korruption und die leeren Hände, mit denen palästinensische Unterhändler bislang von jeder Verhandlungsrunde zurückgekehrt sind, haben dazu geführt, dass diese von auswärtigen, gerade auch deutschen Geldern am Leben gehaltene Regierung ihren Rückhalt in der Bevölkerung verloren hat. Legitimität hat sie keine, stellt Bindung lediglich über finanzielle Abhängigkeiten her.

Der Aufstieg der in Deutschland weitgehend einflusslosen aber vieldiskutierten BDS-Bewegung, die über Boykotte, Desinvestitionen und Sanktionen gegen Israel Druck für eine antizionistische Lösung erzeugen möchte, kann ebenfalls als Symptom der gescheiterten Zweistaatenlösung interpretiert werden. Die vielgliedrige, global verzweigte Bewegung formuliert zwar keine eindeutige Lösungsvorstellung des Konflikts und ist pro forma auch kompatibel mit einer Zweistaatenlösung – gerade jedoch ihre Forderung nach einem Rückkehrrecht aller Palästinenser, deren Vorfahren 1948 aus ihrer Heimat fliehen mussten, ist absichtsvoll inkompatibel mit der Existenz Israels als einem jüdischen und zionistischen Staat. Die Hamas, die im Gazastreifen die innere Herrschaftsgewalt ausübt, ist ohnehin in Gegnerschaft zu denjenigen palästinensischen Kräften großgeworden, die einen Kompromiss mit Israel suchen wollten. Der harte Kern der BDS-Bewegung bildet heute die säkulare, Hamas die islamistische Spielart des Antizionismus. Ein dabei relevanter Unterschied: die BDS-Bewegung will ihre Ziele über gewaltfreie Methoden erreichen, die Hamas nicht.

Ungeachtet dieser bekannten Entwicklungen hält die deutsche Regierung an der Idee einer verhandelten Zweistaatenlösung fest, verkündet diese aber mit entsprechend wenig Elan. Christoph Heusgen, Ex-Berater von Angela Merkel, sprach offen aus, was hinter den Kulissen jeder weiß: »Wir sind intellektuell nicht bereit einzugestehen, dass es keine Zweistaatenlösung mehr geben wird« (*Spiegel*, 28. 7. 2023).

Die Kompromissformel von der Zweistaatenlösung mag mit der Realität vor Ort zwar wenig zu tun haben. Aber es gibt zu ihr, zumindest für Deutschland, keine echte Alternative. Eine Einstaatenlösung entweder im Sinne der Hamas oder der Vordenker der BDS-Bewegung wäre zwar nicht dasselbe, aber sie würde in jedem Falle das Ende Israels als jüdischem Staat bedeuten. Nicht nur die politischen Kraftverhältnisse, auch die deutsche und die gesamtwestliche Sicht auf den Konflikt lassen eine solche Lösung nicht zu. Die Sicherheit Israels als jüdischer Mehrheitsstaat ist bekanntlich deutsche Staatsräson. Aber was ist, wenn ein solcher Staat nur mit der Entrechtung der palästinensischen Bevölkerung einhergehen kann?

Eine Einstaatenlösung im Sinne der in Israel regierenden Kräfte wäre zu diskutieren, würde man sich in der öffentlichen deutschen Debatte ernsthafter mit diesem Konflikt befassen wollen. Eine solche Lösung wäre zwar vereinbar mit der prinzipiellen deutschen Solidarität mit Israel – die dortige Regierung wurde ja demokratisch gewählt und repräsentiert den Mehrheitswillen –, sie stieße sich aber an den liberalen und demokratischen Prinzipien, die die deutsche Außenpolitik zu vertreten behauptet. Die palästinensische Bevölkerung im Westjordanland und in Ostjerusalem wäre nämlich kaum geneigt, israelische Souveränität anzuerkennen, wenn diese Souveränität nicht mit gleichen Rechten für alle einhergehen würde.

Benjamin Netanjahu spielt mit offenen Karten – seine Vision des Konfliktausgangs ist bekannt. Sie wird nur in Deutschland ignoriert. In einem populären Podcast auf YouTube skizzierte Netanjahu seine Lösungsvorstellung für ein westliches Publikum wie folgt: Israel würde große Teile des Westjordanlandes annektieren. Die palästinensischen Bevölkerungszentren würden Enklaven bilden, die sich zu einem gewissen Grad selbst regieren. Die Mobilität der palästinensischen Bevölkerung wäre stark eingeschränkt. Israel würde im ganzen Gebiet für Sicherheit sorgen, die palästinensische Quasi-Regierung wäre demilitarisiert (siehe Lex Fridman Podcast vom 12 Juli 2023, ab 40. Minute).

Diese Lösungsvorstellung läuft in etwa auf eine Formalisierung des Status quo hinaus: ein Kontrollsystem, das Palästinenser systemmatisch benachteiligt, ihre Mobilität stark einschränkt und ihnen Selbstbestimmung nur kleindosiert einräumt.

Netanjahu sagt, ihm sei egal, welchen Namen die von ihm anvisierte Lösung erhält. Von ihm aus dürfe das, was dabei herauskäme, auch »palästinensischer Staat« genannt werden. Es wäre allerdings ein Staat ohne zusammenhängendes Territorium, ohne Grenzen und ohne Gewaltmonopol, womit er sich jeder herkömmlichen Definition von Staatlichkeit entzöge.

Der Premierminister gehört in seiner Regierung noch zu den vergleichsweise gemäßigten Kräften, was anzeigt, wie weit sich die politische Landschaft des Landes nach rechts bewegt hat. Manche seiner Koalitionspartner werben dafür, Palästinenser gleich ganz zu vertreiben. Bezalel Smotrich, Israels aktueller Finanzminister, rief im Jahr 2021 den arabischen Parlamentariern zu, Staatsgründer David Ben-Gurion habe »seinen Job nicht vollendet, sie hinauszuwerfen« (Lintl 2023: 5).

Die deutsche Israelpolitik sieht sich also vor ein Dilemma gestellt: »Letztlich bedarf es eines Prozesses der Selbstbefragung, wie vor diesem Hintergrund eine deutsche Israelpolitik aussehen kann, bei der weder die Verantwortung aus dem historischen Erbe noch grundlegende Werte deutscher Außenpolitik aufgegeben werden.« (Lintl 2023: 8) Das Problem mit einem Dilemma ist, dass es eben mehr ist als nur ein Problem: es hat keine befriedigende Lösung. Wo gute Antworten nicht existieren, bleibt die Selbstbefragung aus.

Wer sich vor diesem Hintergrund für die deutschen Handlungsmöglichkeiten interessiert, den muss nicht nur dieses Buch, sondern auch dieses Fazit enttäuschen, in dem es nicht darum geht, wie

Deutschland aus seiner selbstverstandenen Moral heraus handeln sollte, sondern darum, wie und warum Deutschland aus seiner Interessenlage und seiner historischen Wahrnehmung heraus gehandelt hat und bis heute handelt. Auf kritische Analyse folgt selten »policy advice«.

Nur so viel: Es wäre dem realen Ausmaß des heutigen deutschen Einflusses und der historischen deutschen Rolle unangemessen, würde die Bundesregierung auf einmal klare Lösungsansätze und Friedenspläne formulieren, um diese in Jerusalem auf den Tisch zu legen. Was sich die deutsche Außenpolitik allerdings schon überlegen könnte, wäre, wie man die deutsche Hilfe sowohl für Israel als auch für die Palästinensische Autonomiebehörde an die Einhaltung gewisser demokratischer und liberaler Standards knüpfen könnte. Die »wertegeleitete Außenpolitik« der zum Zeitpunkt dieser Niederschrift regierenden Ampelkoalition würde die Möglichkeit einer solchen Überlegung ja zumindest suggerieren, das Gebaren der Empfänger deutscher Zuwendungen sicherlich auch.

Davon aber ist nicht viel zu spüren. Der Historiker, Nahostkenner und Politikberater Daniel Gerlach schreibt, dass deutsche Politiker, die ansonsten »sehr leutselig« in den sozialen Medien aufträten, schweigen, wenn es um die »mit Unterdrückung und Diskriminierung der palästinensischen Bevölkerung einhergehende Besatzung« geht (Gerlach 2023). Der Israel-Palästina-Konflikt eignet sich in Deutschland nicht zur politischen Profilierung. Dennoch wird der Konflikt auch in Deutschland ausgefochten – und zwar stellvertretend auf dem Terrain der Erinnerungspolitik.

Staatsräson gegen Postkolonialismus

Etwa zeitgleich mit Beginn der Coronapandemie, im Frühjahr 2020, brach eine erinnerungspolitische Kontroverse aus, die bis heute vieles vermengt: die oft ungewusste Gewaltgeschichte des deutschen Kolonialismus, in diesem Kontext die Frage nach der Singularität des Holocaust, die Boykottbewegung gegen Israel, den teils zivilreligiösen Charakter deutscher Erinnerung und noch einiges mehr.

In den aktuellen Debatten existieren zwar Parallelen zu vergangenen Auseinandersetzungen – man erinnere sich an die Mitte der

1960er Jahre gegründete Neue Linke, deren Palästinasolidarität auch die offizielle Israelpolitik herausforderte, oder an den Historikerstreit der 1980er Jahre, bei dem es auch um die Frage der Singularität und der Vergleichbarkeit des Holocaust ging – vieles aber ist auch neu, nicht nur Wiederaufgewärmtes.

Auslösendes Moment des fortdauernden Streits war die Ausladung des kamerunischen Theoretikes des Postkolonialismus, Achille Mbembe, von der Ruhrtriennale, die dann aufgrund der Pandemie ohnehin abgesagt werden musste. Ein Lokalpolitiker hatte, nach Hinweis eines Onlineaktivisten, auf vereinzelte Stellen in Mbembes Werk hingewiesen, in denen dieser sich gegenüber Israel auf eine Weise äußerte, die Solidarität mit der palästinensischen Seite verriet Schlimmer noch: Mbembe stand im Verdacht, die BDS-Bewegung gegen Israel zu unterstützen.

Der Skandal um Mbembe wäre weniger heftig ausgefallen, hätte der Bundestag im Jahr zuvor nicht eine Resolution verfasst, die die BDS-Bewegung als antisemitisch ächtet. Diese Resolution, wenngleich nicht rechtsbindend, munitionierte auch den Antisemitismusbeauftragten der Bundesregierung, ein 2018 geschaffenes Amt, der sich an die Spitze dessen stellte, was nicht anders als eine Kampagne gegen den Denker aus Kamerun zu bezeichnen war. Dieser Ausdruck deutscher Gastfreundschaft wurde im Ausland mit Verblüffung wahrgenommen und mit nicht wenigen Solidaritätsbekundungen für Mbembe beantwortet, die sich über das Klima der Meinungsfreiheit in Deutschland wunderten – gerade wenn es um die Meinungsfreiheit nichtweißer, nichtwestlicher Stimmen ging.

Die Debatte um Mbembe, die sich alsbald mit vielen anderen Debatten, kleineren und größeren Skandalen verknüpfte, zeigte in nuce bereits die Grundkonstellation an, um die es in den Folgejahren dann in Feuilletons und Hörsälen gehen sollte: auf der einen Seite die Sachwahrer deutscher Staatsräson, Israelsolidarität und offiziellem Erinnerungskonsens. Auf der anderen Seite Deutsche, manche mit und manche ohne Migrationsgeschichte, sowie auswärtige Betrachter, die sich vom deutschen Erinnerungsparadigma lösen wollen, um die hiesige Erinnerungskultur für postkoloniale Perspektiven zu öffnen, für den »globalen Süden«, für eine verbundene, nicht mehr getrennte Betrachtung von deutschen und anderen Kolonialverbrechen und Naziverbrechen.

Ein Höhepunkt dieser Auseinandersetzungen war eine Polemik des australischen Genozidforschers A. Dirk Moses. Moses attestierte der deutschen Gesellschaft einen erinnerungspolitischen »Katechismus«, der die heutige deutsche Nation geistig begründe. Dieser Katechismus, so Moses, kennt fünf Lehrsätze: Erstens: Der Holocaust ist einzigartig und mit anderen Großverbrechen nicht vergleichbar. Zweitens: Die Erinnerung an ihn bildet das moralische und politische Fundament der deutschen Nation. Drittens: Deutschland trägt eine besondere Verantwortung für Israel, und die Sicherheit Israels ist deutsche Staatsräson. Viertens: Antisemitismus ist etwas grundlegend anderes als Rassismus. Fünftens: Antizionismus ist Antisemitismus.

Unabhängig davon, ob man die Meinung teilt, es handele sich hier um ein religiöses Programm, so spiegeln diese Glaubenssätze durchaus die prinzipielle Haltung deutscher Regierungen wider. Parteipolitisch dürften diese Leitlinien nur an den Rändern umkämpft sein. Sogenannte Antiimperialisten innerhalb der Linkspartei teilen sie nicht. Bei der AfD geht es, aller proisraelischen Rhetorik zum Trotz, erinnerungspolitisch gerade darum, die deutsche Nation *nicht* auf eine Erinnerung an ihre Verbrechen zu gründen. Auffällig ist, dass diese Leitsätze vielleicht von der Mehrheit der politischen Klasse, nicht aber von der breiten Gesellschaft geteilt werden. Wäre die Erinnerung an den Holocaust tatsächlich das moralische Fundament der deutschen Nation, so dürfte auf diesem Fundament eine völkische Partei nicht wachsen können. Wie auch die deutsche Israelpolitik immer ein Projekt der Spitzenpolitik war, so ist auch der Streit um die Erinnerung ein Streit schreibender Eliten.

Weil die der Polemik zugrundeliegende Beschreibung der politischen Verhältnisse offensichtlich realitätsnah ist, entzündete sich die Kritik an Moses vor allem an zwei Fragen: einmal am Rütteln an der Singularitätsthese des Holocaust, zweitens an der Charakterisierung der deutschen Erinnerungskultur als Zivilreligion.

Jürgen Habermas, Gewinner des »ersten« Historikerstreits gegen Ernst Nolte, welcher den Holocaust als Kopie stalinistischer Verbrechen deuten wollte, drückte in einem Interview Verständnis für die Position aus, dass sich Deutschland für seine koloniale Vergangenheit öffnen und verantwortlich machen müsste. Habermas aufgreifend, sagte Bundespräsident Frank-Walter Steinmeier in seiner Eröffnungsrede des Humboldt Forums in Berlin:

»Die Erinnerung an den Holocaust steht der empathischen und bewussten Erinnerung an andere Ungerechtigkeit, anderes Leid nicht entgegen! Im Gegenteil: Die Gebrochenheit, die die Shoah uns hinterlässt, öffnet hoffentlich unseren Blick für die Verantwortung vor der Geschichte. Die Menschenwürde, auf der unsere Verfassung ruht, sie ist eben die Würde aller Menschen.« Steinmeier formuliert hier eine universalistische, humanistische Perspektive, die sich aus dem deutschen Großverbrechen, dem Holocaust, ableitet. Ein Kompromissangebot, auf das sich beide Seiten, Vertreter der Staatsräson und des Postkolonialismus, zubewegen können.

Was die Frage nach dem zivilreligiösen Charakter deutscher Erinnerungskultur betrifft, so stimmt natürlich, dass rechtsextreme Kräfte sich die »Schuldkult«-These zu eigen gemacht haben. Ihr Ziel ist, sich von historischer Verantwortung loszusagen, um sich derart befreit wieder dem eigentlichen Kult, nämlich dem der deutschen Nation, zuwenden zu können. Das Ziel postkolonialer Kritik ist aber nicht, die deutsche Nation zu entproblematisieren, sondern, sie *noch mehr* zu problematisieren, zum Beispiel, indem man auf ihre koloniale und imperialistische Geschichte aufmerksam macht.

Letzten Endes kommt man aber vor allem deswegen nicht umhin, über den religiösen Gehalt deutscher Erinnerungspolitik zu sprechen, weil diese selbst mit religiösen Begriffen hantiert. Oder formulierte Bundespräsident Weizsäcker etwa nicht einst den so christlich klingenden Satz, dass das »Geheimnis der Erlösung« die Erinnerung sei? Und prägt diese Formel die Erinnerungslandschaft nicht bis heute?

Worum es bei der Auseinandersetzung zwischen »Staatsräson« und »Postkolonialismus« politisch eigentlich geht, zeigt sich, wenn man die von Moses aufgestellten Glaubenssätze des Katechismus gedanklich einmal umdreht. Dann erhielte man nämlich ein postkoloniales Programm, das sich auch auf den Israel-Palästinakonflikt anwenden ließe, und zwar zugunsten der palästinensischen Seite. Wenn nämlich der Holocaust beispielsweise nicht mehr als singulär betrachtet würde, Deutschland für Israel keine besondere Verantwortung mehr hätte, sich für alle Opfer des Rassismus einsetzen müsste und der Antizionismus dem nicht im Weg stünde – dann würde man schnell bei Positionen landen, die mit denen der BDS-Bewegung vereinbar wären.

Der Krieg um die Köpfe

Dass die israelisch-palästinensische Frage ein Subtext ist, der sich durch viele der heutigen erinnerungspolitischen Debatten dreht, erklärt sich auch aus dem Konflikt selbst, in dem Israel zwar militärisch die Oberhand hat, die palästinensische Seite jedoch mit einigem Erfolg das Opfernarrativ für sich beanspruchen kann – sei es in der Generalversammlung der Vereinten Nationen oder in den Seminarräumen angloamerikanischer Universitäten.

Die säkulare palästinensische Nationalbewegung der 60er und frühen 70er Jahre ist zuerst militärisch an der anvisierten Befreiung Palästinas gescheitert, um danach diplomatisch an der Durchsetzung einer Zweistaatenlösung zu scheitern. Die Hamas wiederum ist in der Lage, die israelische Gesellschaft zu terrorisieren. Ihr Ziel, Israel von der Landkarte zu tilgen, kann sie von sich aus aber nicht erreichen. Das heißt: der palästinensischen Nationalbewegung und ihren auswärtigen Fürsprechern bleibt vor allem im Kampf um das Narrativ eine Siegchance. Wer nichts mehr hat, hat immer noch die Moral.

Auch daraus erklären sich die Debatten, die um Begriffe wie »Apartheid« oder »Siedlerkolonialimus« geführt werden, die wichtiger sind als der marginale wirtschaftliche Schaden, den die BDS-Bewegung Israel bisher zufügen konnte. Im Prinzip geht es darum, die palästinensische Erfahrung des Konflikts, die eine koloniale Erfahrung ist, im Mainstream zu verankern. Kurzgefasst: Es geht darum, den Konflikt in den Köpfen im Westen zu gewinnen (der »globale Süden«, um einen unzulässigen, aber populären Kollektivsingular zu benutzen, ist der palästinensischen Geschichtserfahrung gegenüber ohnehin aufgeschlossener, nicht zuletzt aufgrund eigener Kolonialerfahrungen).

Auch an dieser Stelle – beim Streit um das Narrativ – kommt die deutsche Staatsräson zum Tragen. Dass Israels Sicherheit deutsche Staatsräson ist, bedeutet heutzutage einerseits, Israel mit atomwaffenfähigen U-Booten zu versorgen, um die Abschreckung gegenüber dem Land zu gewährleisten, das Israel, anders als die Hamas oder andere Gruppen, tatsächlich existenziell zu bedrohen vermag: Iran. Für die militärische Dominanz in Gaza oder dem Westjordanland hingegen ist Israel nicht auf Deutschland angewiesen. Hier lernen eher die weniger kampferprobten deutschen Soldaten von der israelischen Armee oder profitiert die Bundeswehr von israelischer Drohnentechnik. Aber diplomatische und politische Rückendeckung leisten kann die deutsche Politik schon.

Das geschieht etwa, indem man eine umstrittene, aber von Israel favorisierte Antisemitismusdefinition annimmt, die BDS-Bewegung als antisemitisch verurteilt, unabhängige Untersuchungen gegen israelische Menschenrechtsverletzungen zu verhindern sucht, palästinensische Demonstrationen in Berlin verbietet und dergleichen mehr (dazu Othman 2023, Michaels 2023).

Der Kampf gegen den »Postkolonialismus« in Deutschland ist immer auch eine Auseinandersetzung um die »richtige« Deutung dessen, was in Israel und in den palästinensischen Gebieten geschieht und wie es zu bezeichnen ist. Die deutsche Außenpolitik aber würde nicht zwingend palästinafreundlicher werden, sollte der innerdeutsche Diskurs es werden. Die Geschichte zeigt: die Bundesregierung öffnete nicht zufälligerweise in dem Moment ihre Ohren für palästinensische Belange, als die erdölexportierenden arabischen Staaten die europäische Energieabhängigkeit als Druckmittel entdeckten. In dieser Hinsicht aber sind die 1970er Jahre vorbei. Die arabischen Golfstaaten, wo sich die Machtzentren der arabischen Welt befinden, sind an einer Normalisierung mit Israel mehr interessiert als an einer Lösung der Palästinafrage, mit der sich nichts gewinnen ließe, außer der Beifall ihrer eigenen Bevölkerungen, die aber auch mit Petrodollars effektiv zufriedengestellt werden können. Die feuilletonistische Virulenz der Debatten um BDS und Postkolonialismus in Deutschland täuscht über die eigentliche Schwäche der palästinensischen Nationalbewegung hinweg.

Natürlich ist es nicht so, dass deutsche Twitter-Aktivisten, Feuilletonisten oder Politiker die Staatsräson in erster Linie verteidigen, weil sie sich in einem Kampf gegen Palästinenser wähnen. Sie tun das vermutlich aus Gründen der eigenen Identitätswahrung und dem Gefühl, damit auf der richtigen Seite der Geschichte zu stehen. So kann man in Deutschland gelegentlich den Eindruck bekommen, jede Form von Verständnis für die palästinensische Sicht auf die Geschichte sei ein verkleideter Antisemitismus, und damit ein direkter Angriff nicht nur auf ein als zutiefst bedroht wahrgenommenes Israel, sondern auch auf die vom Antisemitismus angeblich geläuterte deutsche Gesellschaft selbst.

Anders lässt sich der journalistische und politische Fokus, der auf Antisemitismus von linker oder muslimischer Seite gelegt wird, kaum erklären. Eine solche Externalisierung von Antisemitismus ist gerade in Deutschland erstaunlich, wo, vor dem Hintergrund *dieser* Geschichte, eine völkische Partei gerade wieder Volksparteicharakter zu bekommen droht, und wo, dieser Verweis darf nicht fehlen, die meisten antisemitischen wie auch rassistischen Straftaten laut Bundesverfassungsschutz rechtsextremer Natur sind – so wie die des Amokschützen von Halle, der in einer Synagoge beinahe ein Blutbad angerichtet hat und zwei Passanten erschoss, oder dem von Hanau, der in einer Shisha-Bar neun Menschen tötete. Ideologisch sprangen beide Täter aus derselben Mördergrube.

Würde man in Deutschland beim Thema Israel und Antisemitismus allerdings nur auf staatstragende Akteure hören, könnte man meinen, die erinnerungspolitisch erkämpften Fortschritte in diesem Land seien vor allem durch Migranten oder durch von auswärtigen Ideen beseelte Wissenschaftler bedroht. Dass Deutschland auch im Antisemitismus Exportweltmeister war und auf seinen Import auch heute nicht angewiesen ist, um den einheimischen Bedarf zu decken, wird gerne ausgespart, was den Verdacht nahelegt, es ginge vor allem wieder mal um das, was sich als Thema durch dieses Buch zieht: den tief gehegten und realpolitisch durchaus sinnvollen Wunsch, als gut und geläutert zu gelten, ohne dies notwendigerweise auch sein zu müssen.

Absolution?

In seiner Einleitung begann dieses Buch mit einigen Zitaten aus einer Bundestagsdebatte zum 70. Jahrestag der israelischen Staatsgründung. Zum Zeitpunkt dieser Niederschrift jährt sich die israelische Staatsgründung (aus palästinensischer Sicht: die Nakba) zum 75. Mal. Auch diesmal gab es im Bundestag eine Glückwunschstunde, deren Beiträge deutlich machen, worum es eigentlich geht, wenn es Deutschland um Israel geht: nämlich um Deutschland.

Katharina Dröge, Fraktionsvorsitzende der Grünen, sagte:

> »Dass Israel uns die Hand gereicht hat nach der Shoah, nachdem Deutschland die größten Verbrechen der Menschheitsgeschichte begangen hat, nach dem Mord an den Juden Europas, der so unermessliches Leid verursacht hat, dass Israel uns die Hand gereicht hat, das ist etwas, für das wir immer dankbar sein werden. Und es ist unsere Verantwortung für immer: Die Sicherheit Israels ist deutsche Staatsräson.«

Nur wenn man die tatsächliche deutsch-israelische Beziehungsgeschichte ignoriert, wirkt wie eine wundersame Vergebung der Sünden, was ja tatsächlich ein unbegreiflicher Vorgang wäre, hätte es dafür keine triftigen materiellen Gründe gegeben: dass Israel den Deutschen die Hand gereicht hat.

Das, was in den 1950ern mit dem brutalen Wort der »Wiedergutmachung« bezeichnet wurde, ist als Grundgedanke der deutschen Israelpolitik nach wie vor stark, ist eher stärker geworden: dass die Solidarität mit Israel Entlastung und vielleicht sogar so etwas wie Erlösung schafft. Friedrich Merz lieferte dafür im Bundestag das eindrücklichste Beispiel. Er begann seine Rede mit einem Zitat Theodor Herzls, der einst sagte, dass ein jüdischer Staat »kein Märchen« sein müsse. Dies, so Merz, sei aber zuerst nur ein Wunsch gewesen, »denn bis zur Staatlichkeit sollte es noch ein sehr langer Weg, ein Weg durch die Hölle werden. Die Verwerfungen der ersten Hälfte des 20. Jahrhunderts und das deutsche Menschheitsverbrechen des Holocaust standen dem jüdischen Volk zu diesem Zeitpunkt erst noch bevor.«

Merz buchstabiert es nicht aus, doch die Botschaft drängt aus den Zeilen: dass der eigene Staat der Lohn dafür war, den »Weg durch die Hölle« durchschritten zu haben. Wie auch bei der eben zitierten Rede der Abgeordneten der Grünen fällt das Kindlichüberschwängliche, Scheinunschuldige an der Rhetorik auf. Erhält der Holocaust bei Merz im Nachhinein einen Sinn, weil er in dieser höchstsuggestiven Lesart den Weg zur israelischen Staatsgründung bereitet hat? Falls ja, wäre das nicht eine Trivialisierung der deutschen Barbarei sondergleichen? Ja, das Märchen, von dem Herzl sprach, wurde wahr – und zwar zu spät, nämlich nach der Shoah. Europa war schon leer. Wer hingegen deutsche Märchen kennt, weiß, dass sich unterhalb der behaupteten Unschuld der geistige Abgrund verbirgt. Der Wunsch nach Entlastung ist Vater des eigentlich grausamen Gedankens.

Die eigentlich Schuldigen der Geschichte sind bei Friedrich Merz dann auch schnell ausgemacht, die kindliche Einteilung in Gut und Böse vollzogen: »Als Israel … gegründet wurde, war es ein von allen Seiten bedrohtes Land … gleich fünf arabische Staaten [erklärten] dem jungen Israel den Krieg. Sie erklärten diesen Krieg mit dem Ziel der Auslöschung der zarten Pflanze der Unabhängigkeit.«

Weil Israel diesen Krieg gewann, konnte, so Merz, aus der Vision von Herzl »eine beispiellose demokratische Erfolgsgeschichte« werden, die auch auf Deutschland zurückscheint: »Das Existenzrecht und die Sicherheit des Staates Israel zählen zum unverbrüchlichen und unverzichtbaren Kernbestand der Politik der Bundesrepublik Deutschland und aller unserer staatlichen Institutionen.«

Der Kulminationspunkt der Merz'schen Rede ist die Waffenbrüderschaft zwischen beiden Ländern: »Deutsche und israelische Soldaten leben und arbeiten Seite an Seite für die Wehrhaftigkeit unserer Demokratien und den Einsatz für gemeinsame Werte in der Welt. Wer hätte am 14. Mai 1948, nur drei Jahre nach dem Ende des Zweiten Weltkrieges, erahnen können, dass deutsche Soldaten einst auf israelischem Boden an einem gemeinsamen Waffensystem ausgebildet werden?«

Die Umdeutung einer Katastrophe, die keinen Sinn hat, und sich dem menschlichen Verständnis stets zu entziehen droht, ist bedenklich: die Umdeutung in eine schmerzhaftes, jedoch irgendwo auch notwendiges, Episode sowohl der israelischen als auch der deutschen Nationalgeschichte, die hier schicksalsverbunden gemeinsam aus der Asche der Verbrennungsöfen und den Leichengruben entsteigen. Aus jeder Zeile ruft ein Entlastungsbedürnis: Der Holocaust ist zwar geschehen, aber dafür wurde Israel gegründet. Deutschland hat zwar Schuld auf sich geladen, aber es hat sich mit Israel versöhnt. Ganz so, als hätten sich hier zwei gestritten, und nicht, als hätter Einer den Anderen erschlagen.

Fatalerweise wirkt bei Merz der Holocaust wie ein notwendiges Opfer (siehe auch Moses 2007). Es ist eine die ganze Geschichte erdrückende deutsche Umarmung, die allerdings einen offiziellen deutschen Konsens wiederzugeben scheint. Die Rede von Versöhung, von Wundern, auch von der Freundschaft, die Insinuierung der Vergebung: sprachliche Fehltritte, die deutschen Identifikations- und Entlastungsbedürfnissen geschuldet sind.

Was bei Merz und anderen ebenfalls ausgespart wird, ist die andere Seite der israelischen Geschichte. Palästinenser kommen bei Merz nicht einmal im Nebensatz mehr vor: Die deutsche Versöhnungsgeschichte, die er hier präsentiert, kommt ganz ohne ihre lästige palästinensische Kehrseite aus. Die Journalistin und Autorin Charlotte Wiedemann schreibt dazu passend: »Obwohl eine Anerkennung der Nakba den Jahrhundert-Schrecken der Shoah nicht um ein Jota mindert, herrscht offenkundig die Furcht, der kollektive Opferstatus der jüdischen Staatsgründer könne beeinträchtigt werden. Vielmehr sollen sie makellos reine Opfer sein, damit ein zentrales Element deutscher Erinnerungskultur funktioniert: Die Identifikation mit dem jüdischen Staat erlöst von eigenen Schuldgefühlen.« (Wiedemann 2023).

Der Zionismus ist für europäische Juden ein Befreiungsnationalismus – aber er geht *auch* mit Verdrängung der Palästinenser einher. Die israelische Staatsgründung von 1948 bedeutet Souveränität und Unabhängigkeit – ist aber *auch* die palästinensische Fluchtkatastrophe. Der Sieg von 1967 verkehrte arabische Vernichtungsfantasien in eine schallende Niederlage – ist aber eben *auch* der Beginn einer Besatzung, die bis heute andauert. All das bestreitet auch kaum jemand, selbst Friedrich Merz würde es, auf private Nachfrage hin, vermutlich nicht tun. Flucht und Besatzung *müssen* jedoch ausgespart werden, damit die Versöhnungsgeschichte zwischen dem so reumütigen Deutschland und dem, glaubt man der deutschen Politik, überraschend vergebungsfreudigen jüdischen Staat keine Kratzer bekommt. Palästinenserinnen und Palästinenser stören aufgrund ihrer bloßen Gegenwart nicht nur den israelischen Staat bei der endgültigen Festlegung seiner Grenzen und seiner inneren Verfasstheit. Das deutsche Versöhnungsnarrativ stören sie auch, weshalb sie am Besten gar nicht erst erwähnt werden (und wenn, dann als Terroristen oder Antisemiten, wie es vor allem die AfD tut).

Natürlich sollte man das, was Friedrich Merz sagt, nicht am Stand der historischen Forschung messen. Wer in der deutschen Gesellschaft die Position innehat, die Friedrich Merz innehat, ist nicht der historischen Wahrheit, sondern der deutschen Nation verpflichtet, an deren Narrativ – man kann auch sagen: Märchen – er mitstrickt.

Mit dem, was Deutschland für Israel geleistet hat und bis heute leistet – wirtschaftlicher Aufbau durch Reparationen, Waffenhilfe, Finanzhilfe, politische und diplomatische Unterstützung –, haben sich deutsche Politiker vor allem das Recht erworben, so zu reden, wie sie reden, wenn sie über Israel reden. Das Sakrale kommt ohne das Materielle, das Profane nicht aus, nur ist es so, dass im deutschen Diskurs der eigentlich profane Grund für das, was als Versöhnung zelebriert wird, ausgespart wird, zwangsläufig ausgespart werden muss. Man kann sagen: die deutsche Israelpolitik ist, im Kern, erkaufte Identitätspolitik.

Deutsche Identitätspolitik

Innerhalb der Antisemitismusforschung gilt als Konsens: was jüdische Menschen machen, oder wie der Staat Israel agiert, bestimmt nicht darüber, wie ein Antisemit denkt und fühlt. Der Antisemitismus erklärt sich aus dem Geist des Antisemiten, der sich wiederum aus der Gesellschaft erklärt, die diesen Geist hervorbringt. Gäbe es die Juden nicht, so müsste der Antisemit sie erfinden, schrieb bereits Jean-Paul Sartre.

In ihrem präzise geschriebenen Buch *Antisemitismus gegen Israel* verwenden die Soziologen Klaus Holz und Thomas Haury einen Antisemitismusbegriff, der dem Bild des Antisemiten von der Figur »des« Juden immer ein Selbstbild entgegensetzt, das für das antisemitische Weltverständnis zentral ist. »Antisemitismus ist der Sinnzusammenhang eines negativen Judenbildes und eines positiven Selbstbildes, die zu einer Weltdeutung zusammenstimmen«, schreiben die Autoren (Holz und Haury 2021: 15).

Aus dieser Definition ergeben sich einige interessante Parallelen zur deutschen Israelpolitik, freilich ohne diese Politik als antisemitisch zu deuten. Wie bereits in der Einleitung und mithilfe der oben zitierten Bundestagsdebatte beschrieben, ist das offizielle deutsche

Israelbild ein durchweg positives. Hinter dem positiven Fremdbild steht aber, eigentlich, ein positives Selbstbild: Israel ist der Staat, der aus der Shoah hervorgegangen ist, und eine »demokratische Erfolgsgeschichte«, so Friedrich Merz, geworden ist. Weil Deutschland Israel zur Seite steht, weil die israelische Sicherheit deutsche Staatsräson ist, so steht Deutschland auf der guten, auf der geläuterten, auf der demokratischen Seite der Geschichte.

Israel, das ist für die deutsche Politik vor allem eine Projektionsfläche, auf der eigente Selbstbilder entworfen werden. Weil Israel eine positive Projektionsfläche ist, verwenden manche kritischen Stimmen den Begriff des Philosemitismus, beschreiben die deutsche Israelpolitik also als eine Art gewendeten Antisemitismus (siehe Stern 1992, auch Achcar 2010).

Wie im ersten Kapitel gezeigt, hat bereits die Politikwissenschaftlerin Eleonore Sterling unter Berufung auf Studien von Adorno und Horkheimer den Begriff des Philosemitismus verwendet, um die frühe westdeutsche Hinwendung Richtung Israel zu beschreiben. Privat, so Sterling, lebe der Antisemitismus in Deutschland fort. Auf der öffentlichen Oberfläche jedoch würde dieser gewendet in ein lautstarkes projüdisches Bekenntnis. Dahinter stünden Entlastungsbedürfnis und instinktives Schuldbewusstsein. Die frühe Israelpolitik, das war vor allem: Entlastung ohne Aufarbeitung.

All das wirkt fort. Der Begriff Philosemitismus aber ist dennoch aus mehreren Gründen schwierig. Denn erstens hat sich, wie in diesem Buch an zahlreichen Beispielen gezeigt wurde, nicht jeder Antisemitismus gewendet: von Konrad Adenauer bis zum ersten Botschafter in Israel, Rolf Pauls, lässt sich feststellen, dass auch mit klassisch antisemitischen Einstellungen Israelpolitik betrieben wurde.

Ein weiterer Grund, der gegen die Charakterisierung der deutschen Israelpolitik als positiv gewendetem Antisemitismus spricht, ist das, was unter den Tisch fällt, wollte man die deutsche Hinwendung zu Israel als reine Hechelei deuten. Hätte es die Reparationspolitik unter Adenauer nicht gegeben, so hätten wir es in den Nachkriegsjahren *ausschließlich* mit einer Politik der Amnestie und der Reintegration zu tun gehabt, wie Norbert Frei sie in seinem Standard- und Pionierwerk *Vergangenheitspolitik* aufarbeitete (Frei 1999). Es stimmt also beides: Die frühe deutsche Israelpolitik war Entlastungspolitik ohne Aufarbeitung, aber sie bändigte auch den deutschen Antisemitismus, zwang, den Blick auf den jüdischen Staat zu lenken, zwang, den Blick auf das Zentrum des deutschen Vernichtungswerks zu richten, den Holocaust.

Wer heute dazu geneigt sein mag, die prosiraelische Identitätspolitik der Bundesrepublik einfach als Philosemitismus abzutun, ignoriert also die zivilisierende Wirkung, die diese Politik eben *auch* hatte. Ganz schweigen über den Philosemitismus lässt sich allerdings doch nicht, und zwar, wenn man sich das Agieren der »Alternative für Deutschland« anschaut. Von einer neurechten deutschen Partei, in der der völkische Flügel dominiert, dürfte man eine besondere Liebe zu Judenheit und Israel nicht erwarten. Liebe existiert dort sicherlich auch nicht, wohl aber ein taktischer Pro-Israelismus, den man in ähnlichem Sinne deuten kann, wie Eleonore Sterling damals die Israelpolitik der Nachkriegszeit. Das proisraelische Gebaren der AfD, das die Israelsolidarität der Bundesregierung zu überbieten sucht, hat, wie schon mehrere Studien zum Thema dargestellt haben, einen doppelten Zweck: die Abwehr vom Verdacht des völkischen Antisemitismus, und die Legitimierung des aktuell konstitutiven antimuslimischen Rassismus (dazu Holz und Haury 2021: Kapitel VIII). Dabei muss man allerdings auch anmerken: Figuren wie der aktuelle israelische Minister für Nationale Sicherheit, Itamar Ben Gvir, oder der Finanzminister Smotrich, die offen rechtsextrem und araberfeindlich sind, haben für die AfD auch eine durchaus reale Vorbildfunktion, wenngleich sie von ihnen durch den Graben der deutschen Vergangenheit getrennt bleiben.

Dass die AfD einen taktischen Pro-Israelismus wählt, ist also nicht weiter überraschend – es ist eine aus ihrer Sicht gewinnbringende Politik, die man auch in Ungarn, Polen oder der amerikanischen Rechten beobachten kann. Die viel interessantere Frage ist, warum eine solche Politik zu gelingen scheint, und warum in Deutschland nur selten vom Antisemitismus in der AfD die Rede ist, wo verschwörungstheoretische Weltbilder am stärksten angelegt sind, während muslimischem oder linkem Antisemitismus ein prominenter Debattenplatz eingeräumt wird. Tatsächlich ist Antisemitismus aus »postkolonial« verstandenen Kreisen in den letzten Jahren ein favorisiertes Abarbeitungsobjekt bürgerlicher Feuilletonisten geworden, während die AfD in manchen Umfragen zur zweitstärksten Kraft nach der CDU geworden ist, und zwar bundesweit. Die AfD wählt eine proisraelische Entlastungstaktik, weil sie im mentalitätsgeschichtlichen Kontext der Bundesrepublik aufgeht.

Natürlich gilt auch: nur, weil es der aktuellen Form der deutschen Solidarität mit dem jüdischen Staat nicht gelingt, die Geister von gestern zu bannen, bedeutet das nicht, dass das Ausbleiben einer solchen Solidarität es täte. Aus der Kritik an der entlastenden, identitätsfixierenden Beschäftigung mit dem jüdischen Staat folgt nicht, die Verantwortung vor diesem Staat aufzugeben. Die historische Verantwortung bleibt, auch vor Israel.

Der Punkt ist einfach, dass Israel nicht dafür verantwortlich ist, ob und wie sich der deutsche Staat und seine Gesellschaft mit der nationalsozialistischen Vergangenheit befassen. Dafür, dass die Vergangenheit sich in keiner Form wiederholt, muss Deutschland schon selbst sorgen.

Da das aktuell wieder weniger gut zu funktionieren scheint, sei zur Erhellung der deutschen Schuldfrage auf Karl Jaspers verwiesen, der diese 1946 in einem gleichnahmigen Text ausdifferenzierte. Jaspers unterschied zwischen vier Arten von Schuld: kriminelle, politische, moralische und metaphysische Schuld. Bei der kriminellen und moralischen Schuld geht es um die Mitschuld an Verbrechen und die verschiedenen Grade der Verstrickung in das NS-Herrschaftssystem, diese Schuld betrifft also nur Dabeigewesene. Heute haben wir es in Deutschland vor allem mit einer Form der metaphyischen Schuld zu tun: schwer greifbar, kollektivierend, in diffuse Verantwortung ziehend, dennoch zweifellos real und wichtig (s. a. Moses 2007).

Dringlicher aber stellt sich heute die vernachlässigte politische Schuldfrage. Laut Jaspers: die politische Schuld deutscher Bürgerinnen und Bürger, den NS-Staat zugelassen zu haben. Das kann man ins Heute hininterpretieren. Antifaschismus darf in Deutschland nicht einfach ein linkes Projekt sein – sondern muss bürgerliche Pflicht sein. Antifaschismus, das ist, in Deutschland, aktive Erinnerungsarbeit, die gesamtgesellschaftlich wirken muss.

Der Historiker Götz Aly argumentiert in seinem neuesten Buch mit dem treffenden Titel *Unser Nationalsozialismus*, dass sich die deutsche Gesellschaft von ihrer entlastenden, wohltuenden Identifikation mit den Opfern lösen muss, weil man von den Opfern nicht viel lernen kann – schon gar nicht über sich selbst. Viel mehr lernen die Nachgeborenen der Täter über die Täter, gerade auch über die Masse an Deutschen, die mitgeschwommen sind, die profitiert haben, die weggeschaut oder mitgebrüllt haben, die sich haben verrohen lassen.

Das weit entfernte Israel hingegen hat weder die Macht noch den Willen, der Bundesrepublik Deutschland die Absolution zu erteilen. Wenn bei manchen manchmal der Eindruck entsteht, dass dem so wäre, dann liegt das daran, dass Deutschland Israel, aus eigennützigen Gründen, diese Macht gegeben hat. Wo die Absolution verweigert wird, da ist aber bekanntlich auch das Ressentiment nicht weit (Rabinbach 1988). Israel wollte Deutschland keine Absolution erteilen – aber das war der Preis, den Israel entrichten musste, um notwendige Hilfe für den Aufbau des Staates zu bekommen. Das israelische und das deutsche Motiv für das beiderseitige Verhältnis sind grundverschieden, aber sie ergänzen sich, fügen sich wie Puzzlestücke ineinander.

Israels Deutschlandpolitik: Gegen die Geschichte, für den Staat

Das Identitätspolitische, dass der deutschen Israelpolitik so eigen ist, ist der israelischen Deutschlandpolitik fremd. Deutschlandpolitik war im Kern Politik gegen sich selbst, aber für den Staat.

Die konkrete, die materielle Wirkung der deutscher Politik *für Israel* wird in Deutschland eigentlich kaum beachtet. In Israel auch nicht: sie gilt als peinlich.

Deutschlands Bedeutung für die moderne jüdische Geschichte ist existenziell. Für die Juden Europas bedeutete Deutschland den Tod. Für Israel bedeutete Deutschland etwas anderes – wenn nicht das Leben, so doch zumindest wesentliche Hilfe bei der Aufgabe, den neugegründeten Staat zu konsolidieren und in einer feindlichen Umwelt zu verankern. Was man in Deutschland hinzufügen muss: in dieser Faktenbeschreibung steckt keine Relativierung, keine Aufrechnung, keine Entlastung.

Dass die westdeutsche Unterstützung für Israel zu dem Zeitpunkt am wichtigsten war, als die Bundesrepublik geistig und personell noch am stärksten von der gerade erst vergangenen nationalsozialistischen Herrschaft geprägt war, erklärt sich aus der Tauschstruktur, die dem wohl einzigartigen Verhältnis anfangs zugrundelag. Die Bundesrepublik brauchte Absolution. Israel brauchte Wirtschaftshilfe, Waffen und Geld. Täterfrieden und Unterstützung für Israel standen zueinander nicht im Widerspruch. Sie gingen miteinander einher.

Diese Tauschstruktur erklärt, was nur auf der staatlichen Ebene möglich gewesen sein konnte, nicht aber der menschlichen. Nämlich das, was heute von deutscher Seite als »Versöhnung« gepriesen wird: die Annäherung zwischen dem jüdischen Staat und dem Täterstaat. Wer heute von Wundern spricht, missversteht den Tausch, der das Vokabular von Wunder, Versöhnung und Moral für Deutschland überhaupt erst möglich gemacht hatte. Dieses Vokabular war das, was das kleine, schwache und arme Israel der schnell wieder aufgerichteten, schnell wieder reichen und mächtigen Bundesrepublik geben konnte – und für das es mit Recht einen hohen Preis verlangen durfte.

Der frühe Kontakt mit Deutschland widersprach dem menschlichen Bedürfnis der allermeisten Israelis, alles Deutsche aus ihrem Leben zu verbannen. Als Israel 1948 siegreich aus seinem Gründungskrieg hervorging, bestand etwa ein Drittel seiner Bevölkerung aus Überlebenden des Holocaust. Kaum jemand, der nicht Familie oder Freunde an die Deutschen verloren hatte. Deswegen bestand für die meisten Israelis kein Unterschied zwischen dem Deutschland vor und dem Deutschland nach 1945, lebten in der Bundesrepublik doch noch dieselben Menschen, die ihre Familien vorher in den Abgrund geworfen hatten.

Es ist kein Staatsgeheimnis, aber in Deutschland kaum Thema: in den ersten beiden Nachkriegsjahrzehnten war die Bundesrepublik die für Israel wichtigste Schutzmacht. Westdeutschland war das einzige Land, das Israel gleichermaßen Wirtschaftshilfe, Waffenhilfe und Finanzhilfe zukommen ließ. Damit war die Bundesrepublik für Israels Selbsterhalt wichtiger als die USA, England oder Frankreich. Die Vereinigten Staaten übernahmen ihre Rolle als Israels Schutzmacht erst nach 1967 – nachdem Israel seine Schlagfähigkeit mit deutscher Hilfe unter Beweis gestellt hatte.

Der Krieg von 1967, den Israel in nur sechs Tagen gegen Ägypten, Syrien und Jordanien gewann, war ein Wendepunkt für die

Konsolidierung des jüdischen Staates in der Region – nach dem Gründungskrieg von 1948 das wichtigste Ereignis in der zeitgenössischen israelischen Geschichte. Israel hatte seinen Nachbarn, die ihre Vernichtungsabsichten deutlich verkündet hatten, aufgezeigt, dass es aus der Region nicht mehr wegzudenken war. Wäre dieser entscheidende Sieg ohne deutsche Hilfe möglich gewesen?

Die durch den Krieg erfolgten Gebietsgewinne ermöglichten, mittelfristig, den Friedensvertrag mit Ägypten, nach dem Prinzip »Land für Frieden«. Damit war der arabisch-israelische Konflikt nicht beendet, aber entscheidend entschärft. Außerdem entschlossen sich die USA nach 1967 zu einem radikalen Wandel ihrer Israelpolitik. Hielten sie sich zuvor noch mit Waffenlieferungen an den jüdischen Staat zurück, wurden sie nun zur israelischen Schutzmacht – und die Bundesrepublik setzte sich dankbar in den Beifahrersitz. Dass die Bundesrepublik ihre für Israel essenzielle Rolle verlor, lässt sich am Kriegsverlauf von 1973 ablesen, der wesentlich von den Supermächten USA und Sowjetunion beinflusst wurde.

Rehabilitation – Normalisierung – Absolution?

Nach der Aufnahme diplomatischer Beziehungen 1965 versuchte die Bundesrepublik, ihr Verhältnis zum jüdischen Staat zu »normalisieren«. Was heute angesichts der identitätspolitischen Bedeutung Israels befremdlich wirkt, war die logische Folge der Rehabilitationspolitik der Nachkriegszeit: Wer sich als rehabilitiert sieht, möchte normal behandelt werden.

Wie »normal« Deutschland inzwischen wieder geworden war, zeigte sich insbesonders an der Figur von Rolf Pauls, dem ersten deutschen Botschafter in Israel, der sinnbildlich für die deutsche Rehabilitationspolitik stand. Pauls, ehemaliger Wehrmachtsoffizier an der Ostfront, sah es als seinen Auftrag, den Beziehungen ihren Reparationscharakter zu nehmen. Der Botschafter fabulierte vom »Weltjudentum«, unterstellte den Israelis Raffgier, fand aber auch, dass man Israel ein Stück weit entgegenkommen müsse, weil sonst »die Juden die Hunde von Jerusalem über London bis New York loslassen« würden.

Wenig überraschend war Antisemitismus immer Teil gerade der frühen deutschen Israelpolitik gewesen. Die denkwürdigsten Beispiele dafür lieferte Konrad Adenauer, der im deutschen Fernsehen von der »Macht der Juden« sprach, oder zu verschiedenen Anlässen den israelischen Premierministern David Ben-Gurion und Levi Eshkol erklärte, dass Deutsche und Juden (von deutschen Juden sprach er selten) gleichermaßen Opfer der Naziherrschaft gewesen seien.

Zu den diversen Spielarten des Entlastungsantisemitismus zählen bis heute narzisstische deutsche Identifikationen mit den Konfliktparteien im Nahen Osten, wobei die Objekte der Projektion je nach politischem Lager bis heute austauschbar sind. Der Siegestaumel deutscher Journalisten, die in Gestalt Moshe Dayans Rommels Feldzug im Osten doch noch gewannen, verriet jedenfalls eher eine ältere Inhumanität als eine neugefundene Humanität – eine Ersatzidentifikation mit israelischer militärischer Stärke, die sich auch heute noch in Deutschland leicht finden lässt. Ähnliches galt unter umgekehrten Vorzeichen auch für diejenigen unter den deutschen Linken, die sich im palästinensischen Kampf gegen Israel mit der eigenen Vergangenheit versöhnten, wobei hier das Pendel wieder zur anderen Seite ausgeschlagen hat. Die Linke der frühen Bundesrepublik war auffällig antizionistisch, heute ist Deutschland das einzige westliche Land, in dem es eine kleine, aber durch ihren disziplinierten Einsatz gar nicht so einflussarme Strömung der Linken gibt, die sich mit Israel über-identifiziert.

Aber unter der zu einfachen deutschen Solidarität lauert ein historischer Abgrund. Dieser Abgrund tat sich beispielsweise auf, als offizielle deutsche Beobachter des Eichmann-Prozesses in Jerusalem sich darüber freuten, dass der »neuartige und sehr vorteilhafte Typus der israelischen Jugend fast keine der Merkmale« aufweise, »die man gewohnt war, als jüdisch zu betrachten. Groß gewachsen, oft blond und blauäugig, frei und selbstbestimmt in ihren Bewegungen, mit klar umrissenen Gesichtern, die Nachkommen der deutsch-jüdischen Einwanderer stellen einen neuen Typus des Juden dar, der bisher unbekannt war.« Natürlich sind derartige Zitate, wie sie in diesem Buch versammelt wurden, krass. Sie werfen aber ein grelles Licht auf eine tiefer liegende und paradoxe Erkenntnis: dass jüdische Assimilation in Europa erst mit dem Exodus aus Europa möglich wurde (Raz-Krakotzkin 2015: 294).

Letzten Endes steht das größte Mahnmal für das singuläre deutsche Verbrechen nicht in Berlin, und es spiegelt sich auch nicht in der deutschen Israelpolitik, sondern es muss unsichtbar bleiben. Es ist die untergegangene jüdische Welt in Europa – vor allem in Osteuropa –, die Deutschland in den Jahren seiner Barbarei unwiederbringlich vernichtete. Das macht das deutsche Bekenntnis zu Israel so schal. Das postnazistische Deutschland konnte sein Verhältnis zu Israel in die eigene Identität einweben, weil der jüdische Staat den jüdischen Opfern der Nazis so wenig ähnelte – so wenig ähneln konnte, durfte. Es ist das Wehrhafte, das Nationale, die Aufgabe der Assimilation in Europa, die Deutschland die Solidarisierung mit Israel leicht machte. So fand die Bundesrepublik im Nahen Osten auch zu sich.

Quellen und Literatur

Hauptsächliche Primärquellen

Politisches Archiv des Auswärtigen Amtes – PA AA
Aktenedition zur Auswärtigen Politik der Bundesrepublik – AAPD
Parlamentsdokumentation des Deutschen Bundestages

Literatur

Achcar, G., Eichmann in Cairo. The Eichmann affair in Nasser's Egypt, *Arab Studies Journal*, 20, 1 (2012), S. 74-103.

–, The Arabs and the Holocaust. The Arab-Israeli War of Narratives, New York: Saqi, 2010.

Adenauer, K., Interview mir Günter Gaus, https://archive.org/details/AdenauerInterview, letzter Zugriff 2. Dez. 2019.

Adorno, T., Was bedeutet: Aufarbeitung der Vergangenheit, in: ders., Erziehung zur Mündigkeit, Suhrkamp: Frankfurt, 1971.

Aly, G., Angst vor der Wahrheit, *Süddeutsche Zeitung*, 17. Okt. 2017.

Arlosoroff, M., When Ben-Gurion saved Israel's economy at any price, *Haaretz*, 23. März 2018.

Arendt, H., Eichmann in Jerusalem. Ein Bericht von der Banalität des Bösen, Piper: München, 1964.

Aruch, O., The German commitment to Israel's security, MA dissertation, Oxford: University of Oxford, 2012.

Asmus, R. D., Germany after the Gulf War, *RAND Note*, 1992.

Asseburg, M. und J. Busse, Der Nahostkonflikt. Geschichte, Positionen, Perspektiven, München: C. H. Beck, 2016.

–, Deutschlands Politik gegenüber Israel, in: T. Jäger, A. Höse and K. Oppermann (Hg.), Deutsche Außenpolitik, Sicherheit, Wohlfahrt, Institutionen, Normen, Wiesbaden: VS Verlag für Sozialwissenschaften, 2011, S. 693-716.

Barkawi, T. und M. Laffey, The postcolonial moment in security studies, *Review of International Studies*, 32, 2 (2006), S. 329-52.

Beljan, D. und M. N. Lorenz, Weizsäcker-Rede, in: M. N. Lorenz und T. Fischer (Hg.), Lexikon der ›Vergangenheitsbewältigung‹ in Deutschland, Bielefeld: transcript, 2015, S. 253-256.

Belkin, P., Germany's relations with Israel. Background and implications for German Middle East policy, CRS Report for Congress, Congressional Research Service, 2007.

Bergmann, R. und H. Stark, Corruption allegations shake German-Israeli cooperation, *Die Zeit*, 13. Okt. 2017.

Blasius, R., ›Völkerfreundschaft‹ am Nil. Ägypten und die DDR im Februar 1965. Stenographische Aufzeichnungen aus dem Ministerium für Auswärtige Angelegenheiten über den Ulbricht-Besuch bei Nasser, *Vierteljahrshefte für Zeitgeschichte*, 46 (1998), S. 747-805.

Blumenau, Bernd, West Germany and the United States during the Middle East crisis of 1973. »Nothing but a semi-colony«?, in: J. Hanhimäki, G.-H. Soutou und B. Germond (Hg.), The Routledge Handbook of Transatlantic Security, Milton Park & New York: Routledge, 2010, S. 123-137.

Bohr, F., G. Latsch und W. Klaus, 1972 Olympics massacre. Germany's secret contacts to Palestinian terrorists, in: *Der Spiegel*, 28. Aug. 2012.

Breitman, R. und J. W. N. Goda, Hitler's Shadow. Nazi War Criminals, U. S. Intelligence, and the Cold War, Washington, DC: U. S. National Archives, 2010.

Büttner, F., Germany's Middle East policy. The dilemmas of a »policy of even-handedness« (Politik der Ausgewogenheit), in: H. Goren (Hg.), Germany and the Middle East. Past, Present, Future, Jerusalem: Magnes Press, 2003, S. 115-159.

–, German perceptions of the Middle East conflict. Images and identifications during the 1967 war, in: *Journal of Palestine Studies*, 6, 2 (1977), S. 66-81.

– und P. Hünseler, Die politischen Beziehungen zwischen der Bundesrepublik Deutschland und den arabischen Staaten. Entwicklung, Stand und Perspektiven, in: U. Steinbach und K. Karl (Hg.), Deutsch-Arabische Beziehungen. Bestimmungsfaktoren und Probleme einer Neuorientierung, München: Oldenbourg, 1981.

– und T. Scheffler, Die Nahostpolitik der sozial-liberalen Koalition, in: R. Steinweg (Hg.), Hilfe + Handel=Frieden? Die Bundesrepublik in der Dritten Welt, Frankfurt am Main: Suhrkamp, 1982, S. 139-175.

Claussen, D., In the house of the hangman, in: A. Rabinbach und J. Zipes (Hg.), Germans and Jews since the Holocaust. The Changing Situation in West Germany, New York: Holmes & Meier, 1986, S. 50-64.

Conze, E., N. Frei, P. Hayes und M. Zimmermann, Das Amt und die Vergangenheit. Deutsche Diplomaten im Dritten Reich und in der Bundesrepublik, München: Karl Blessing Verlag, 2010.

De Vita, Lorena, Israelpolitik. German-Israeli Relations, 1949-69, Manchester: Manchester University Press, 2020.

Deligdisch, J., Die Einstellung der Bundesrepublik Deutschland zum

Staate Israel. Eine Zusammenfassung der Entwicklung seit 1949, Bonn: Neue Gesellschaft, 1974.

Dietl, Ralph, Suez 1956. A European intervention?, *Journal of Contemporary History*, 43, 2 (2008), S. 259-278.

Diner, D., Rituelle Distanz. Israels deutsche Frage (1. Aufl.), München: Deutsche Verlags-Anstalt, 2015.

Ebeling, T., Bericht über die Durchführung des Abkommens zwischen der Bundesrepublik Deutschland und dem Staate Israel vom 10. September 1952‹. Im Auftrage des Vorsitzenden der Deutschen Delegation in der Deutsch-Israelischen Gemischten Kommission, 1966.

Engelbrecht, S., Die Geschichte ist immer im Hintergrund, 10 Apr. 2002, http://www.deutschlandfunk.de/die-geschichte-ist-immer-im-hintergrund.724.de.html?dram:article_id=97329, letzter Zugriff 17 Okt. 2022.

European Council, Venice Declaration – June 13, 1980, 1980, http://eeas.europa.eu/archives/docs/mepp/docs/venice_declaration_1980_en.pdf, last accessed 20 Dec. 2017.

European Parliament, Part IV – Other Declarations, 1999, http://www.europarl.europa.eu/summits/ber2_en.htm#partIV, last accessed 26 Apr. 2018.

Fink, C., West Germany and Israel. Foreign Relations, Domestic Politics and the Cold War, 1965-1974, Cambridge: Cambridge University Press, 2019.

Frei, N., Vergangenheitspolitik. Die Anfänge der Bundesrepublik und die NS-Vergangenheit, München: C. H. Beck, 1996.

Fridman, Lex, Podcast vom 12. Juli 2023, https://music.youtube.com/podcast/XpC7SVDXimg.

Frie, R., Not in my Family. German Memory and Responsibility after the Holocaust, New York: Oxford University Press, 2017.

Gardner-Feldman, L., The Special Relationship between West Germany and Israel, London: Allen and Unwin, 1984.

Garfinkle, A. M., Western Europe's Middle East Diplomacy and the United States, Philadelphia: Foreign Policy Research Institute, 1983.

Geisel, E., Die Wiedergutwerdung der Deutschen. Essays & Polemiken, Berlin: Edition Tiamat, 2015.

Gerlach, D., Die Doppelte Front. Die Bundesrepublik Deutschland und der Nahostkonflikt 1967-1973, Berlin: LIT Verlag, 2006.

–, Die Moral Der Deutschen Israel-Politik, *Zenith* (Juli 2023).

Dreßler, R. Gesicherte Existenz Israels – Teil der deutschen Staatsräson, *Aus Politik und Zeitgeschichte*, 4. April 2005.

Goschler, C., NS-Opfer. Das Ende der Wiedergutmachung, *Die Zeit*, 28 Jan. 2015.

–, Schuld und Schulden. Die Politik der Wiedergutmachung für NS-Verfolgte seit 1945 (2. Aufl.), Göttingen: Wallstein, 2008.

Haddad, T., Palestine LTD. Neoliberalism and Nationalism in the Occupied Territory, London: I.B. Tauris, 2016.

Halevi, Nadav, A brief economic history of modern Israel, EH.Net Encyclopedia, http://eh.net/encyclopedia/a-brief-economic-history-of-modern-israel/, last accessed 18 Nov. 2019.

Hansen, N., Aus dem Schatten der Katastrophe. Die deutsch-israelischen Beziehungen in der Ära Konrad Adenauer und David Ben Gurion. Ein dokumentierter Bericht, Düsseldorf: Droste, 2002.

Hestermann, J., Nathanson, R., Stetter, S. (Hg.), Deutschland und Israel heute. Zwischen Verbundenheit und Entfremdung, Bertelsmann Stiftung, September 2022.

–, Ein ›Tag der tiefen Trauer‹ – Israelische Reaktionen auf den Umbruch in der DDR und die deutsche Wiedervereinigung, *Deutschland Archiv*, www.bpb.de/189684, letzter Zugriff 18 Okt.. 2022.

Herf, J., Undeclared Wars with Israel. East Germany and the West German Far Left 1967-1989, Cambridge: Cambridge University Press, 2016.

Hollis, R., Europe and the Middle East. Power by stealth? *International Affairs*, 73, 1 (1997), S. 15-29.

Holz, K. und T. Haury, Antisemitismus gegen Israel, Sonderausgabe für die Bundeszentrale für Politische Bildung. Schriftenreihe/Bundeszentrale für politische Bildung, Band 10985. Bonn, 2023.

Hubel, H., Cooperation and conflict in German and American policies towards regions outside Europe, in: D. Junker, P. Gassert, W. Mausebach und D.B. Morris (Hg.), The United States and Germany in the Era of the Cold War, 1945-1990, Vol. 2, 1968-1990. A Handbook, Cambridge: Cambridge University Press, 2004, S. 69-76.

Jäger, K., Die Bedeutung des Palästinenser-Problems für die deutsch- israelischen Beziehungen, *Aus Politik und Zeitgeschichte*, 16, 95 (1995), S. 21-30.

Jander, M., Antisemitism and anti-Zionism in West Germany in the 1970s. Lessons for today, *Fathom Journal*, Summer (2017).

Jelinek, Y.A., Deutschland und Israel 1945-1965. Ein neurotisches Verhältnis, München: Oldenbourg, 2004.

–, Zwischen Moral und Realpolitik. Deutsch-israelische Beziehungen 1945-1965. Eine Dokumentensammlung, Schriftenreihe des Minerva Instituts für deutsche Geschichte Universität Tel Aviv, 16 (1997).

– und R.A. Blasius, Ben Gurion und Adenauer im Waldorf Astoria. Gesprächsaufzeichnungen vom israelisch-deutschen Gipfeltreffen in New York am 14. März 1960. Einführung von Rainer A. Blasius, *Vierteljahreshefte für Zeitgeschichte*, 45, 2 (1997), S. 309-344.

Judt, Tony, Postwar. A History of Europe since 1945, London: Vintage, 2010.

Kimmerling, Baruch, The Continuation of the Israeli-Palestinain Conflict by ›Academic‹ Means. Reflections on the Problematiques of Publishing Books and Reviewing Them, *Contemporary Sociology*, 35-5, S. 447-449.

Kloke, Martin, Die Linke in Europa. Vereint gegen Israel?, *Tribüne. Zeitschrift zum Verständnis des Judentums*, 186, 47 (2008).

Könke, G., Wiedergutmachung und Modernisierung. Der Beitrag des Luxemburger Abkommens von 1952 zur wirtschaftlichen Entwicklung Israels, *Vierteljahrschrift für Sozial- und Wirtschaftsgeschichte*, 75, 4 (1988), S. 503-548.

Krell, G., Schatten der Vergangenheit. Nazi-Deutschland, Holocaust und Nahost-Konflikt, HSFK-Report 7/2008, Frankfurt am Main: Hessische Stiftung Friedens- und Konfliktforschung, 2008.

Kyle, K., Suez. Britain's End of Empire in the Middle East, London: I. B. Tauris, 2003.

Large, D. C., Munich 1972. Tragedy, Terror, and Triumph at the Olympic Games, Lanham, MD: Rowman & Littlefield Publishers, 2012.

Lavy, G., Germany and Israel. Moral Debt and National Interest, London: Frank Cass, 1996.

Le More, A., Killing with kindness. Funding the demise of a Palestinian state, *International Affairs*, 81, 5 (2005), S. 981-999.

Leber, H., Chancellor Helmut Schmidt, his policy toward Israel, and the German responsibility for the Jewish people, *American Institute for Contemporary German Studies*, 14 Dec. 2015.

Leggewie, C. und E. Mayer, Ein Ort, an den man gerne geht. Das Holocaust- Mahnmal und die deutsche Geschichtspolitik nach 1989, München: Hanser, 2005.

Lewan, K. M., Der Nahostkrieg in der westdeutschen Presse, Cologne: Pahl- Rugenstein, 1970.

Lintl, P., Auswirkungen des ungelösten Konflikts auf israelische Machtkonstellationen und Akteursperspektiven, in: Akteure des israelisch-palästinensischen Konflikts. Interessen, Narrative und die Wechselwirkungen der Besatzung, Berlin: SWP, 2018, S. 9-31.

–, Israel's Anti-Liberal Coalition. The New Government Is Seeking Fundamental Changes in the Political System and in the Israeli-Palestinian Conflict. SWP Comment 2023.

Litvak, M. und E. Webman, From Empathy to Denial. Arab Responses to the Holocaust, London: Hurst, 2011.

Ludi, R., Reparations for Nazi Victims in Postwar Europe, Cambridge: Cambridge University Press, 2012.

Lustick, I., Negotiating truth. The Holocaust, Lehavdil and al-Nakba, *Journal of International Affairs*, 60, 1 (2006), S. 51-77.

Mark, S., H. Tsoref und L. Fischer, The Munich massacre, September 1972, Edited Document Collection, Jerusalem: Israel State Archives, 2012.

Merkel, Angela, Speech by Federal Chancellor Angela Merkel to the Knesset in Jerusalem on 18 March 2008, 18 Mar. 2008, https://www.knesset.gov.il/description/eng/doc/speech_merkel_2008_eng.pdf, last accessed 16 July 2018.

Michaels, R. Staatsräson Sticht Grundrechte, *Medico Rundschreiben*, (2/2023).

Morris, B., Righteous Victims. A History of the Zionist-Arab Conflict, 1881-1999 (1. Aufl.), New York: Vintage, 2001.

Moses, D., Stigma and Sacrifice in the Federal Republic of Germany. *History and Memory* 19 (2): 139 (2007).

–, Der Katechismus der Deutschen, *Geschichte der Gegenwart*, 23. Mai 2021.

Müller, P., The Europeanization of Germany's foreign policy toward the Israeli-Palestinian conflict. Between adaptation to the EU and national projection, *Mediterranean Politics*, 16, 3 (2011), S. 385-403.

Nassauer, O., Drei neue Dolphin-U-Boote für Israel, Berlin: Berliner Informationszentrum für Transatlantische Sicherheit (BITS), 2017.

– und C. Steinmetz, Rüstungskooperation zwischen Deutschland und Israel, research report 2003.1., Berlin: Berliner Informationszentrum für Transatlantische Sicherheit (BITS), 2003.

–, C. Steinmetz und Y. Pallade, Geheimnisumwittert. Die deutsch-israelische Rüstungszusammenarbeit, *Wissenschaft & Frieden*, 4 (2002).

Othman, R., Doppelstandards, *Medico Rundschreiben*, (2/2023).

Oz-Salzberger, F., Israelis in Berlin, Berlin: Jüdischer Verlag im Suhrkamp Verlag, 2016.

Pallade, Y., Germany and Israel in the 1990s and Beyond. Still a ›Special Relationship‹? Frankfurt am Main: P. Lang, 2005.

Pamperrien, S., Helmut Schmidt und der Scheisskrieg. Die Biografie 1918 bis 1945, München: Piper, 2014.

Policy Matters, Die Haltung der Deutschen zum Nationalsozialismus. Studie im Auftrag von DIE ZEIT, Januar 2020.

Pardo, S. und J. Peters, Uneasy Neighbours. Israel and the European Union, Lanham, MD: Lexington Books, 2010.

Peres, S., David's Sling, London: Weidenfeld & Nicolson, 1970.

Persson, A., , The EU and the Israeli-Palestinian Conflict, 1971-2013. In Pursuit of a Just Peace, Lanham, MD: Lexington Books, 2015.

Postone, M., Anti-semitism and National Socialism. Notes on the German reaction to ›Holocaust‹, *New German Critique*, 19, 1 (1980), S. 97-115.

Prestel, J. B., Plötzlich im Mittelpunkt. Palästinenser in der Bundesrepublik und der Anschlag 1972 in München, *Aus Politik und Zeitgeschichte*, 2. Sept. 2022.

Rabinbach, A., The Jewish question in the German question, *New German Critique*, 44 (1988), S. 159-192.

Raz-Krakotzkin, A., Secularism, the Christian ambivalence towards the Jews, and the notion of exile, in: A. Joskowitz und E. B. Katz (Hg.), Secularism in Question. Jews and Judaism in Modern Times, Philadelphia: University of Pennsylvania Press, 2015, S. 276-299.

Rivlin, P., The Israeli Economy from the Foundation of the State through the 21st Century, Cambridge: Cambridge University Press, 2010.

Rühle, H., Hat Deutschland Israels Atomwaffen finanziert?, *Die Welt*, 14 Apr. 2015.

Said, E., The morning after, *London Review of Books*, 15, 20 (1993), S. 3-5.

Scheffler, T., Die Normalisierung der Doppelmoral – 40 Jahre Deutsch-Israelische Beziehungen, *Prokla*, 73 (1988), S. 76-96.

Schiller, K. und C. Young, The 1972 Munich Olympics and the Making of Modern Germany, Berkeley: University of California Press, 2010.

Schirrmacher, F., Eine Erläuterung. Was Grass uns sagen will, *Frankfurter Allgemeine Zeitung*, 4 Apr. 2012.

Schmidt., W, Aus historischer Verantwortung, moralischer Verpflichtung und politischer Überzeugung. Wie sich Bundeskanzler Willy Brandt um Israel und den Frieden im Nahen Osten bemühte, Bundeskanzler Willy-Brandt-Stiftung, Schriftenreihe, Heft 26, Berlin 2014.

Schwarz, H.-P., Konrad Adenauer. From the German Empire to the Federal Republic, 1876-1952, London: Berghahn Books, 1997.

Segev, T., The Seventh Million. The Israelis and the Holocaust, New York: Hill and Wang, 1993.

–, A State at any Cost. The Life of David Ben-Gurion, New York: Farrar, Strauß & Giroux.

Shafir, S., Helmut Schmidt. Seine Beziehungen zu Israel und den Juden, in: *Jahrbuch für Antisemitismusforschung*, Berlin: Metropol, 2008.

Shpiro, S., Shadowy interests. West German-Israeli intelligence and military cooperation, 1957-82, in: C. Jones und T. T. Petersen (Hg.), Israel's Clandestine Diplomacies, London: Hurst, 2013, S. 169-188.

–, Communicating interests across history. German-Israeli security cooperation, in: H. Goren (Hg.), Germany and the Middle East. Past, Present, Future, Jerusalem: Magnes Press, 2003, S. 305-330.

–, Intelligence services and foreign policy. German-Israeli intelligence and military, *German Politics*, 11, 1 (2002), S. 23-42.

Slobodian, Q., The borders of the Rechtsstaat in the Arab Autumn. Deportation and law in West Germany, 1972/73, *German History*, 31, 2 (2013), S. 204-224.

Stauber, R., The impact of the Sinai campaign on relations between Israel and West Germany, *Modern Judaism*, 33, 3 (2013), S. 235-259.

–, Between realpolitik and the burden of the past. Israel's diplomats and the ›Other Germany‹, *Israel Studies*, 8, 3 (2003), S. 100-122.

Sterling, E., Judenfreunde – Judenfeinde. Fragwürdiger Philosemitismus in der Bundesrepublik, *Die Zeit*, 10 Dec. 1965.

Stern, F., The Whitewashing of the Yellow Badge. Antisemitism and Philosemitism in Postwar Germany, Oxford : Pergamon, 1992.

Tempel, S., Legenden von der Allmacht. Die Beziehungen zwischen amerikanisch-jüdischen Organisationen und der Bundesrepublik Deutschland seit 1945, Frankfurt am Main: P. Lang, 1995.

Thrall, N., The Only Language They Understand. Forcing Compromise in Israel and Palestine, New York: Metropolitan, 2017.

Thünemann, H., Mehr Denkmäler – weniger Gedenken?, *Public History Weekly*, 8 (2013)

Tooze, A., Reassessing the moral economy of post-war reconstruction. The terms of the West German settlement in 1952, *Past & Present*, 210 (2011), S. 47-70.

Tovy, J., Talking after Auschwitz? The public-political struggle in Israel over the negotiation of a reparations agreement with West Germany, 1951-1952, *Holocaust Studies*, 23, 4 (2017), S. 483-504.

Vogel, R., Deutschlands Weg nach Israel. Eine Dokumentation, Stuttgart: Seewald 1967.

Voigt, S. (2008). Das Verhältnis der DDR zu Israel, Bundesamt für Politische Bildung, http://www.bpb.de/internationales/asien/israel/45014/ddr-israel?p=0, last accessed 18 Nov. 2019.

Vowinckel, A., Der kurze Weg nach Entebbe oder die Verlängerung der deutschen Geschichte in den Nahen Osten, *Zeithistorische Forschungen/Studies in Contemporary History*, 2 (2004), S. 236-254.

Weingardt, M., Deutsche Israel- und Nahostpolitik. Die Geschichte einer Gratwanderung seit 1949, Frankfurt am Main: Campus, 2002.

Weitz, Yechiam, Ben Gurions Weg zum ›Anderen Deutschland, *Vierteljahrshefte für Zeitgeschichte*, 48, 2 (2000), S. 255-279.

Wetzel, D. (Hg.), Die Verlängerung von Geschichte. Deutsche, Juden und der Palästinakonflikt, Frankfurt am Main: Verlag Neue Kritik, 1983.

Wiedemann, C., Über Die Nakba Sprechen Lernen. *Geschichte Der Gegenwart* (April 2023).

Wiegrefe, Klaus, Der Fluch der bösen Tat. Die Angst vor Adolf Eichmann, *Der Spiegel*, 11 Apr. 2011.

–, Germany's unlikely diplomatic triumph. An inside look at the reunification negotiations, *Der Spiegel*, 29 Sep. 2010.

Wildangel, R., Die Europäische Union und der israelisch-palästinensische Konflikt. Von der Deklaration zur Aktion?, in: P. Lintl (Hg.), Akteure des israelisch- palästinensischen Konflikts. Interessen, Narrative und die Wechselwirkungen der Besatzung, Berlin: SWP, 2018, S. 48-66.

Winkler, W., Adolf Eichmann und seine Unterstützer. Ein kleiner Nachtrag zu einem bekannten Rechtsfall, in: W. Renz (Hg.), Interessen um Eichmann. Israelische Justiz, deutsche Strafverfolgung und alte Kameradschaften, Frankfurt am Main: Campus, 2012, S. 289-319.

Wolffsohn, M., Eternal Guilt? New York: Columbia University Press, 1993.

–, Das deutsch-israelische Wiedergutmachungsabkommen von 1952 im internationalen Zusammenhang, *Vierteljahreshefte für Zeitgeschichte*, 36, 4 (1988), S. 691-731.

–, Friedenskanzler? Willy Brandt zwischen Krieg und Terror, München: dtv, 2018.

Yablonka, H., The State of Israel vs. Adolf Eichmann, New York: Schocken Books, 2004.

Yergin, Daniel, The Prize. The Epic Quest for Oil, Money and Power, New York: Simon & Schuster, 1991.

Zertal, Idith, Israel's Holocaust and the Politics of Nationhood, Cambridge: Cambridge University Press, 2005.

Zimmermann, M., The Arab-Israeli conflict as a challenge to German-Israeli relations, in: A. Wittstock (Hg.), Rapprochement, Change, Perception and Shaping the Future. 50 Years of German-Israeli and Israeli-German Diplomatic Relations, Berlin: Frank & Timme, 2016, S. 43-55.

Zuckermann, M., Zweierlei Holocaust. Der Holocaust in den politischen Kulturen Israels und Deutschlands (3. Aufl.), Göttingen: Wallstein, 2004.

Dank

Die Geschichte, die dieses Buch erzählt, setzt sich aus widersprüchlichen Elementen zusammen. Ähnlich verhält es sich mit den vielen Ideen und Gesprächen, die dieses Buch beeinflusst haben. Nicht alle für dieses Buch wichtigen Personen verstehen sich. Von allen habe ich etwas gelernt. Nicht für jede gute Idee, aber für jeden Fehler im Text übernehme ich die Verantwortung.

Dass es nach einiger Mühe mit der deutschen Version des Buches doch noch geklappt hat, verdanke ich insbesondere der Unterstützung von Stefanie Schüler-Springorum. Hajo Gevers vom Wallstein Verlag danke ich für das entgegengebrachte Vertrauen. Gilbert Achcar, mein Promotionsbetreuer an der SOAS, hat sich weit über die Promotion hinaus für mich eingesetzt – ohne ihn wäre auch dieses Buch nicht möglich gewesen. Yair Wallach und David Feldman waren weitere exzellente Betreuer meiner Doktorarbeit. Neve Gordon und Dominique Trimbur bildeten damals mein Prüfungskomittee – vielen Dank. Hurst Publishers und Hans Kundnani habe ich für das englische Buch zu danken.

Wer sich ernsthaft mit internationaler Politik befassen möchte, ist auf die Geschichtswissenschaft angewiesen. Ob im israelischen Staatsarchiv, dem Ben-Gurion Archiv, oder dort, wo meine Forschung schlussendlich vor allem stattfand, nämlich im Archiv des Auswärtigen Amtes in Berlin: überall stieß ich auf Großzügigkeit und Hilfsbereitschaft.

Dutzende Gespräche, Interviews und Konferenzen haben dieses Buch beeinflusst – in Jerusalem, Ramallah, Tel Aviv, Berlin, Florenz, London, Bremen. Danke an alle, die mit mir diskutiert, dieses Projekt bereichert haben. Moshe Zuckermann und Tom Segev danke ich insbesondere für ihre Zeit. Danke auch an die vielen Interviewpartner von deutscher Seite, die es vorzogen, anonym zu bleiben. Bei Dirk Moses bedanke ich mich für die Durchsicht und Diskussion des neuen Fazits. Bei Jan Rybak für die Gespräche der letzten Jahre. Beim Evangelischen Studienwerk für das entgegengebrachte Vertrauen.

Ohne die Liebe und Unterstützung meiner Familie wäre nicht nur dieses Buch nicht möglich gewesen. Euch danke ich für alles.